Monteiro Lobato

REINAÇÕES DE Narizinho

Camelot
EDITORA

MATERIAL COMPLEMENTAR
ACESSE AQUI

Presidente: Paulo Roberto Houch
MTB 0083982/SP

Coordenação Editorial: Priscilla Sipans
Coordenação de Arte: Rubens Martim (capa)
Transcrição e preparação de texto: Fábio Kataoka
Diagramação: Rogério Pires
Ilustração Capa: Franco de Rosa
Revisão: Aline Ribeiro

Vendas: Tel.: (11) 3393-7727 (comercial2@editoraonline.com.br)

Foi feito o depósito legal.

Dados Internacionais de Catalogação na Publicação (CIP) **(eDOC BRASIL, Belo Horizonte/MG)**	

L796r	Lobato, Monteiro, 1882-1948.
	     Reinações de Narizinho / Monteiro Lobato. – Barueri, SP: Camelot, 2021.
	     196 p. : 15,5 x 23 cm
	
	     ISBN 978-65-87817-18-7
	
	     1. Ficção brasileira. 2. Literatura infantojuvenil. I. Título.
	                                                                   CDD 028.5

Elaborado por Maurício Amormino Júnior – CRB6/2422	

Direitos reservados ao
IBC — Instituto Brasileiro de Cultura LTDA
CNPJ 04.207.648/0001-94
Avenida Juruá, 762 — Alphaville Industrial
CEP. 06455-010 — Barueri/SP
www.editoraonline.com.br

SUMÁRIO

APRESENTAÇÃO

Monteiro Lobato foi o primeiro autor brasileiro a ficar famoso como escritor para crianças. Estreou em 1920 *com A Menina do Nariz Arrebitado*. Foi, então, o ponto de partida para centenas de historinhas e dezenas de livros. A primeira compilação saiu em 1931, com o título de *Reinações de Narizinho*. O enorme sucesso resultou em coleções, como *O Sítio do Picapau Amarelo,* que inspirou a série de televisão, histórias em quadrinhos e outros produtos.

Uma menina de sete anos, chamada Lúcia, é a Narizinho. Ela vive com sua avó, a Dona Benta, tia Nastácia e a boneca Emília no sítio mais famoso do Brasil, o *Sítio do Picapau Amarelo.* Para animar ainda mais o ambiente, lá estão também Pedrinho, Rabicó, Visconde de Sabugosa, Dona Carochinha, Pequeno Polegar, Dr. Caramujo e dona Aranha.

A partir do momento em que Emília, a boneca de pano, vira quase gente, capaz de falar e andar, ganha charme e dá tantas asas à imaginação, que rouba todas as cenas.

Ilustração de Silvio Baldessari (domínio público)

A MENINA DO NARIZ ARREBITADO

NARIZINHO

Numa casinha branca, lá no *Sítio do Picapau Amarelo*, mora uma velhinha de mais de sessenta anos. Chama-se dona Benta. Quem passa pela estrada e a vê na varanda, de cestinha de costura no colo e óculos dourados na ponta do nariz, segue seu caminho pensando:

– Que tristeza viver assim tão sozinha neste deserto...

Contudo, engana-se. Dona Benta é a mais feliz das vovós, porque vive em companhia da mais encantadora das netas: Lúcia, a menina do narizinho arrebitado, ou Narizinho como todos dizem.

Narizinho tem sete anos, é morena como jambo, gosta muito de pipoca e já sabe fazer uns bolinhos de polvilho bem gostosos.

Na casa, ainda existem duas pessoas – tia Nastácia, que carregou Narizinho no colo quando pequena, e Emília, uma boneca de pano bastante desajeitada de corpo. Emília foi feita por tia Nastácia, com olhos de linha preta e sobrancelhas tão lá em cima que parece uma bruxa. Apesar disso Narizinho gosta muito dela; não almoça nem janta sem que ela esteja ao lado, nem se deita sem primeiro acomodá-la numa redinha entre dois pés de cadeira.

Além da boneca, o outro encanto da menina é o ribeirão que passa pelos fundos do pomar. Suas águas, muito apressadinhas e turbulentas, correm por entre pedras negras de limo, que Narizinho chama as *"tias Nastácias do rio"*.

Todas as tardes Narizinho pega a boneca e vai passear à beira d'água, onde se senta na raiz de uma velha planta de leguminosas para dar farelo de pão aos lambaris.

Não há peixe do rio que não a conheça. Assim que ela aparece, todos acodem numa grande alegria. Os menores chegam pertinho; os maiores parecem que desconfiam da boneca, pois ficam ressabiados, espiando de longe. E nesse divertimento leva a menina horas, até que tia Nastácia apareça no portão do pomar e grite na sua voz sossegada:

– Narizinho, vovó está chamando!...

UMA VEZ...

Uma vez, depois de dar comida aos peixinhos, Narizinho sentiu os olhos pesados de sono. Deitou-se na grama com a boneca no braço e ficou seguindo as nuvens que passeavam pelo céu, formando ora castelos, ora camelos. E já ia dormindo, embalada pelo som das águas, quando sentiu cócegas no rosto. Arregalou os olhos: um peixinho vestido de gente estava de pé na ponta do seu nariz.

Vestido de gente, sim! Trazia casaco vermelho, cartolinha na cabeça e guarda-chuva na mão, muito elegante! O peixinho olhava para o nariz de Narizinho com rugas na testa, como quem não está entendendo nada do que vê.

A menina reteve o fôlego de medo de o assustar, assim ficando até que sentiu cócegas na testa. Espiou com o rabo dos olhos. Era um besouro que pousara ali. Mas um besouro também vestido de gente, trajando sobrecasaca preta, óculos e bengala.

Narizinho imobilizou-se ainda mais, tão interessada que estava.

Ao ver o peixinho, o besouro tirou o chapéu, respeitosamente.

– Muito boa tarde, senhor príncipe! – disse ele.

– Viva, mestre Cascudo! – foi a resposta.

– Que novidade traz Vossa Alteza por aqui, príncipe?

– É que lasquei duas escamas do filé e o doutor Caramujo me receitou ares do campo. Vim tomar o remédio neste prado que é muito meu conhecido, mas encontrei este morro aqui, que me parece estranho.

E o príncipe bateu com a biqueira do guarda-chuva na ponta do nariz de Narizinho e disse:

– Creio que é de mármore.

Os besouros são muito entendidos em questões de terra, pois vivem cavando buracos. Mesmo assim aquele besourinho de sobrecasaca não foi capaz de adivinhar que qualidade de "terra" era aquela. Abaixou-se, ajeitou os óculos no bico, examinou o nariz de Narizinho e disse:

– Muito mole para ser mármore. Mais parece de requeijão.

– Muito moreno para ser requeijão. Mais parece rapadura – disse o príncipe.

O besouro provou a tal terra com a ponta da língua.

– Muito salgada para ser rapadura. Mais parece...

Mas não concluiu, porque o príncipe o havia largado para ir examinar as sobrancelhas.

– Serão barbatanas, mestre Cascudo? Venha ver. Por que não leva algumas para os seus meninos brincarem de chicote?

O besouro gostou da ideia e veio colher as barbatanas. Cada fio que arrancava era uma dorzinha aguda que a menina sentia – e bem vontade teve ela de o espantar dali com uma careta! Porém tudo suportou, curiosa de ver em que daria aquilo.

Deixando o besouro às voltas com as barbatanas, o peixinho foi examinar as ventas.

– Que belas tocas para uma família de besouros! – exclamou.

– Por que não se muda para aqui, mestre Cascudo? Sua esposa havia de gostar desta repartição de cômodos.

O besouro, com o feixe de barbatanas debaixo do braço, lá foi examinar as tocas. Mediu a altura com a bengala.

– Realmente, são ótimas – disse ele. – Só receio que more aqui dentro alguma fera peluda.

E para certificar-se, cutucou bem lá no fundo.

– Hu! Hu! Sai fora, bicho imundo!...

Não saiu fera nenhuma, mas, como a bengala fizesse cócegas no nariz da Narizinho, o que saiu foi um formidável espirro: "*Atchim!*"... E os dois bichinhos, pegos de surpresa, reviraram de pernas para o ar, caindo um grande tombo no chão.

– Eu não disse? – exclamou o besouro, levantando-se e escovando com a manga a cartolinha suja de terra. – É, sim, ninho de fera, e de fera espirradeira! Vou-me embora. Não quero negócios com essa gente. Até logo, príncipe! Faço votos para que sare e seja muito feliz.

E lá se foi, zumbindo que nem um avião. O peixinho, porém, que era muito valente, permaneceu firme, cada vez mais intrigado com a tal montanha que espirrava. Por fim, a menina teve dó dele e resolveu esclarecer todo o mistério. Sentou-se de repente e disse:

– Não sou montanha nenhuma, peixinho. Sou Lúcia, a menina que todos os dias vem dar comida a vocês. Não me reconhece?

– Era impossível reconhecê-la, menina. Vista de dentro d'água parece muito diferente...

– Posso parecer, mas garanto que sou a mesma. Esta senhora aqui é a minha amiga Emília.

O peixinho saudou respeitosamente a boneca e, em seguida, apresentou-se como o príncipe Escamado, rei do reino das Águas Claras.

– Príncipe e rei ao mesmo tempo! – exclamou a menina batendo palmas. – Que bom, que bom, que bom! Sempre tive vontade de conhecer um príncipe-rei.

Conversaram longo tempo e, por fim, o príncipe convidou-a para uma visita ao seu reino. Narizinho ficou no maior dos assanhamentos.

– Pois vamos já – gritou – antes que tia Nastácia me chame.

E lá se foram os dois de braços dados, como velhos amigos. A boneca seguia atrás sem dizer palavra.

– Parece que dona Emília está emburrada – observou o príncipe.

– Não é burro, não, príncipe. A pobre é muda de nascença. Ando à procura de um bom doutor que a cure.

– Há um excelente na corte, o célebre doutor Caramujo. Emprega umas pílulas que curam todas as doenças, menos a gosma dele. Tenho a certeza de que o doutor Caramujo põe a senhora Emília a falar pelos cotovelos.

E ainda estavam discutindo os milagres das famosas pílulas, quando chegaram a certa gruta que Narizinho jamais havia visto naquele ponto. Que coisa estranha! A paisagem estava outra.

– É aqui a entrada do meu reino – disse o príncipe. Narizinho espiou com medo de entrar.

– Muito escura, príncipe. Emília é uma grande medrosa.

A resposta do peixinho foi tirar do bolso um vaga-lume de cabo de arame, que lhe servia de lanterna viva. A gruta clareou até longe e a "boneca" perdeu o medo. Entraram.

Pelo caminho foram saudados com grandes marcas de respeito, por várias corujas e numerosíssimos morcegos. Minutos depois, chegavam ao portão do reino.

A menina abriu a boca, admirada.

– Quem construiu este maravilhoso portão de coral, príncipe? É tão bonito que até parece um sonho.

– Foram os Pólipos, os pedreiros mais trabalhadores e incansáveis do mar. Também meu palácio foi construído por eles, todo de coral rosa e branco.

Narizinho ainda estava de boca aberta, quando o príncipe notou que o portão não fora fechado naquele dia.

– É a segunda vez que isto acontece – observou ele com cara feia. – Aposto que o guarda está dormindo.

Entrando, verificou que era assim. O guarda dormia um sono profundo. Esse guarda não passava de um sapão muito feio, que tinha o posto de major no exército marinho. Major Agarra-e-Não-Larga-Mais.

Recebia como ordenado cem moscas por dia para que ali ficasse, de lança em punho, capacete na cabeça e a espada na cinta, sapeando a entrada do palácio. O Major, porém, tinha o vício de dormir fora de hora e, pela segunda vez, fora apanhado em falta.

O príncipe ajeitou-se para acordá-lo com um pontapé na barriga, mas a menina interveio.

– Espere, príncipe! Eu tenho uma ideia muito boa. Vamos vestir este sapo de mulher, para ver a cara dele quando acordar.

E sem esperar resposta, foi tirando a saia da Emília e vestindo-o, muito devagarinho, enquanto ele dormia. Colocou também a touca da boneca no lugar do capacete, e o guarda-chuva do príncipe em lugar de lança. Depois o deixou assim fantasiado e disse ao príncipe:

– Pode chutar agora.

O príncipe, zás!... pregou-lhe um valente pontapé na barriga.

– Hum!...– gemeu o sapo, abrindo os olhos, ainda cego de sono.

O príncipe engrossou a voz e queixou:

– Bela coisa. Major! Dormindo como um porco e ainda por cima vestido desse jeito... O que significa isto?

O sapo, sem compreender coisa nenhuma, olhou-se espantado em um espelho que havia por ali. E botou a culpa no pobre espelho.

– É mentira dele, príncipe! Não acredite. Nunca fui assim...

– Você de fato nunca foi assim – explicou Narizinho. – Mas, como dormiu escandalosamente durante o serviço, a fada do sono o castigou. Bem feito...

– E por castigo – acrescentou o príncipe –, está condenado a engolir cem pedrinhas redondas, em vez das cem moscas do nosso trato.

O triste sapo derrubou um grande beiço, indo, muito jururu, isolar-se em um canto.

NO PALÁCIO

O príncipe consultou o relógio.

– Estou na hora da audiência – murmurou. – Vamos depressa, que tenho muitos casos para atender.

Lá se foram. Entraram diretamente para a sala do trono, no qual a menina se sentou a seu lado, como se fosse uma princesa. Linda sala! Toda enfeitada de coral cor de leite, franjadinho como musgo e penduradinho de pingentes de pérola, que tremiam ao menor sopro.

O chão, de nácar furta-cor, era tão liso que Emília escorregou três vezes.

O príncipe deu o sinal de audiência, batendo com uma grande pérola negra numa concha sonora. O mordomo introduziu os primeiros queixosos. Um bando de moluscos nus que tremiam de frio. Vinham queixar-se dos bernardos-eremitas.

– Quem são esses bernardos? – indagou a menina.

– São uns caranguejos que têm o mau costume de se apropriarem das conchas destes pobres moluscos, deixando-os em carne viva no mar. Os piores ladrões que temos aqui.

O príncipe resolveu o caso mandando dar uma concha nova para cada molusco.

Depois apareceu uma ostra se queixando dum caranguejo que lhe havia furtado a pérola.

– Era uma pérola ainda novinha e tão bonita! – disse a ostra, enxugando as lágrimas. – Ele raptou-a só de mau, porque os caranguejos não se alimentam de pérolas, nem as usam como joias. Com certeza já a largou por aí nas areias...

O príncipe resolveu o caso mandando dar à ostra uma pérola nova do mesmo tamanho.

Nesse momento, surgiu na sala, muito apressada e aflita, uma baratinha de mantilha, que foi abrindo caminho por entre os bichos até alcançar o príncipe.

– A senhora por aqui? – exclamou admirado. – Que deseja?

– Ando atrás do Pequeno Polegar – respondeu a velhinha. – Há duas semanas que fugiu do livro onde mora e não o encontro em parte nenhuma. Já percorri todos os reinos encantados sem descobrir o menor sinal dele.

– Quem é ela? – perguntou a menina ao ouvido do príncipe. – Parece que a conheço...

– Com certeza, pois não há menina que não conheça a célebre Dona Carochinha das histórias, a baratinha mais famosa do mundo.

E voltando-se para a baratinha:

– Ignoro se o Pequeno Polegar anda aqui pelo meu reino. Não o vi, nem tive notícias dele, mas a senhora pode procurá-lo. Não faça cerimônia...

– Por que ele fugiu? – indagou a menina.

– Não sei – respondeu dona Carochinha – mas tenho notado que muitos dos personagens das minhas histórias já andam aborrecidos de viverem toda a vida presos dentro delas. Querem novidade! Falam em correr mundo a fim de viver novas aventuras. Aladim se queixa que sua lâmpada maravilhosa está enferrujando. A Bela

Adormecida tem vontade de espetar o dedo noutra roca para dormir outros cem anos. O Gato de Botas brigou com o marquês de Carabás e quer ir para os Estados Unidos visitar o Gato Félix. Branca de Neve vive falando em tingir os cabelos e botar ruge na cara. Andam todos revoltados, dando-me um trabalhão para contê-los. No entanto, o pior é que ameaçam fugir, e o Pequeno Polegar já deu o exemplo.

Narizinho gostou tanto daquela revolta que chegou a bater palmas de alegria, na esperança de ainda encontrar pelo seu caminho algum daqueles queridos personagens.

– Tudo isso – continuou dona Carochinha – por conta do Pinóquio, do Gato Félix e, sobretudo, de uma tal menina do narizinho arrebitado que todos desejam muito conhecer. Ando até desconfiada que foi essa diabinha quem desencaminhou Polegar, aconselhando-o a fugir.

O coração de Narizinho bateu apressado.

– Mas a senhora conhece essa tal menina? – perguntou, tapando o nariz com medo de ser reconhecida.

– Não a conheço – respondeu –, mas sei que mora numa casinha branca, em companhia de duas velhinhas corocas.

Ah, por que foi dizer aquilo? Ouvindo chamar Dona Benta de velha coroca, Narizinho perdeu as estribeiras.

– Dobre a língua! – gritou vermelha de raiva. – Velha coroca é você, e tão implicante que ninguém mais quer saber das suas histórias emboloradas. A menina do narizinho arrebitado sou eu, mas fique sabendo que é mentira que eu desencaminhei o Pequeno Polegar, aconselhando-o a fugir. Nunca tive essa "bela ideia", mas agora vou aconselhá-lo, a ele e a todos os mais a fugirem dos seus livros velhos, entendeu?

Furiosa, Carochinha a ameaçou de lhe desarrebitar o nariz da primeira vez em que a encontrasse sozinha.

– E eu arrebitarei o seu, está ouvindo? Chamar vovó de coroca! Que desaforo!...

Dona Carochinha mostrou a língua, uma língua muito magra e seca, e retirou-se furiosa da vida, resmungando.

O príncipe respirou de alívio ao ver o incidente terminado.

Depois encerrou a audiência e disse ao primeiro-ministro:

– Mande convite a todos os nobres da corte para a grande festa que vou dar amanhã em honra à nossa distinta visitante. E diga ao mestre Camarão que ponha uma roupa de gala para um passeio pelo fundo do mar. Já!

O BOBINHO

O passeio que Narizinho deu com o príncipe foi o mais belo de toda a sua vida. O coche de gala corria por sobre a areia alvíssima do fundo do mar conduzido por mestre Camarão e tirado por seis parelhas de hipocampos, uns bichinhos com cabeça de cavalo e cauda de peixe. Em vez de pingalim, o cocheiro usava os fios de sua própria barba para chicoteá-los. *Lept! lept!...*

Que lindos lugares ela viu! Florestas de coral, bosques de esponjas vivas, campos de algas das formas mais estranhas. Conchas de todos os jeitos e cores. Polvos, enguias, ouriços – milhares de criaturas marinhas tão estranhas que até pareciam mentiras do barão de Munchausen.

Em certo ponto, Narizinho encontrou uma baleia dando de mamar a várias baleinhas novas. Teve a ideia de levar para o sítio uma garrafa de leite de baleia, só para ver a cara de espanto que dona Benta e tia Nastácia fariam. Mas logo desistiu, pensando: "Não vale a pena. Elas não vão acreditar mesmo..."

Nesse momento, apareceu ao longe um formidável espadarte. Vinha com o seu comprido esporão de pontaria feita para o cetáceo, que é como os sábios chamam a baleia. O príncipe se assustou.

– Lá vem o malvado! – disse ele. – Esses monstros se divertem em espetar as pobres baleias, como se elas fossem almofadinhas de alfinetes. Vamos embora que a luta vai ser medonha.

Recebendo ordem de voltar, o Camarão estalou as barbas e colocou os "cabecinhas de cavalo" no galope.

De volta ao palácio o príncipe deixou a menina e a boneca na gruta dos seus tesouros, indo cuidar dos preparativos da festa.

Narizinho começou a mexer em tudo... Quantas maravilhas! Pérolas enormes aos montes. Muitas, ainda na concha, punham as cabecinhas de fora, espiavam a menina e escondiam-se outra vez. De medo da Emília. Caramujos, então, era um nunca se acabar. De todos os jeitos possíveis e imagináveis. E conchas! Quantas, Deus do céu!

Narizinho teria ficado ali a vida inteira, examinando uma por uma todas aquelas joias, se um peixinho de rabo vermelho não viesse da parte do príncipe dizer que o jantar estava na mesa.

Foi correndo e achou a sala de jantar ainda mais bonita que a sala do trono. Sentou-se ao lado do príncipe e gabou muito a arrumação da mesa.

– Artes das senhoras sardinhas – disse ele. – São as melhores arrumadeiras do reino.

A menina pensou consigo: "Não é à toa que sabem arrumar-se tão direitinhas dentro das latas...".

Vieram os primeiros pratos – costeletas de camarão, filés de marisco, omeletes de ovos de beija-flor, linguiça de minhoca – um petisco de que o príncipe gostava muito.

Enquanto comiam, uma excelente orquestra de cigarras e pernilongos tocava a música do *fium*, regida pelo maestro Tangará, de batuta no bico. Nos intervalos, três vaga-lumes de circo fizeram mágicas lindas, entre as quais foi muito apreciada a de comer fogo.

Para lidar com fogo não há como eles.

Encantada com tudo aquilo, Narizinho batia palmas e dava gritos de alegria. Em certo momento, o mordomo do palácio entrou e disse umas palavras ao ouvido do príncipe.

– Pois mande-o entrar – respondeu este.

– Quem é? – quis saber a menina.

– Um anãozinho que nos apareceu aqui ontem para se empregar como bobo da corte. Estamos sem bobo desde que o nosso querido Carlito Pirulito foi devorado pelo peixe-espada.

O candidato ao cargo de bobo da corte entrou conduzido pelo mordomo, e logo saltou para cima da mesa, fazendo graças.

Narizinho percebeu imediatamente que o bobinho não passava do Pequeno Polegar, vestido com o clássico saiote de guizos e uma carapuça também de guizos na cabeça. Percebeu, mas fingiu não ter desconfiado de nada.

– Como é o seu nome? – perguntou-lhe o príncipe.

– Sou o gigante Fura-Bolos! – respondeu o bobinho, sacudindo os guizos.

Polegar não tinha o menor jeito para aquilo. Não sabia fazer caretas engraçadas, nem dizer coisas que fizessem rir. Narizinho teve um grande dó dele e disse-lhe baixinho:

– Apareça lá no sítio de vovó, senhor Fura-Bolos. Tia Nastácia faz bolinhos muitos bons para serem furados. Vá morar comigo, sem pensar essa vida idiota de bobo da corte. Você não dá para isso.

Nesse momento, reapareceu na sala a baratinha de mantilha, de nariz erguido para o ar como quem fareja alguma coisa.

– Achou o fugido? – perguntou-lhe o príncipe.

– Ainda não – respondeu ela –, mas aposto que anda por aqui. Estou sentindo o cheirinho dele.

E farejou outra vez o ar com o seu nariz de papagaio seco.

Apesar de ser muito burrinho, o príncipe desconfiou que o tal Fura-Bolos fosse o mesmo Polegar.

– Talvez esteja – disse ele. – Talvez Polegar seja o bobinho que veio oferecer-se para substituir o Carlito Pirulito. Para onde foi? – indagou correndo os olhos ao redor. – Estava aqui ainda agora, não faz meio minuto...

Procuraram o bobinho por toda a parte, inutilmente. É que a menina, disfarçadamente o tinha agarrado e enfiado na manga do vestido.

Dona Carochinha remexia por todos os cantos, até dentro das terrinas, sempre resmungona.

– Está aqui, sim. Estou sentindo o cheirinho dele cada vez mais perto. Desta vez, não me escapa.

Vendo-a aproximar-se mais e mais, Narizinho perturbou-se. E para disfarçar gritou:

– Dona Carochinha está caducando. Polegar usa as botas de sete léguas e, se esteve aqui, já deve estar na Europa.

A velha deu uma risada gostosa.

– Não vê que não sou boba? Assim que desconfiei que ele andava querendo fugir, fui logo tratando de trancar suas botas na minha gaveta. Polegar fugiu descalço e não me escapa.

– Há de escapar, sim! – gritou Narizinho em tom de desafio.

– Não escapa, não! – retrucou a velha – e não me escapa, porque já sei onde está. Está escondido aí na sua manga, ouviu? – e avançou para ela.

Foi uma confusão na sala! A velhinha atracou-se com a menina e, certamente, que a venceria, se a boneca, que estava na mesa ao lado de sua dona, não tivesse tido a bela ideia de arrancar-lhe os óculos e sair correndo com eles.

Dona Carochinha não enxergava nada sem óculos, de modo que ficou a pererecar no meio da sala como cega, enquanto a menina corria para esconder Polegar na gruta dos tesouros, bem lá no fundo de uma concha.

– Fique aqui bem quietinho até que eu volte, recomendou-lhe. E retornou à sala, muito agitada da sua façanha.

A COSTUREIRA DAS FADAS

Depois do jantar, o príncipe levou Narizinho à casa da melhor costureira do reino. Era uma aranha de Paris, que sabia fazer vestidos lindos, lindos até não poder mais! Ela mesma tecia a fazenda, ela mesma inventava as modas.

– Dona Aranha – disse o príncipe –, quero que faça para esta ilustre dama o vestido mais bonito do mundo. Vou dar uma grande festa em sua honra e quero vê-la deslumbrar a corte.

Disse e retirou-se. Dona Aranha pegou a fita métrica e, ajudada por seis aranhinhas muito espertas, começou a tirar as medidas. Depois teceu, depressa, depressa, uma fazenda cor-de-rosa com estrelinhas douradas, a coisa mais linda que se possa imaginar.

Teceu também peças de fitas e peças de renda e peças de entremeio – até carretéis de linha de seda fabricou.

– Que beleza! – ia exclamando a menina, cada vez mais admirada dos prodígios da costureira. – Conheço muitas aranhas em casa de vovó, mas todas só sabem fazer teias de pegar moscas! Nenhuma é capaz de fazer nem um paninho de avental...

– É que tenho mil anos de idade – explicou dona Aranha, – e sou a costureira mais velha do mundo. Aprendi a fazer todas as coisas. Já trabalhei durante muito tempo no reino das fadas. Eu fiz até o vestido de baile de Cinderela e quase todos os vestidos de casamento de quase todas as meninas que se casaram com príncipes encantados.

– E para Branca de Neve também costurou?

– Como não? Pois foi justamente quando eu estava tecendo o véu de noiva de Branca que fiquei machucada. A tesoura caiu sobre o meu pé esquerdo, rachando o osso aqui neste lugar. Fui tratada pelo doutor Caramujo, que é um médico muito bom. Sarei, mas fiquei mancando.

– Acha que esse tal doutor Caramujo é capaz de curar uma boneca que nasceu muda? – perguntou a menina.

– Cura, sim. Ele tem umas pílulas que curam todas as doenças, exceto quando o doente morre.

Enquanto conversavam, dona Aranha ia trabalhando no vestido.

– Está pronto – disse ela por fim. Vamos prová-lo!

Narizinho vestiu-se e foi se ver no espelho.

– Que beleza! – exclamou, batendo palmas. – Estou que nem um céu aberto!...

E estava mesmo linda. Linda, tão linda no seu vestido de teia cor-de-rosa com estrelinhas de ouro que até o espelho arregalou os olhos de admiração.

Trazendo em seguida o seu cofre de joias, dona Aranha colocou na cabeça da menina um diadema de orvalho, e braceletes de rubis do mar nos braços, e anéis de brilhantes do mar nos dedos, e fivelas de esmeraldas do mar nos sapatos, e uma grande rosa do mar no peito.

Mais linda ainda ficou Narizinho, tão mais linda que o espelho arregalou um pouco mais os olhos, começando a abrir a boca.

– Pronto? – perguntou a menina, deslumbrada.

– Espere – respondeu dona Aranha Costureira. – Faltam os pós de borboleta.

E ordenou às suas seis filhinhas que trouxessem as caixas de pó de borboleta. Escolheu o mais conveniente, que era o famoso pó furta-todas-as-cores, de tanto brilho que parecia pó de céu sem nuvens misturado com pó de sol-que-acaba-de-nascer. Polvilhada com ele a menina ficou tal qual um sonho dourado! Linda, tão linda, tão mais, mais, mais linda, que o espelho foi arregalando ainda mais os olhos, mais, mais, mais, até que: "craque!"... Rachou de alto a baixo em seis fragmentos!

Em vez de ficar danada com aquilo, como Narizinho esperava, dona Aranha pôs-se a dançar de alegria.

– Ora, obrigada! – exclamou num suspiro de alívio. – Chegou afinal o dia da minha libertação. Quando nasci, uma fada rabugenta, que detestava minha pobre mãe, me transformou em aranha, condenando-me a viver de costuras a vida inteira. No mesmo instante, porém, uma fada boa surgiu, e me deu esse espelho com estas palavras: *"No dia em que fizeres o vestido mais lindo do mundo, deixarás de ser aranha e serás o que quiseres."*

– Que bom! – aplaudiu Narizinho. – E a senhora vai virar o quê?

– Não sei ainda – respondeu a aranha. – Tenho de consultar o príncipe.

– Sim, mas não vire em nada antes de fazer destes retalhos um vestido para a Emília. A pobrezinha não pode comparecer ao baile assim com fraldas de camisa como está.

– Agora é tarde, menina. O encantamento está quebrado; já não sou costureira. Contudo, minhas filhas poderão fazer o vestido da boneca.

Não sairá grande coisa, porque não têm a minha prática, mas há de servir. Onde está a senhora Emília?

Narizinho não sabia. Depois que furtou os óculos da velhinha e saiu correndo, ninguém mais vira a boneca. Dona Aranha voltou-se para as seis aranhinhas.

– Minhas filhas – disse ela –, o encanto está quebrado e logo virarei o que quiser. Vou, portanto, abandonar esta vida de costureira, deixando para vocês o meu lugar. O encantamento continua em vocês. Cada uma tem de conservar um pedaço do espelho e passar a vida costurando até que consiga um vestido que o faça rachar de admiração, como aconteceu com o espelho grande.

Nesse momento, o príncipe apareceu. Narizinho contou-lhe toda a história, inclusive a atrapalhação da aranha quanto à escolha do que havia de ser.

O príncipe observou que seu reino estava com falta de sereias, sendo muito do seu agrado que ela virasse sereia.

– Nunca! – protestou Narizinho, que era de muito bons sentimentos. – Sereias são criaturas malvadas, cujo maior prazer é afundar navios. Antes vire princesa!

Houve grande discussão, sem que nada fosse decidido. Por fim, a aranha resolveu não virar coisa nenhuma.

– Acho melhor ficar no que sou. Assim, manca de uma perna, se viro princesa, ficarei sendo a Princesa Manca; se viro sereia, ficarei sendo a Sereia Manca – e todos caçoarão de mim. Além do mais, como já sou aranha há mil anos, estou acostumadíssima.

E continuou aranha.

A FESTA DO MAJOR

Chegou a hora da festa. Dando a mão a Narizinho, o príncipe dirigiu-se à sala de baile.

– Como é linda! – exclamaram os fidalgos lá reunidos ao verem-na entrar. – Com certeza é a filha única da fada dos Sete Mares...

O salão parecia um céu bem aberto. Em vez de lâmpadas, viam-se buquês de raios de sol colhidos pela manhã pendurados do teto.

Flores em quantidade, trazidas e arrumadas por beija-flores. Tantas pérolas soltas no chão que até ficava difícil andar. Não houve ostra que não trouxesse a sua pérola, para pendurá-la num galhinho de coral ou jogá-la por ali como se fosse cisco. E o que não era pérola era flor, e o que não era flor era madrepérola, e o que não era madrepérola era rubi e esmeralda e ouro e diamante. Uma verdadeira tontura de beleza!

O príncipe havia convidado só os seres pequeninos, visto ser também pequenino e muito delicado de corpo. Se um hipopótamo ou baleia aparecesse por lá, seria o maior dos desastres.

Narizinho correu os olhos pela assistência. Não podia haver nada mais curioso. Besourinhos de fraque e flores na lapela conversavam com baratinhas de mantilha e miosótis nos cabelos.

Abelhas douradas, verdes e azuis falavam mal das vespas de cintura fina – achando que era exagero usarem coletes tão apertados. Sardinhas aos centos criticavam os cuidados excessivos que as borboletas tinham com o pó das suas asas. Mamangavas de ferrões amarrados para não morderem. E canários cantando, e beija-flores beijando flores, e camarões camaronando, e caranguejos caranguejando, tudo que é pequenino e não morde, pequeninando e não mordendo.

Narizinho e o príncipe dançaram a primeira contradança sob os olhares de admiração da assistência. Pelas regras da corte, quando o príncipe dançava, todos tinham de manter-se de boca aberta e olhos arregalados. Depois começou a grande quadrilha.

Foi a parte de que Narizinho gostou mais. Quantas cenas engraçadas! Quantas tragédias! Um velho caranguejo que tirara uma gorda taturana para valsar, apertou-a tanto nos braços que a furou com o ferrão. A pobre dama deu um berro ao ver espirrar aquele líquido verde que as taturanas têm dentro de si. Ao mesmo tempo que isso se dava, outro desastre acontecia com um besouro do Instituto Histórico, que tropeçou numa pérola, caiu e desconjuntou-se todo.

O doutor Caramujo foi chamado às pressas para consertar a taturana e o besouro.

– Que bom cirurgião! – exclamou Narizinho, vendo a perícia com que ele arrolhou a taturana e consertou o besouro. E trabalha cientificamente, refletiu a menina, notando que antes de tratar do doente o doutor nunca deixava de fazer o "diagnóstico".

– Amanhã sem falta vou levar Emília ao consultório dele – disse ela ao príncipe.

– E, por falar, onde anda a senhora Emília? – indagou este. – Desde a briga com a dona Carochinha que não a vi mais.

– Nem eu. Acho bom que o senhor príncipe mande procurá-la.

O peixinho gritou para o mordomo que achasse a boneca sem demora.

Enquanto isso o baile prosseguia. Vieram as libélulas, que aproveitam a fama de ser as mais leves dançarinas do mundo. De fato! Dançam sem tocar os pezinhos no chão, voando o tempo inteiro. A linda valsa das libélulas estava na metade quando o mordomo reapareceu, muito afobado.

– Dona Emília foi assaltada por algum bandido! – gritou ele.

Está lá na gruta dos tesouros, estendida no chão, como morta.

Imediatamente Narizinho pulou do trono e correu em salvação da sua querida bruxa. Encontrou-a caída por terra, com o rosto arranhado, sem dar o menor acordo de si. O doutor Caramujo, chamado com urgência, despertou-a logo com um bom beliscão, depois de fazer o indispensável "diagnóstico".

– Quem será o monstro que fez isto para a coitada? – exclamou a menina, examinando-lhe a cara e vendo-a com um dos olhos de linha arrancado. – Não bastava ser muda, vai ficar cega também. Coitadinha da minha Emília!...

– Impossível descobrir o criminoso – declarou o príncipe.

– Não há indícios. Só depois que o doutor Caramujo curá-la da mudez é que poderemos descobrir alguma coisa.

– Havemos de tratar disso amanhã bem cedo – concluiu Narizinho. – Agora é muito tarde. Estou caindo de sono...

E dando boa noite ao príncipe, retirou-se com Emília para os seus aposentos.

No entanto, Narizinho não pôde dormir. Mal se deitou, ouviu gemidos no jardim que havia ao lado. Levantou-se. Espiou da janela. Era o sapo que fora vestido de velhinha coroca.

– Boa noite, Major Agarra! Que gemidos tão tristes são esses? Não está contente com a sua sainha nova?

– Não caçoe, menina, que o caso não é para caçoada – respondeu o pobre sapo com voz chorosa. – O príncipe condenou-me a engolir cem pedrinhas redondas. Já engoli noventa e nove. Não posso mais! Tenha dó de mim, gentil menina, e peça ao príncipe que me perdoe.

Tanta pena do sapo sentiu Narizinho que, mesmo com a camisola como estava, foi correndo ao quarto do príncipe, em cuja porta bateu precipitadamente: *toc, toc, toc!*...

– Quem é? – indagou de dentro o peixinho, que estava a despir-se de suas escamas para dormir.

– É Narizinho. Quero que perdoe o pobre do Major Agarra.

– Perdoar de quê? – exclamou o príncipe, que tinha a memória muito fraca.

– Pois não o condenou a engolir cem pedrinhas redondas? Já engoliu noventa e nove e está engasgado com a última. Não entra. Não cabe! Está lá no jardim, de barriga estufada, gemendo e chorando que não me deixa dormir.

O príncipe exclamou:

– É muito estúpido o Major! Eu falei aquilo de brincadeira. Diga-lhe que desengula as pedrinhas e não me incomode.

Narizinho foi, pulando de contente, dar a boa notícia ao sapo.

– Está perdoado, Major! O príncipe manda ordem para desengolir as pedrinhas e voltar ao serviço.

Por mais esforço que fizesse, o sapo não conseguiu aliviar-se das pedras. Estava empanturrado.

– Impossível! – gemeu ele. – O único jeito é o doutor Caramujo abrir-me a barriga com a sua faquinha e tirar as pedras uma por uma com o ferrão de caranguejo que lhe serve de pinça.

– Nesse caso, muito boa noite, senhor sapo. Só amanhã poderemos tratar disso. Tenha paciência e cuide de não morrer até lá.

O sapo agradeceu a boa ação da menina, prometendo que, se pudesse fugir das garras do príncipe, iria morar no sítio de Dona Benta para manter a horta limpa de lesmas e lagartas.

Narizinho recolheu-se de novo, e já ia pulando para a cama, quando se lembrou do Pequeno Polegar, que deixara escondido na concha.

– Ah, meu Deus! Que cabeça a minha! O coitadinho deve estar cansado de esperar por mim...

E foi correndo à gruta dos tesouros, mas perdeu a viagem. Polegar havia desaparecido com a concha e tudo...

A PÍLULA FALANTE

No outro dia a menina, levantou-se muito cedo para levar a boneca ao consultório do doutor Caramujo. Encontrou-o com cara de quem havia comido um urutu recheado de escorpiões.

– O que há, doutor?

– Há que encontrei o meu depósito de pílulas saqueado. Roubaram-me todas...

– Que golpe! – exclamou a menina aborrecidíssima. – Mas não pode fabricar outras? Se quiser, ajudo a enrolar.

– Impossível. Já morreu o besouro boticário que fazia as pílulas, sem haver revelado o segredo a ninguém. A mim só me restava um cento, das mil que comprei dos herdeiros. O miserável ladrão só deixou uma – e imprópria para o caso, porque não é pílula falante.

– E agora?

– Agora, só fazendo uma certa operação. Abro a garganta da boneca muda e ponho dentro uma falinha – respondeu o doutor, pegando na sua faca de ponta para amolar. Já providenciei tudo.

Nesse momento, ouviu-se um grande barulho no corredor.

– O que será? – indagou a menina surpresa.

– É o papagaio que vem vindo – declarou o doutor.

– Que papagaio, homem de Deus? Que vem fazer aqui esse papagaio?

Mestre Caramujo explicou que como não encontrou suas pílulas mandou pegar um papagaio muito falador que havia no reino. Tinha de matá-lo para extrair a falinha que ia pôr dentro da boneca.

Narizinho, que não admitia que se matasse nem formiga, revoltou-se contra a barbaridade.

– Então, não quero! Prefiro que Emília fique muda toda a vida a sacrificar uma pobre ave que não tem culpa de coisa nenhuma.

Nem bem acabou de falar, e os ajudantes do doutor – uns caranguejos muito antipáticos – surgiram à porta, arrastando um pobre papagaio de bico amarrado. Bem que ele resistia, mas os caranguejos podiam mais e eram murros e mais murros.

Furiosa com a estupidez, Narizinho avançou de sopapos e pontapés contra os brutos.

– Não quero! Não admito que judiem dele! – berrou vermelhinha de raiva, desamarrando o bico do papagaio e jogando as cordas no nariz dos caranguejos.

O doutor Caramujo desapontou, porque sem pílulas nem papagaios era impossível consertar a boneca. E deu ordem para que trouxessem o segundo paciente.

Apareceu, então, o sapo num carrinho. Teve de vir sobre rodas por causa do estufamento da barriga; parece que as pedras haviam crescido de volume dentro. Como ainda estivesse vestido com a saia e a touca da Emília, Narizinho viu-se obrigada a tapar a boca para não rir em momento tão impróprio.

O grande cirurgião abriu com a faca a barriga do sapo e tirou com a pinça de caranguejo a primeira pedra. Ao vê-la à luz do sol sua cara abriu-se num sorriso caramujal.

– Não é pedra, não! – exclamou contentíssimo. – É uma das minhas queridas pílulas! Mas como teria ela ido parar na barriga deste sapo?...

Enfiou de novo a pinça e tirou nova pedra. Era outra pílula! E assim foi indo até tirar lá de dentro noventa e nove pílulas.

A alegria do doutor foi imensa! Como não soubesse curar sem aquelas pílulas, andava com medo de ser demitido de médico da corte.

– Podemos agora curar a senhora Emília – declarou ele depois de costurar a barriga do sapo.

Veio a boneca. O doutor escolheu uma pílula falante e pôs-lhe na boca.

– Engula de uma vez! – disse Narizinho, ensinando à Emília como se engole pílula. E não faça tanta careta que arrebenta o outro olho.

Emília engoliu a pílula, muito bem engolida, e começou a falar no mesmo instante. A primeira coisa que disse foi: "Estou com um horrível gosto de sapo na boca!". E falou, falou, falou por mais de uma hora sem parar. Falou tanto que Narizinho, atordoada, disse ao doutor que era melhor fazê-la vomitar aquela pílula e engolir outra mais fraca.

– Não é preciso – explicou o grande médico. – Ela que fale até cansar. Depois de algumas horas de falação, sossega e fica como toda gente. Isto é "fala recolhida", que tem de ser botada para fora.

E assim foi. Emília falou três horas sem tomar fôlego. Por fim, calou-se.

– Ora graças! – exclamou a menina. – Podemos agora conversar como gente e saber quem foi o bandido que assaltou você na gruta. Conte o caso direitinho.

Emília tomou fôlego e começou a dizer na sua falinha fina de boneca de pano:

– Pois foi aquela diaba da dona Carocha. A coroca apareceu na gruta das cascas...

– Que cascas, Emília? Você parece que ainda não está regulando...

– Cascas, sim – repetiu a boneca teimosamente.

– Dessas cascas de bichos moles que você tanto admira e chama de conchas. A coroca apareceu e começou a procurar aquele boneco...

– Que boneco, Emília?

– O tal Polegada que furava bolos e você escondeu numa casca bem lá no fundo. Começou a procurar e foi sacudindo as cascas uma por uma para ver qual tinha o boneco dentro. E tanto procurou que achou! E agarrou na casca e foi saindo com ela debaixo do cobertor...

– Da mantilha, Emília!

– Do *cobertor*.

– Mantilha, boba!

– *Cobertor*. Foi saindo com ela debaixo do *cobertor*, e eu vi e pulei para cima dela. Mas a coroca me unhou a cara e me bateu com a casca na cabeça, com tanta força que dormi. Só acordei quando o doutor Cara de Coruja...

– Doutor Caramujo, Emília!

– Doutor *Cara de Coruja*. Só acordei quando o doutor Cara de Corujíssima me pregou um *liscabão*.

– Beliscão – emendou Narizinho pela última vez, enfiando a boneca no bolso.

Viu que a fala da Emília ainda não estava muito ajustada, coisa que só o tempo poderia conseguir. Viu também que era de gênio teimoso e asneirenta por natureza, pensando a respeito de tudo de um modo especial todo seu.

– Melhor que seja assim, – filosofou Narizinho. – As ideias de vovó e tia Nastácia a respeito de tudo são tão sabidas que a gente já as adivinha antes que elas abram a boca. As ideias de Emília hão de ser sempre novidades.

E voltou para o palácio, onde a corte estava reunida para outra festa que o príncipe havia organizado. Mas assim que entrou na sala de baile, rompeu um grande estrondo lá fora – o estrondo de uma voz que dizia:

– Narizinho, vovó está chamando...

Tamanho susto causou aquele trovão entre os personagens do reino marinho, que todos sumiram, como por encanto. Começou então uma ventania muito forte, que envolveu a menina e a boneca, arrastando-as do fundo do oceano para a beira do ribeirãozinho do pomar. Estavam no sítio de dona Benta outra vez. Narizinho correu para casa. Assim que a viu entrar, dona Benta foi dizendo:

– Uma grande novidade, Lúcia. Você vai ter agora um bom companheiro aqui no sítio para brincar. Adivinhe quem é?

A menina lembrou-se logo do Major Agarra, que prometera vir morar com ela.

– Já sei vovó! É o Major Agarra-e-Não-Larga-Mais. Ele bem me falou que vinha.

Dona Benta fez cara de espanto.

– Você está sonhando, menina. Não se trata de major nenhum.

– Se não é o sapo, então é o papagaio! – continuou Narizinho, recordando-se de que também o papagaio prometera vir visitá-la.

– Qual sapo, nem papagaio, nem elefante e nem jacaré! Quem vem passar uns tempos conosco é o Pedrinho, filho da minha filha Antonica.

Narizinho deu três pulinhos de alegria.

– E quando chegará o meu primo? – perguntou.

– Deve chegar amanhã de manhã. Apronte-se. Arrume o quarto de hóspedes e endireite essa boneca. Onde se viu uma menina do seu tamanho andar com uma boneca de fraldas de camisa e de um olho só?

– Culpa dela, dona Benta! Narizinho tirou minha saia para vestir o sapão – disse Emília, falando pela primeira vez depois que chegara ao sítio.

Tamanho susto levou Dona Benta, que por um triz não caiu de sua cadeirinha de pernas pra cima! De olhos arregaladíssimos, gritou para a cozinha:

– Corra, Nastácia! Venha ver este fenômeno...

A tia Nastácia apareceu na sala, enxugando as mãos no avental.

– O que é, sinhá? – perguntou.

– A boneca da Narizinho está falando!... A boa senhora deu uma risada gostosa.

– Impossível, sinhá! Isso é coisa que nunca se viu. Narizinho está brincando com mecê.

– Brincando o seu nariz! – gritou Emília furiosa. – Falo, sim, e hei de falar. Eu não falava, porque era muda, mas o doutor Cara de Coruja me deu uma bolinha da barriga de sapo e eu engoli e fiquei falando e hei de falar a vida inteira, entende?

Nastácia abriu a maior boca do mundo.

– E fala mesmo, sinhá!... – exclamou no auge do assombro.

– Fala que nem uma gente! Credo! O mundo está perdido... E encostou-se à parede para não cair.

Ilustração de Silvio Baldessari (domínio público)

O SÍTIO DO PICAPAU AMARELO

AS JABUTICABAS

De volta do reino das Águas Claras, Narizinho começou todas as noites a sonhar com o príncipe Escamado, dona Aranha, o doutor Caramujo e mais figurões que conhecera por lá. Ficou de jeito que não podia ver o menor inseto sem que se pusesse a imaginar a vida maravilhosa que teria na terrinha dele. E quando não pensava nisso, pensava no Pequeno

Polegar e nos meios de o fazer fugir de novo da história onde o coitadinho vivia preso.

Era este o assunto predileto das conversas da menina com a boneca. Faziam planos de toda sorte, cada qual mais maluco.

Emília tinha ideias de verdadeira louca.

– Vou lá – dizia ela – e agarro nas orelhas da dona Carocha e dou um pontapé naquele nariz de papagaio e pego o Polegada pelas botas e venho correndo.

Narizinho ria, ria muito...

– Vai lá onde, Emília?

– Lá onde mora a velhinha.

– E onde mora a velhinha?

A boneca não sabia, mas não se atrapalhava na resposta. Emília nunca se atrapalhou nas suas respostas. Dizia as maiores asneiras do mundo, mas respondia. – A velhinha mora com o Pequeno Polegar.

– Polegar, Emília!

– Po-le-ga-da.

Era teimosa como ela só. Nunca disse doutor Caramujo. Era sempre doutor Cara de Coruja. E nunca quis dizer Polegar. Era sempre Polegada!

– Muito bem – concordou a menina. – A velhinha mora com Polegar, e Polegar mora com a velhinha. Mas onde moram os dois?

– Moram juntos.

Narizinho ria, dizendo: "Quem pode com uma diabinha destas?!".

Dona Benta era outra que achava muita graça nas maluquices da boneca. Todas as noites colocava-a no colo para lhe contar histórias. Porque não havia no mundo quem gostasse mais de história do que a boneca. Vivia pedindo que lhe contassem a história de tudo – do tapete, do cuco, do armário... Quando soube que Pedrinho, o outro neto de Dona Benta, estava para vir passar uns tempos no sítio, pediu a história de Pedrinho.

– Pedrinho não tem história – respondeu Dona Benta rindo. – É um menino de dez anos que nunca saiu da casa de minha filha Antonica e, portanto, nada fez ainda e nada conhece do mundo. Como há de ter história?

– Essa é boa! – replicou a boneca. – Aquele livro de capa vermelha da sua estante também nunca saiu de casa e, no entanto, tem mais de dez histórias dentro.

Dona Benta voltou-se para tia Nastácia.

– Esta Emília diz tanta asneira que é quase impossível conversar com ela. Chega a atrapalhar a gente.

– É porque é de pano, sinhá – explicou tia Nastácia – e de um paninho muito ordinário. Se eu imaginasse que ela aprenderia a falar, tinha feito ela de seda ou, pelo menos, de um retalho daquele seu vestido de ir à missa.

Dona Benta olhou para tia Nastácia de um certo modo, como que achando aquela explicação muito parecida com as da Emília...

Nesse momento, apareceu Narizinho, com uma carta para Dona Benta trazida pelo correio.

– Letra da tia Tonica, vovó – disse a menina. – Com certeza é marcando a viagem de Pedrinho.

Dona Benta leu. Era isso mesmo. Pedrinho viria dali uma semana.

– Uma semana ainda? – comentou Narizinho, desanimada com tanta demora. Que pena! Tenho tanta coisa para contar a Pedrinho – coisas do reino das Águas Claras...

– Não sei que reino é esse. Você nunca me falou nele, – disse Dona Benta com cara de surpresa.

– Não falei e nem falo, porque a senhora não acredita. Uma beleza de reino, vovó! Um palácio de coral que parece um sonho! E o príncipe Escamado, e o doutor Caramujo, e dona Aranha com suas seis filhinhas, e o major Agarra, e o papagaio que salvei da morte – quanta coisa!... Até baleias vimos lá, uma baleia enorme, dando de mamar a três baleinhas. Vi um milhão de coisas, mas não posso contar nada nem para vovó e nem para tia Nastácia, porque não acreditam. Para Pedrinho, sim, posso contar tudo, tudo...

Dona Benta, de fato, nunca dera crédito às histórias maravilhosas de Narizinho. Dizia sempre: "Isso são sonhos de crianças". No entanto, depois que a menina fez a boneca falar, Dona Benta ficou tão impressionada que disse para a Nastácia:

– Isto é um prodígio tamanho que estou quase crendo que as outras coisas fantásticas que Narizinho nos contou não são simples sonhos, como sempre pensei.

– Eu também acho, sinhá. Essa menina é levada da breca! É bem capaz de ter encontrado por aí alguma varinha de condão que alguma fada tenha perdido... Eu também não acreditava no que ela dizia, mas, depois do caso da boneca, fiquei até transtornada da cabeça. Pois onde é que já se viu uma coisa assim, sinhá, uma boneca de pano que eu mesma fiz com estas pobres mãos, e de um paninho tão ordinário, falando, sinhá, falando que nem uma gente!... Ou nós estamos caducando ou o mundo está perdido...

E as duas olhavam uma para a outra, sacudindo a cabeça. Narizinho não gostava de esperar; ficou então chateada de ter de esperar Pedrinho ainda uma semana inteira. Felizmente era tempo de jabuticabas.

No sítio de Dona Benta, havia vários pés, mas bastava um para que todos aproveitassem até enjoar. Justamente naquela semana, as jabuticabas tinham chegado no ponto e a menina não fazia outra coisa senão chupar jabuticabas. Volta e meia subia na árvore, que nem uma macaquinha. Escolhia as mais bonitas, punha-as entre os dentes e *tloc*! E depois do *tloc*, uma engolidinha de caldo e *pluf*! – caroço fora. E *tloc, pluf, tloc, pluf*, lá passava o dia inteiro na árvore.

As jabuticabas tinham outros fregueses além da menina. Um deles era um leitão muito guloso, que recebera o nome de Rabicó.

Assim que via Narizinho na árvore, Rabicó vinha correndo sentar-se embaixo à espera dos caroços. Cada vez que soava lá em cima um *tloc*! seguido de um *pluf*!, ouvia-se cá embaixo um *nhoc*! do leitão abocanhando qualquer coisa. E a música da jabuticabeira era assim: *tloc! pluf! nhoc!; tloc! pluf! nhoc!*...

Os pássaros sanhaços também, e abelhas e vespas. Vespas em quantidade, sobretudo no fim, quando as jabuticabas ficavam que nem um mel, como dizia Narizinho. Escolhiam as melhores frutas, furavam-nas com o ferrão, enfiavam meio corpo dentro e deixavam-se ficar muito quietinhas, sugando até caírem como bêbadas.

– E não mordiam?

– Não tinham tempo. O tempo era pouco para aproveitarem aquela gostosura que só durava uns quinze dias.

Não mordiam é um modo de dizer. Nunca tinham mordido, isso sim. Porque justamente naquela tarde uma mordeu. Estava Narizinho no seu galho, distraída ao pensar na surpresa que teria o príncipe Escamado se recebesse uma jabuticaba de presente, quando levou à boca uma das tais furadinhas, com meia vespa dentro. Dessa vez em lugar do *tloc* do costume, o que soou foi um berro – ai! ai! ai!... tão bem berrado que lá dentro da casa as duas velhinhas ouviram.

– O que será aquilo? – exclamou Dona Benta assustada.

– Aposto que é vespa, sinhá! – disse tia Nastácia. – Ela não sai da "fruteira" e, como nunca foi mordida, abusa. Eu vivo dizendo: "Cuidado com as vespas!", mas não adianta. Narizinho não faz caso. Agora, está aí...

E foi correndo ao pomar socorrer a menina.

Encontrou-a já de volta, berrando com a língua à mostra, porque fora bem na ponta da língua que a vespa ferroara. Tia Nastácia trouxe-a para casa, colocou-a no colo e disse:

– Sossegue, boba, isso não é nada. Dói, mas passa! Ponha a língua para fora para eu arrancar o ferrão. Vespa quando morde deixa o ferrão no lugar da mordida. Bem para fora. Assim!

Narizinho espichou meio palmo de língua e tia Nastácia, com muito custo, porque já tinha a vista fraca, pôde afinal descobrir o ferrãozinho e arrancá-lo.

– Pronto! – exclamou mostrando qualquer coisa na ponta de uma pinça. – Está aqui o malvado. Agora é ter paciência e esperar que a dor passe. Se fosse mordida de cachorro bravo, seria muito pior...

Narizinho curtiu a dor por alguns minutos, de língua inchada e olhos vermelhos, soluçando de vez em vez. Depois que a dor passou, foi contar à boneca toda a história.

– Bem feito! – disse Emília. – Se fosse eu, antes de comer, olhava cada fruta, uma por uma, com o binóculo da Dona Benta.

Apesar do acontecido, Narizinho não pôde reprimir uma gargalhada, que tia Nastácia ouviu lá da cozinha.

"Narizinho já sarou" – disse consigo a tia Nastácia –, "e daqui um instantinho está trepada na árvore outra vez".

E tinha razão. Indo dali a pouco ao rio com a trouxa de roupa suja, ao passar pela jabuticabeira, parou para ouvir a música de sempre – *tloc! pluf! nhoc*... Lá estava Narizinho na árvore.

Lá estavam as vespas com meio corpo metido dentro das frutas. Lá estava Rabicó esperando a queda dos caroços.

– Está tudo normal agora! – murmurou consigo a tia Nastácia.

O ENTERRO DA VESPA

À noite, na hora de se deitar, Narizinho lembrou-se de que havia deixado a boneca debaixo da jabuticabeira.

– Pobre da Emília! Deve estar morrendo de medo das corujas... e pediu à tia Nastácia que fosse buscá-la.

A tia Nastácia foi e trouxe Emília, toda úmida de orvalho, danadíssima com o esquecimento da menina. E só com a promessa de um belo vestido novo é que desamarrou o burro. Um vestido de chita cor-de-rosa com pintinhas.

E de saia bem comprida.

– Por quê, Emília? – perguntou a menina estranhando aquele gosto.

– Porque sujei a perna aqui no joelho e não quero que apareça.

– O mais fácil será lavar o joelho.

– Deus me livre! Tia Nastácia diz que sou de camomila por dentro e por isso não posso me molhar. Emboloro! Um dia ainda posso virar condessa e não quero ser chamada a condessa do Bolor.

– Bolor, fedor! Tem razão, Emília. O melhor é fazer um vestido de cauda. Para condessas fica bem. Mas condessa de quê?

– Quero ser a condessa de Três Estrelinhas! Acho lindo tudo que é de três estrelinhas.

– Pois muito bem, Emília. Desde este momento, fica você nomeada condessa de Três Estrelinhas e, para não haver dúvida, vou pintar três estrelinhas na sua testa.

Todas as criaturas do mundo vão morrer de inveja!...

– Todas, menos uma – observou a boneca.

– Quem?

– A vespa que ferrou sua língua.

– Como assim, Emília? Não estou entendendo nada.

– Quero dizer que a tal vespa está morta e bem enterrada no fundo da terra – explicou a boneca. – Assisti a tudo. Quando ela mordeu sua língua e você fez *pluf*! Antes de berrar "Ai! Ai! Ai!", a jabuticaba cuspida, ainda com a vespa dentro, caiu bem perto de mim. Vi então tudo o que aconteceu depois que você desceu da árvore, berrando que nem um bezerro, e lá foi de língua de fora.

E a boneca contou direitinho o triste fim da pobre vespa.

– Ela ficou ainda quase uma hora metida dentro da casca, toda arrebentadinha, movendo ora uma perna, ora outra. Afinal parou. Tinha morrido. Vieram as formigas cuidar do enterro. Olharam, olharam, estudaram o melhor meio de a tirar dali. Chamaram outras e, por fim, deram começo ao serviço. Cada qual a agarrou por uma perninha e, puxa que puxa, logo a arrancaram de dentro da jabuticaba. E foram-na arrastando por ali afora até à cova, que é o buraquinho onde as formigas moram. Lá pararam à espera do fazedor de discursos...

– Orador, Emília!

– Fazedor de discursos. Veio ele, de discursinho debaixo do braço, escrito num papel e leu, leu, leu que não acabava mais. As formigas ficaram aborrecidas com o besourinho (era um besourinho do Instituto Histórico) e apitaram. Apareceu então um louva-a-deus policial, de pauzinho na mão. "O que acontece?" – perguntou. "Acontece que estamos cansados e com fome e este famoso orador não acaba nunca o seu discurso", disseram as formigas. "Para pau, pau!" – resolveu o soldado – e colocou uma rolha no orador com o seu pauzinho. As formigas, muito contentes, continuaram o serviço e levaram para o fundo da cova o cadáver da vespa. Em seguida, apareceu uma trazendo um letreiro assim, que fincou num montinho de terra:

"Aqui neste buraco jaz uma pobre vespa assassinada na flor dos anos pela menina do nariz arrebitado. Orai por ela!"

Feito isso, recolheu-se. Já era quase noite. No pomar deserto, só ficou o besourinho, sempre engasgado com o pau. Queria à viva força continuar o discurso. Por fim, conseguiu destapar-se e imediatamente continuou: "Neste momento solene"... Nesse momento, um sapo, que ia passando, iluminou o olho dizendo: "Espere que eu te curo!..." Deu um pulo e engoliu o fazedor de discursos!

– Não reparou, Emília, se esse sapo era o Major Agarra-e-Não-Larga-Mais? – perguntou a menina.

– Não era, não! – respondeu a boneca. – Era o Coronel Come-Orador-Com-Discurso-e-Tudo...

A PESCARIA

Afinal, acabaram as jabuticabas. Somente nos galhos bem lá do alto é que ainda se via uma ou outra, todas furadinhas de vespa.

Rabicó – rom, rom, rom, – volta e meia aparecia por ali por força do hábito. Ficava imóvel, muito sério, esperando que caíssem cascas, mas, como não caía coisa nenhuma, desistia e retirava-se – rom, rom, rom...

Narizinho também ainda aparecia, de vez em quando, com comprida vara na mão e nariz para o ar, na esperança de "pescar" alguma coisa.

– Vamos, menina! – gritou lá do rio tia Nastácia, numa dessas vezes. – Não chegou quase um mês inteiro de *tloc, tloc*? Largue disso e venha me ajudar a estender esta roupa, que é o melhor.

Narizinho jogou a vara em cima do leitão – que fez *coim!* – e foi correndo para o rio, com a Emília de cabeça para baixo no bolso do avental.

Lá teve uma ideia: deixar a boneca pescando, enquanto ela ajudava a tia Nastácia.

– Tia Nastácia, faça um anzolzinho de alfinete para a Emília. A coitada tem tanta vontade de pescar...

– Era só o que faltava! – respondeu ela. – Eu, com tanto serviço, perdendo tempo com bobagem.

– Faz?! – insistiu a menina. – Alfinete, tenho aqui um. Linha, há no alinhavo da minha saia. Vara não falta. Faz?

Tia Nastácia não teve remédio.

– Como não hei de fazer, demoninho? Faço, sim... Mas se ficar atrasada no serviço, a culpa não é minha.

E fez. Dobrou o alfinete em forma de gancho, amarrou-o na ponta de uma linha e descobriu uma vara – uma varinha de dois palmos, imaginem! Narizinho completou a obra, atando a vara ao braço da boneca.

– E isca? – indagou depois.

– Isca é o de menos, menina. Qualquer gafanhotinho serve.

Salta daqui, salta dali, Narizinho conseguiu apanhar um gafanhoto verde. Espetou-o no anzol. Depois, arrumou a boneca à beira d'água, muito tensa, com uma pedra no colo para não cair.

– Agora, Emília, bico calado! Nenhum pio, senão espanta os peixes. Logo que um deles beliscar, *zuct*!, dê um puxão na linha.

E, deixando-a ali, seguiu com a cozinheira.

– Você me frita para o jantar o peixinho da Emília, Nastácia? Frita?

– Frito, sim! Frito até no dedo!...

– Não caçoe, Nastácia! Emília é uma danada. Ninguém imagina de quanta coisa ela é capaz.

Palavras não eram ditas e – *tchíbum*! – a pescadora de pano revirava dentro d'água, com pedra e tudo.

– Acuda, Nastácia! Emília está se afogando!... – gritou a menina aflita.

De fato. Um peixe engolira a isca e, lutando para se desprender do anzol, arrastou a boneca para o meio do rio.

Tia Nastácia arranjou uma vara com gancho na ponta e, com muito jeito, foi puxando para a beira do córrego a infeliz pescadora, até o ponto onde a menina a pudesse agarrar.

Assim aconteceu. E qual não foi o assombro de Narizinho vendo sair d'água, presa ao anzol de Emília, uma trairinha que se movimentava como louca!

– Credo! Até parece feitiçaria! – resmungou tia Nastácia.

Muito contente da aventura, Narizinho disparou para casa com o peixe na mão.

– Vovó – gritou ela ao entrar, – adivinhe quem pescou esta trairinha...

Dona Benta olhou e disse:

– Ora, quem mais?! Você, minha filha.

– Errou!

– Tia Nastácia, então.

– Que Nastácia, nada!...

– Então, foi o saci – caçoou a Dona Benta.

– Vovó não adivinha! Pois foi a Emília...

– Está caçoando da sua avó, minha filha?

– Juro! Palavra de Deus que foi a Emília. Pergunte para a tia Nastácia, se quiser.

Ela vinha entrando com a trouxa de roupa lavada em cima da cabeça.

– Não foi mesmo, tia Nastácia? Não foi Emília quem pescou a trairinha?

– Foi, sim, sinhá – respondeu tia Nastácia, dirigindo-se para Dona Benta. – Foi a boneca. Sinhá não imagina que menina reinadeira é essa! Arranjou jeito de botar a boneca pescando na beira do rio e o caso é que o peixe tá aí...

Dona Benta abriu a boca.

– Bem, diz o ditado, que quanto mais se vive, mais se aprende.

Estou com mais de sessenta anos e todos os dias aprendo coisas novas com esta minha neta...

– Criança de hoje, sinhá, já nasce sabendo. No meu tempo, menina assim desse porte andava no braço da ama, de chupeta na boca. Hoje?... Credo! Nem é bom falar...

E com a menina dançando à sua frente, tia Nastácia lá foi para a cozinha fritar a traíra.

AS FORMIGAS RUIVAS

Só depois de comer o peixe frito é que Narizinho se lembrou da pobre boneca, encharcada pelo banho no rio.

– A coitada!... É bem capaz de pegar uma pneumonia...

E foi correndo cuidar dela. Tirou a roupa dela e a colocou num lugar de bastante sol. De um lado estendeu suas roupinhas molhadas e do outro, a pobre Emília nua. E já ia se retirando, quando a boneca fez cara de choro.

– Eu aqui não fico sozinha!...

– Por que, sua enjoada? Tem medo que o leitão venha espiar esses cambitos magros?

– Espiar não é nada, mas ele é capaz de me comer. Tia Nastácia diz que Rabicó devora tudo o que encontra.

– Nesse caso, penduro você na árvore.

– Isso também não! – protestou Emília. – Alguma vespa pode me picar.

– Boba! Não sabe que vespa não pica pano?

– E se eu cair com o vento?

– Grande coisa! Boneca de pano quando cai, não se machuca. Eu é que não posso ficar neste sol forte à espera de que a excelentíssima senhora condessa de Três Estrelinhas seque! Quem mandou se molhar?

– Mal-agradecida! Se não tivesse me molhado, você não comeria a traíra.

– Está pensando que era uma grande coisa a tal traíra? Só espinho...

– É, mas você comeu-a com espinho e tudo. E até lambeu os beiços.

– Lábios, aliás. Beiço é de boi. Comi porque quis, sabe? Não tenho que dar satisfações a ninguém, ahn! – e Narizinho mostrou a língua.

Assim, ambas ficaram emburradas. Narizinho, porém, ficou, porque lá no íntimo, estava com receio de deixar a boneca sozinha.

Fazia um sol quente e parado. Nas árvores, um ou outro tico-tico só; e no chão, só formiguinhas ruivas.

Para matar o tempo, a menina ficou observando o corre-corre delas, esquecendo a briga com a boneca.

– Já reparou, Emília, como as formigas conversam? Que pena a gente não entender o que dizem...

– A gente, é modo de dizer – replicou Emília –, porque eu entendo muito bem o que dizem.

– Sério, Emília?

– Sério, sim, Narizinho. Entendo muito bem e, se você ficar aqui comigo, contarei todas as historinhas que elas conversam. Repare. Vem vindo aquela de lá e esta de cá. Assim que se encontrarem, vão parar e conversar.

Dito e feito. As formiguinhas encontraram-se, pararam e começaram a trocar sinais de entendimento.

– Fiquei na mesma! – disse a menina.

– Pois eu entendi tudo, – declarou a boneca. – A que veio de lá disse: "Encontrou o cadáver do grilinho verde?". A que veio de cá respondeu: "Não!". A de lá: "Pois volte e procure perto daquela pedra onde mora o besouro manco". Esta formiga que dá ordens deve ser alguma dona de casa lá do formigueiro. E repare seus modos de mandona; está sempre entrando e saindo do buraquinho, como quem dirige um serviço. Já a outra com certeza é uma simples carregadeira.

Havia de ser isso mesmo, porque logo depois chegou uma terceira, muito apressada, que cochichou com a mandona e lá se foi mais apressada ainda.

– O que esta disse? – perguntou Narizinho.

– Disse que haviam descoberto uma bela minhoca perto da porteira, mas que precisavam de ajuda para conduzi-la.

– Emília, você está me caçoando! – exclamou a menina desconfiada. – Vou ver e, se não for verdade, você me paga. Espere aí...

E disparou em direção da porteira. Procura que procura, logo achou em certo ponto uma pobre minhoca corcoveando com várias formiguinhas grudadas no seu lombo.

Teve vontade de libertar a prisioneira, mas a curiosidade de ver o que aconteceria foi maior – e deixou a triste minhoca entregue ao seu trágico destino.

Novas formiguinhas foram chegando, que de um bote – *zás!*... E atacaram a minhoca sem dó! Não demorou muito e já eram mais de vinte. A minhoca bem que espinoteou; por fim, exausta, foi amolecendo o corpo até que morreu bem morrida. As formiguinhas então principiaram a arrastá-la para o formigueiro.

Que custo! A minhoca era das mais gordas, pesando umas sete arrobas – arrobinhas de formiga e, além disso, ia enganchando pelo caminho por conta de pedregulho e capim que existiam por ali; mas as carregadeiras sabiam dar volta a todos os embaraços.

Depois de meia hora de trabalheira, deram com a minhoca na boca do formigueiro. Aí, nova atrapalhação! Por mais que experimentassem, não houve jeito de recolhê-la inteira. Nesse momento, apareceu a formiga mandona. Examinou o caso e deu ordem para que a picassem em vários lugares.

Aquilo foi *zás-trás!* Em três tempos, fez-se o serviço e os "roletes de carne" foram levados para dentro.

– Sim, senhora! – exclamou a menina depois de terminada a festa. – É o que se pode chamar de um trabalho limpo!

– Bem feito! – disse Emília. – Quem a mandou ser abelhuda?

Se estivesse com as outras lá dentro da terra, que é o lugar das minhocas, nada lhe aconteceria. "Macaco que muito mexe quer chumbo", como diz tia Nastácia.

Isso, foi de dia. De noite, a história das formigas continuou.

Narizinho e Emília dormiam juntas na mesma cama. A rede armada entre pés de cadeira fora abandonada desde que a boneca aprendeu a falar. Dormiam juntas para conversar até que o sono viesse.

– No entanto, Emília, como é que você entende a linguagem das formigas? – perguntou Narizinho logo que se deitou.

A boneca refletiu um pouco e respondeu:

– Entendo, porque sou de pano.

Narizinho deu uma gargalhada.

– Isso não é resposta de uma senhora inteligente. O meu vestido também é de pano e não entende coisa nenhuma.

A boneca pensou outra vez.

– Então, é porque sou de camomila – disse.

Outra risada de Narizinho.

– Isso também não é resposta. Este travesseiro é de camomila e entende as formigas tanto quanto eu.

– Então... então... engasgou Emília, com o dedinho na testa. Então, não sei.

Era a primeira vez que Emília se embaraçava numa resposta. Primeira e última. Nunca mais houve pergunta que a atrapalhasse.

– Pois se não sabe, durma! – disse a menina, virando-se para a parede.

Dormiram ambas.

Altas horas, estavam no mais gostoso do sono quando bateram – *toc, toc, toc...*

– Quem é? – perguntou Narizinho, sentando-se na cama.

– Sou eu, Rabicó! – grunhiu o leitão entreabrindo a porta com o focinho. – Está aqui uma senhora ruiva que quer entrar.

– Pois que entre! – ordenou a menina. Rabicó escancarou a porta para dar passagem a uma formiga ruiva, de saiote vermelho e avental de renda. Trazia na cabeça uma bandeja de prata, coberta com guardanapo de papel.

– O que deseja? – indagou a menina cheia de curiosidade.

– Quero entregar à senhora condessa este presente mandado pela rainha das formigas.

– Condessa? – repetiu Narizinho franzindo a testa. – Que condessa, minha senhora?

– Condessa de Três Estrelinhas – explicou a formiga.

– Hum! – fez a menina, lembrando-se de que ela mesma havia "*condessado*" a boneca. Voltou-se para Emília e deu-lhe uma cotovelada.

– Acorde, pedra! É com Vossa Excelência o negócio.

Emília sentou-se na cama. Espreguiçou-se, tonta de sono. E julgando que ainda estivessem conversando sobre a linguagem das formigas, disse, num bocejo:

– Então é... é porque sou...

– Não se trata mais disso, boba! Está aí à procura de uma tal condessa a criada de uma tal rainha. Vamos! Acorde duma vez!

Só então Emília acordou de verdade. Viu a formiga com a salva e esticou os braços para receber o presente. Eram croquetes, lindos croquetes tostadinhos.

A boneca sorriu de gosto e orgulho. A rainha só se lembrara dela!

– Diga a Sua Majestade que a condessa de Três Estrelinhas muito agradece o presente. Diga que os croquetes estão lindos e que ela é uma grande cozinheira. Narizinho disparou a rir gostosamente.

– Que ideia, condessa! Uma rainha lá pode ser cozinheira?

Caindo em si, Emília viu que tinha cometido uma coisa muito grave entre as pessoas de alta sociedade, chamada "gafe". E procurou corrigir.

– Isto é... diga que a cozinheira dela é muito boa, entendeu? E diga também que os croquetes estão muito gostosos, isto é... devem estar muito gostosos. Pode ir.

A criada fez um cumprimento de cabeça antes de se retirar, mas foi detida por um gesto da menina.

– Não vá ainda – disse ela. E voltando-se para a Emília: – Presente, senhora condessa, paga-se com presente. Mande à tal rainha uma perna daquele pernilongo que queimei com a vela antes de deitar.

– É verdade! – exclamou a boneca. – Não me custa nada e ela vai ficar contentíssima.

E colocou-se de gatinhas a procurar o pernilongo assado. Achou-o, tirou-lhe uma perninha, enfeitou-a com um laço de fita e, depois de embrulhá-la em papel de seda, colocou-a na bandeja, com um cartão que dizia assim:

"À Sua Majestade, a Rainha da Cintura Fina, a humilde criada Condessa de Três Estrelinhas oferece este humilde presente."

– Leve este presente à rainha, sim? E você, para distrair-se pelo caminho, vá comendo este mocotó de pernilongo – concluiu Emília, dando à criada um cambito de inseto.

A mensageira agradeceu, retirando-se muito satisfeita da vida, com a bandeja na cabeça e o mocotó no ferrão.

Emília fechou a porta e veio olhar os croquetes. Cheirou-os.

– Hum! Estão de dar água na boca. Quer provar um, Narizinho?

A menina torceu o nariz desdenhosamente.

– Deus me livre! Juro que é croquete de minhoca!

Percebendo que ela falava assim por despeito, a boneca disse:

– Quem desdenha quer comprar...

– Só? Engraçadinha!... replicou a menina com um grande ar de pouco caso. E vendo a boneca morder um dos croquetes, com os maiores exageros do mundo, como se aquilo fosse um manjar do céu, fez cara de nojo!

– Está boa mesmo para casar com Rabicó! Comer croquete de minhoca!

– Que seja de minhoca, o que tem isso? – retrucou Emília. Tanto faz ser carne de minhoca como de porco, vaca ou frango – tudo é carne. E muito me admira que uma senhora que comeu ontem no jantar tripa de porco, mostre essa cara de nojo por causa de um simples croquete de minhoca.

– Alto lá, senhora condessa Minhoqueira! Porco é porco e minhoca é minhoca.

– É "por isso mesmo" que eu como minhoca e não como porco! – replicou a boneca vitoriosa. – Não sou porcalhona!

A discussão foi por aí além. Enquanto isso, o senhor Rabicó farejou os croquetes, chegou-se de mansinho e, vendo-as distraídas com a disputa, comeu-os todos de uma engolida só. Terminada a discussão, quando a boneca, espichou o braço a fim de pegar um segundo croquete...

– Cadê os croquetes?! – gritou ela.

Nem sinal! Emília esperneou de ódio, ao passo que Narizinho batia palmas de contentamento.

– Bem feito! Estava muito vaidosa, não é? Pois tome!

– Quero os meus croquetes! Quero os meus croquetes! – berrava Emília, batendo o pé num grande desespero.

– Se quer os seus croquetes, reclame com quem os tirou.

– Quem foi?

– Quem mais se não Rabicó? Vai ver que está aqui pelo quarto, escondido debaixo da cama.

Emília procurou e logo descobriu o ladrão num canto, ressonando de papo cheio.

– Espere que te pego! – gritou ela, passando a mão na vassoura. E *pá! pá! pá!*... desceu a lenha no lombo do ladrão, enquanto Narizinho se rebolava na cama de tanto rir, pensando consigo: "Se antes de casar é assim, imagine-se depois!".

Isso porque ela andava alimentando o projeto de casar Emília com Rabicó.

PEDRINHO

Chegou afinal o grande dia. Na véspera, viera para dona Benta uma carta de Pedrinho que começava assim:

"Sigo para aí no dia 6. Mande à estação o cavalo pangaré e não se esqueça do chicotinho de cabo de prata que deixei pendurado atrás da porta do quarto de hóspedes. Narizinho sabe.

Quero que Narizinho me espere na porteira do pasto, com a Emília no seu vestido novo, e Rabicó de laço de fita na cauda. E tia Nastácia que apronte um daqueles cafés com bolinhos de frigideira que só ela sabe fazer."

Em vista disso, Narizinho levantou-se muito cedo para preparar a recepção de acordo com as instruções da carta. Colocou em Emília o vestido novo de chita cor-de-rosa com pintinhas e enfeitou Rabicó com duas fitas – uma ao pescoço e outra na ponta da cauda.

Pac, pac, pac... Pedrinho apareceu na porteira, trotando no pangaré, corado do sol e alegre como um passarinho.

– Viva! – gritou a menina, correndo para lhe segurar a rédea. – Vamos depressa, senhor doutor, que temos mil coisas para conversar!

Pedrinho abraçou-a e não resistiu à tentação de ali mesmo abrir o pacote dos presentes para tirar o dela.

– Adivinhe o que trouxe para você! – disse, escondendo atrás das costas um embrulho volumoso.

– Já sei – respondeu a menina imediatamente. – Uma boneca que chora e abre e fecha os olhos.

Pedrinho ficou desapontado, porque era justamente o que havia trazido.

– Como adivinhou, Narizinho?

A menina deu uma risada gostosa.

– Grande coisa! Adivinhei porque conheço você. Fique sabendo, seu bobo, que as meninas são muito mais espertas que os meninos...

– Mas não têm mais muque! – replicou ele com orgulho, fazendo-a apalpar a dureza do seu bíceps que a ginástica escolar havia desenvolvido. E concluiu: – Com este muque e a sua esperteza, Narizinho, quero ver quem pode com a nossa vida!

Os presentes dos demais foram também distribuídos ali mesmo. Rabicó teve uma fita nova, de seda – e os restos da merenda que Pedrinho trouxera (e foi isso o que ele mais apreciou). Emília recebeu um serviço de cozinha completo – fogãozinho de lata, panelas e até um rolo de esticar massa de pastel.

– E para vovó, o que é que trouxe? – perguntou Narizinho.

– Adivinhe, já que é tão adivinhadeira – disse ele.

– Eu só adivinho quando é você mesmo quem escolhe os presentes. Mas o presente de vovó aposto que não foi você quem escolheu, foi tia Antonica...

Pela segunda vez, Pedrinho abriu a boca. Aquela prima, apesar de viver na roça, estava se tornando mais esperta do que todas as meninas da cidade.

– Tem razão. É isso mesmo! O presente de vovó quem o escolheu e comprou foi a mamãe. Você precisa me ensinar o segredo de adivinhar as coisas, Narizinho...

Nesse momento, Dona Benta apareceu na varanda e Pedrinho correu para abraçá-la.

Dali a pouco, estavam todos reunidos na sala de jantar, ouvindo notícias e histórias da cidade. Tia Nastácia trouxe da cozinha a vasilha de massa, para não perder uma só palavra, ao mesmo tempo que ia enrolando os bolinhos. De repente, uma brisa soprou mais forte e um rangido se fez ouvir – *nhem, nhim...*

Pedrinho interrompeu a conversa, de ouvido atento.

– O mastro de São João!... – murmurou maravilhado. – Quantas vezes no colégio me iludi com os rangidos das portas, imaginando que era a bandeira do nosso mastro!... Como vai ele?

– Já desbotado pelas chuvas e com um rasgão na bandeira bem em cima da cabeça do carneirinho – respondeu a menina.

O dia de São João era o grande dia de festa no *Sítio do Picapau Amarelo*. Reuniam-se lá todas as crianças dos arredores, para soltar bombinhas e pistolões e dançar em torno da fogueira. Pedrinho jamais faltou a essa festa anual, como jamais deixou de queimar o dedo.

Um ano em que não queimou o dedo ficou muito admirado.

Nos últimos tempos, era Pedrinho quem pintava o mastro, caprichando em formar arabescos de todas as cores, cada ano em um estilo diferente. Também era ele quem fornecia a bandeira com o retrato de São João menino, de cruz ao ombro e cordeiro no braço.

Trazia-a da cidade, depois de percorrer todas as casas de negócio, a fim de comprar a mais bonita.

– Está bem – disse Dona Benta logo que soube das principais novidades. – Pode ir brincar com Narizinho, que tem um mundo de coisas para contar.

Os dois primos dirigiram-se ao pomar aos pinotes. Era lá, debaixo das velhas árvores, que trocavam confidências e planejavam as grandes aventuras pelo mundo das maravilhas.

O assunto do dia foi o extraordinário caso da boneca.

– Parece incrível! – dizia Pedrinho. – Quando recebi sua carta contando que Emília falava, não quis acreditar. Mas hoje vejo que fala e fala muito bem. É espantoso!

– No começo – explicou Narizinho –, Emília falava muito atrapalhado e sem propósito. Agora já está melhor, mas, mesmo assim, quando dá para falar asneiras ou teimar, ninguém pode com ela! Sabe que já é condessa?

– Sim? Condessa de quê?

– De Três Estrelinhas, nome que ela mesma escolheu. Mas estou com vontade de mudar. Condessa é pouco. Emília merece ser marquesa.

– Marquesa de Santos?

– Não. Marquesa de Rabicó.

– É verdade!... Podemos fazer de Rabicó um marquês e casar Emília com ele!

– Isso mesmo. Tenho pensado muito nesse arranjo e até já o propus à Emília.

– E ela aceitou?

– Emília é muito vaidosa e cheia de si. Mas eu sei lidar com ela. Quando chegar a ocasião, darei um jeito.

Terminado o assunto Emília, começou o assunto Reino das Águas Claras. Narizinho contou a série inteira daquelas maravilhosas aventuras, despertando em Pedrinho um desejo louco de também conhecer o príncipe-rei. De nada se admirou, conforme o seu costume. Tanto ele como Narizinho achavam tudo tão natural! Só estranhou que o Pequeno Polegar tivesse fugido da sua historinha.

– Isso, sim, não deixa de me intrigar – disse ele. – Se Polegar fugiu é que a história está embolorada. Se a história está embolorada, temos de colocá-la fora e compor outra. Há muito tempo que ando com esta ideia – fazer todos os personagens fugirem das velhas histórias para virem aqui combinar conosco outras aventuras. Que lindo, não?

– Nem fale, Pedrinho! – exclamou a menina pensativa. – O que eu não daria para brincar neste sítio com a menina da Chapeuzinho Vermelho ou Branca de Neve...

– Já pensou por aqui o Aladim da lâmpada maravilhosa, para tirar a prosa dele! – completou Pedrinho, que voltara da cidade com fumaças de valentia.

– E eu só queria a Chapeuzinho. Tenho tanta simpatia por essa menina... Aqueles bolos que ela costumava levar para a vovó que o lobo comeu – que vontade de comer um daqueles bolos...

Uma voz conhecida veio interrompê-los:

– Narizinho! Pedrinho! O café está na mesa.

– Duvido que fossem melhores que os de tia Nastácia! – disse o menino, erguendo-se. E dispararam para a casa!

A VIAGEM

Deitaram-se bem tarde naquela noite. Tanta coisa tinha o menino para contar, coisas da casa da dona Antonica e da escola, que somente às onze horas foram para a cama. Que sono gostoso! Isto é, proveitoso até uma certa hora. Daí por diante houve coisa grossa!

Narizinho estava justamente no meio de um lindo sonho, quando despertou de sobressalto, com umas pancadinhas de chicote na vidraça – *pen, pen, pen...* E logo em seguida, ouviu a voz do marquês de Rabicó, que dizia:

– O sol não tarda, Narizinho. Pule da cama que são horas de partir.

Chegando à janela, viu o marquês montado num cavalinho de pau à sua espera.

– E a condessa? Já está pronta? – perguntou a menina.

– A senhora condessa já está lá embaixo, corcoveando no cavalo Pampa.

– Pois então que me selem o pangaré. Em três tempos me visto.

Enquanto por ordem do marquês selavam o cavalo pangaré, a menina punha o seu vestido vermelho de bolso. Precisava de bolso para levar os bolinhos de tia Nastácia que sobraram da véspera e também para trazer coisas do reino das Abelhas.

Porque era para o reino das Abelhas que eles iam, a convite da rainha. Reino das Abelhas ou das Vespas? Não havia certeza ainda.

Na véspera chegara um maribondo mensageiro com um convite assim:

"Sua Majestade a Rainha das... dá a honra de convidar vocês todos para uma visita ao seu reino."

Como o papelzinho estivesse rasgado num ponto, havia dúvida se o convite era da rainha das Vespas ou da rainha das Abelhas.

Narizinho respondeu ao convite por meio dum borboletograma.

Não sabem o que é? Invenção da Emília. Como não tem telégrafo lá, a boneca teve a ideia de mandar a resposta escrita em asas de borboleta. Agarrou uma borboleta azul que ia passando e rabiscou-lhe na asa, com um espinho, o seguinte:

"Narizinho, a Condessa e o Marquês agradecem a honra do convite e prometem não faltar."

– Por que não incluiu o nome de Pedrinho, Emília? – perguntou a menina.

– Porque ele não é nobre – nem barão ainda é!... Pronto que foi o borboletograma, surgiu uma dificuldade. A quem endereçá-lo? À rainha das Vespas ou à das Abelhas?

– Já resolvo o caso – disse Emília, e soltou a borboleta com estas palavras:

"Vá direitinha, hein? Nada de distrair-se com flores pelo caminho."

– Ir para onde? – perguntou a borboleta.

– Malcriada! Atrever-se a fazer perguntas a uma condessa!

– Mas... – ia dizendo humildemente a borboleta.

Emília, porém, interrompeu-a com um berro.

– Ponha-se daqui para fora! Não admito observações. Conheça o seu lugar, ouviu?

A borboleta lá se foi, amedrontada e desapontadíssima.

– Você parece louca, Emília! – observou Narizinho. – Como há de ela saber o endereço se você não deu endereço algum?

– Sabe, sim! – respondeu a boneca. – São umas sabidíssimas as senhoras borboletas. Se sabem fabricar pó azul para as asas, que é coisa dificílima, como não hão de saber o endereço dum borboletograma?

Narizinho fez cara de quem diz: "Ninguém pode entender como funciona a cabeça da Emília! Ora raciocina muito bem, tal qual gente. Outras vezes, é assim – tão torto que deixa uma pessoa trapalhada..."

O cavalo pangaré veio, a menina montou e lá partiram todos pela estrada afora – *pac, pac*, pac... Em certo ponto, Narizinho disse à boneca:

– Vamos apostar corrida? Emília aceitou, muito assanhada. – Pois toque, então!

Emília – *lept, lept*! – chicoteou o cavalinho pampa, disparando numa galopada louca. Narizinho, porém, não se moveu do lugar. O que queria era ficar só com o marquês de Rabicó para uma conversa reservada, o casamento dele com a condessa.

– Mas, afinal de contas, marquês, quer ou não quer casar-se com a condessa?

– Já declarei que sim, isto é, que casarei, se o dote for bom. Se me derem, por exemplo, dois cargueiros de milho, casarei com quem quiserem – com a cadeira, com o pote d'água ou com a vassoura. Nunca fui exigente em matéria matrimonial.

– Guloso! Pois olhe que vai fazer um casamentão! Emília é feia, não nego, mas muito boa dona de casa. Sabe fazer tudo, até fios de ovos, que é o doce mais difícil. Pena ser tão fraquinha...

– Fraca? – questionou o marquês admirado. – Não me parece. Tão gorda que está...

– Engano seu. Emília, desde que caiu n'água e quase se afogou, parece ter ficado desarranjada do fígado. E aquela gordura não é banha, não, é camomila! Emília está é estufada. Ainda na semana passada, tia Nastácia a recheou de mais camomila.

O marquês pensou lá consigo: "Que pena não a ter recheado de fubá!", mas não teve coragem de o dizer em voz alta, limitando-se a exclamar:

– Pois pensei que fosse toucinho e do bom!...

– Que esperança! Toucinho do bom está aqui, disse a menina apalpando-lhe o lombo. – Dos tais que dão um torresminho delicioso! – e lambeu os beiços, já com água na boca. Felizmente o dia de Ano-Bom está próximo!...

Dia de Ano-Bom era dia de leitão assado no sítio, mas Rabicó não sabia disso.

– Dia de Ano-Bom? – repetiu ele sem nada compreender.

– Que tem isso com o meu toucinho?

– Nada! É cá uma coisa que sei e não é da sua conta – respondeu a menina, piscando o olho.

E assim, nessa prosa, alcançaram a condessa, que estava lá adiante, furiosa com a trapaça.

– Não achei graça nenhuma! – foi dizendo Emília logo que a menina chegou. – Nem parece coisa de uma princesa (Emília só a tratava de princesa nas brigas).

– Pois eu, Emília, estou achando uma graça extraordinária na sua zanguinha! Sua cara está parecendo aquele bule velho de chá, com esse bico...

Mais zangada ainda, Emília mostrou-lhe a língua e, dando uma chicotada no cavalinho, tocou para a frente, resmungando alto:

– Princesa!... Princesa que ainda toma palmadas de Dona Benta e leva broncas da tia Nastácia! E tira ouro do nariz... Antipatia!...

Pura calúnia! Narizinho nem tomava palmadas, nem levava broncas, nem tirava ouro do nariz. Emília, sim...

O ASSALTO

Nesse momento, o mato farfalhou à beira da estrada. Os cavalinhos se assustaram e empinaram.

– A quadrilha Chupa-Ovo! – gritou Emília aterrorizada, erguendo os braços, como no cinema. Narizinho também empalideceu e procurou instintivamente agarrar-se ao marquês de Rabicó. No entanto, o marquês já havia pulado no chão e sumido...

– A bolsa ou a vida! – intimou o chefe da quadrilha apontando o trabuco.

Narizinho, tremendo, olhou para ele e franziu a testa. "Eu conheço esta cara!" – pensou consigo. "É Tom Mix, o grande herói do cinema!... Mas quem havia de dizer que esse famoso caubói tão simpático, havia de acabar assim, feito chefe de uma quadrilha de lagartos?"...

– A bolsa ou a vida! – repetiu Tom Mix, carrancudo.

– Bolsa não temos, senhor Tom Mix – disse a menina –, mas tenho aqui uns bolinhos muito gostosos. Aceita um?

O bandido tomou um bolo e provou.

– Não gosto de bolo amanhecido! – respondeu cuspindo de lado. Quero ouro de verdade!

Assim que ele falou em ouro, Narizinho teve uma ideia de gênio.

– Perfeitamente, senhor Tom Mix. Vou dar-lhe um montinho de ouro puro, do bem amarelo. Mas há de prometer-me uma porção de coisas...

– Prometo tudo quanto quiser – retrucou o bandido, já mais amável com a ideia do montinho de ouro.

– Então passe para cá o seu alforje (bolsa que fica prese a uma sela) e mais uma tesourinha.

Sem nada compreender daquilo, Tom Mix foi dando o que ela pedia. Narizinho, então, chamou Emília de parte e cochichou-lhe ao ouvido qualquer coisa.

A boneca não gostou, pois bateu o pé, exclamando:

– Nunca! Antes morrer!...

Tanto Narizinho insistiu, porém, que Emília acabou cedendo, entre soluços e suspiros de desespero. Depois, erguendo a saia até os joelhos, espichou uma das pernas sobre o colo da menina. Esta, muito séria, como quem faz operação da mais alta importância, desfez-lhe a costura da barriga da perna e despejou toda a camomila do recheio no alforje de Tom Mix. Em seguida, ergueu-se e disse-lhe:

– Aqui tem o seu alforje cheio de ouro-camomila!

– Muito bem – respondeu o bandido com os olhos a faiscarem de cobiça. – A menina está agora livre e tem em mim de hoje em diante o mais dedicado servidor. Nos momentos de perigo basta gritar: "*Mix, Mix, Mix!*", que aparecerei imediatamente para salvá-la.

Cumprimentou-a com o chapelão de abas largas e retirou-se, seguido dos seus lagartos.

Ao vê-los sumirem-se ao longe, Narizinho criou alma nova.

– Ufa! – exclamou. – Escapamos de boa! Continuemos a nossa viagem, Emília – e tratou de montar novamente. Um, dois, três – upa! Montou. Emília também – um, dois, três... e nada! Não conseguiu montar.

– Ai! – gemeu sacudindo a perninha desfalcada. – Não posso andar, nem montar com esta perna vazia!

Apesar do triste da situação, Narizinho espremeu uma risadinha.

– Malvada! – exclamou Emília chorosa. – Salvei-a da morte à custa da minha pobre perna e, em troca, você ri de mim...

– Perdoe, Emília! Reconheço que me salvou, mas se soubesse como está cômica com essa perna vazia... O melhor é vir comigo na garupa do pangaré, bem agarradinha. Dê cá a sua mão. Upa!

Com alguma dificuldade, conseguiu acomodá-la na garupa do cavalinho, recomendando-lhe que se segurasse muito bem, pois tinha de ir a galope.

– Sossegue, Narizinho, que daqui nem torquês me arranca! – respondeu Emília.

A menina estalou o chicote e o pangaré partiu na galopada, erguendo nuvens de pó – *pá-lá-lá, pá-lá-lá!* De repente:

– Que fim levou o marquês? – interrogou Emília olhando para trás.

Narizinho deteve o cavalo.

– É verdade!... Aquele poltrão comportou-se de tal maneira que a coisa não pode ficar assim. Hei de vingar-me – e é já, quer ver?

Voltando-se para o mato gritou:

– Mix, Mix, Mix!

Imediatamente, Tom Mix surgiu diante dela.

– Amigo Tom Mix – disse Narizinho –, fui covardemente traída pelo senhor marquês de Rabicó, um poltrão que ao ver-nos em perigo só cuidou de si, fugindo com quantas pernas tinha. Quero ser vingada sem demora, está entendendo?

– Será vingada, ó gentil princesa! – disse Tom Mix, estendendo a mão como quem faz um juramento. – Mas de que forma quer ser vingada, ó gentil princesa?

Narizinho respondeu depois de pensar alguns instantes:

– Minha vingança tem de ser esta: quero amanhã ao almoço comer virado de feijão com torresmo, mas torresmo de marquês, está ouvindo?

– Vossa vontade será satisfeita, ó gentil princesa! – disse o bandido, curvando-se com a mão no peito e desaparecendo.

– Coitado do Rabicó! – exclamou Emília triste.

– Coitado nada! Rabicó precisa levar uma boa esfrega. Dou-lhe uma lição que vai servir para toda a vida. Nunca mais cairá noutra...

TOM MIX

Assim que deixou a menina, Tom Mix voltou ao lugar do assalto, a fim de orientar-se na pista de Rabicó. Descobriu logo os rastos dele na terra úmida e os foi seguindo até à floresta. Lá se guiou pelas ervinhas amassadas e outros sinais que na fuga ele fora deixando. E andou, andou, andou até que de repente ouviu um ruído suspeito.

– É ele! – pensou Tom Mix, agachando-se – e, pé ante pé, sem fazer o menor barulhinho, aproximou-se do lugar de onde partia aquele ruído suspeito. Espiou. Lá estava o marquês – *rom, rom, rom* –, de cabeça enfiada dentro de uma abóbora muito grande, tão entretido em devorá-la que não deu pela presença do terrível vingador.

Tom Mix foi chegando, chegando e de repente...

– *Nhoc!* – agarrou o marquês por uma perna.

– *Coin! coin! coin!* – grunhiu o ilustre fidalgo.

– Peço perdão a Vossa Excelência – disse Tom Mix com ironia –, mas estou cumprindo ordens da senhora princesa do Narizinho Arrebitado.

– O que é que Narizinho quer de mim ? – gemeu Rabicó desconfiado.

– Pouca coisa – respondeu o vingador. – Apenas uns torresminhos para enfeitar um tutu de feijão amanhã...

– *Coin! coin! coin!* – gemeu o marquês, compreendendo tudo.

E foi com bagas de suor frio no focinho que implorou:

– Tenha dó de mim, senhor bandido! Tenha piedade de mim, que lhe darei esta abóbora e ainda outra maior que escondi lá adiante...

Tom Mix parece que não gostava de abóbora. Limitou-se a puxar pela faca e a passá-la sobre o couro da bota, como que a afiando. Percebendo que estava perdido, Rabicó teve uma ideia.

– Senhor bandido, poderá me fazer um favor?

– Diga o que é – respondeu Tom Mix calmamente, sempre a afiar a faca.

– Quero que me conceda cinco minutos de vida. Preciso fazer o testamento e confiar minhas últimas palavras a essa libelinha que vai passando.

Tom Mix concedeu-lhe os cinco minutos. Rabicó chamou a libelinha.

– Amiga, darei a você um lindo lago azul onde possa voar a vida inteira, se me fizer um pequeno favor.

– Diga o que é – respondeu a libelinha, vindo pousar diante dele.

– É levar uma carta à princesa Narizinho, que deve estar no reino das Abelhas.

– Com muito prazer.

Rabicó fez a carta depressa e a entregou. A libelinha tomou-a no ferrão e *zzzit!* Lá se foi, veloz como o pensamento. Mal a viu partir, Rabicó deu um suspiro de alívio, murmurando em voz alta:

– Coragem, Rabicó, teu dia não chegará tão cedo!

– O que é que está grunhindo aí, senhor marquês? – perguntou o carrasco.

Rabicó disfarçou.

– Estou pensando na sua valentia, senhor Tom Mix. Está assim tranquilo, porque é comigo, que sou um pobre coitadinho. Queria ver a sua cara, se Lampião aparecesse por aqui com os seus cinquenta cangaceiros!

– Lá tenho medo de lampiões ou lamparinas? O marquês não me conhece.

Diga-me: costuma ir ao cinema?

– Nunca. Mas sei o que é.

– Se não conhece o cinema, não pode fazer ideia do meu formidável heroísmo! Não há um só filme em que eu seja derrotado, seja lá por quem for. Venço sempre ! Sou um danado!

Rabicó olhou-o com o rabo dos olhos, pensando lá consigo:

“Grandíssimo ator é o que você é.”

Pensou só, nada disse. Aquela faca embargava-lhe a voz...

AS MULETAS DO BESOURO

Enquanto Rabicó suava o suor da morte nas unhas de Tom Mix, Narizinho e Emília chegavam ao palácio das Colmeias, de onde vários zangões saíram para recebê-las com gentis cumprimentos.

– Salve, princesinha do Narizinho Arrebitado! – exclamaram eles, curvando-se.

– Obrigada! – respondeu a menina, dando-lhes a mão para beijar. – Recebi um convite da rainha, mas estou na dúvida se foi da rainha das Abelhas ou da rainha das Vespas. Parei aqui para saber...

– O convite foi da rainha das Abelhas – declarou um dos zangões. Fui eu mesmo quem o redigiu. A rainha das Vespas anda furiosa com a menina por ter matado uma das suas súditas.

– Vê, Emília, de que escapamos? – cochichou Narizinho. Se tivéssemos errado o caminho e ido parar na terra das Vespas, com certeza, irão nos matar a ferroadas... E voltando-se para os zangões:

– Permitam-me, senhores, que vos apresente a senhora condessa de Três Estrelinhas. Esta ilustre dama foi vítima de um desastre no caminho e não consegue andar sem encosto. Poderá algum dos senhores arranjar-lhe um par de muletas?

– Podemos, sim, mas antes deverá consultar o grande médico que, por acaso, se acha aqui, vindo do reino das Águas Claras.

– O doutor Caramujo está aqui? – exclamou a menina muito alegre. – Conheço-o muito! Chamem-no depressa.

Os zangões partiram rápidos, retornando instantes depois em companhia do doutor Caramujo, o qual, reconhecendo a menina e a boneca, saudou-as respeitosamente.

Depois arrumou os óculos para examinar a perna de Emília.

– É grave! – exclamou. – A senhora condessa está sofrendo de uma anemia camomilar no pernil barrigoide esquerdo. Caso muito sério.

– E qual a receita, doutor? Pílula de sapo outra vez? – indagou a menina.

– Esta doença – explicou o grande médico – só pode sarar com um regime de superalimentação local.

– Alimentação com camomila, eu sei – disse a menina rindo da ciência do doutor. – Tia Nastácia sabe aplicar esse remédio muito bem!

Em dois minutos, com um bocado de camomila e uma agulha com linha, ela cura Emília para o resto da vida.

– Tia Nastácia! – exclamou o médico escandalizado. – Com certeza é alguma curandeira! Camomila! Oh, santa ignorância! Admira-me ver uma princesa tão ilustre desprezar assim a ciência de um verdadeiro discípulo de Hipócrates e entregar a condessa aos cuidados de uma reles curandeira!

– Reles curandeira? – exclamou a menina indignada. – Chama então Nastácia de reles curandeira? Se tem algum amor à casca, retire-se, senhor cascudo, antes que eu faça o que fiz para a tal dona Carochinha. Reles curandeira! Escutou Emília, um desaforo maior?

O doutor Caramujo meteu o rabo entre as pernas e sumiu.

Narizinho estava ainda comentando o desaforo, quando os zangões que tinham saído à procura das muletas apareceram.

– Aqui no palácio não há muletas, senhora princesa, mas aí fora costuma andar um besouro manco que possui duas. Quer ir até lá conosco?

Narizinho foi. Três esquinas adiante encontraram o besouro mendigo, de chapéu na mão à espera de esmolas.

A menina já lhe ia oferecendo um pedacinho de bolo, quando o mendigo perguntou:

– Não me reconhece mais?

A menina encarou-o com olhos atentos.

– Sim!... Estou reconhecendo!... Não foi você que lá na beira do ribeirão esteve passeando pela minha cara e me arrancou um feixinho de fios da sobrancelha?

– Isso mesmo! – confirmou o besouro. – Por sinal que, por causa daquele espirro, levei um tombo de mau jeito e fiquei machucado.

Triste da sua desgraça, Narizinho o pôs no bolso, dizendo:

– Fique quietinho aí e divirta-se com esses bolos. Vou levá-lo para o sítio da vovó, onde poderá viver uma vida sossegada sem ser preciso tirar esmolas.

Depois, tomando suas muletinhas, deu-as à boneca.

– Arrume-se nisso depressa, senhora condessa da Perna Vazia, que a hora da audiência está próxima.

E, precedidas pelos zangões, as duas de novo entraram no palácio.

SAUDADES

Já estava cheio o palácio, não só de personagens do reino das Abelhas como de muitos outros reinos, inclusive o das Águas Claras.

Narizinho correu os olhos à procura de algum conhecido. Viu logo o Major Agarra.

– Viva, Major! – exclamou, dirigindo-se a ele alegremente. – Como vão todos por lá?

Antes de dar notícias, o sapo demonstrou mais uma vez a sua gratidão pelo que a menina lhe havia feito, desculpando-se também de não ter aparecido no sítio de Dona Benta, como prometera. Depois contou que o príncipe andava cada vez mais taciturno.

– Não se casou ainda?

– Nem casa. Tem recusado a mão das mais belas princesas do reino. Todos dizem que ele sofre de paixão recolhida. Ama alguém que não faz caso dele, é isso.

O coração da menina palpitou mais apressado.

– Não dizem por lá quem é essa que ele ama?

– Dona Aranha Costureira sabe quem é, mas guarda muito bem-guardado o segredo. É uma senhora muito discreta.

– E o bobinho da corte, aquele tal gigante Fura-Bolos?

– Nunca mais foi visto. Com certeza teve o mesmo fim do Carlito Pirulito...

Narizinho refletiu uns instantes. Depois disse:

– Olhe, não se esqueça, quando voltar, de dizer ao príncipe que me viu aqui e que vou bem, obrigada. Diga-lhe também que qualquer dia receberá um convite para vir com toda a sua corte passar umas horas comigo no sítio de vovó, sim? O Major prometeu não se esquecer do recado. E ia dizer mais alguma coisa, quando a entrada de uma libelinha mensageira o interrompeu.

– Salve, princesa! – exclamou ela.

– Viva! – correspondeu a menina franzindo as sobrancelhas.

– Traz alguma mensagem para mim?

– Trago uma carta de um ilustre marquês. Ei-la aqui.

Narizinho tomou a carta e leu:

Peço-vos-lhe perdão da minha covardia. Tom Mix está aqui amolando a "fhaca" pra me matar. Tenha ddó deste infeliz, que se assina, com perdão da palavra, criado, "brigado".
RABICO.

– A letra, a ortografia e a gramática são todas dele! Este bilhete corresponde a um perfeito retrato de Rabicó – ou Rabico, sem acento, como ele assina. Grandíssimo patife!

E voltando-se para a libelinha:

– Onde está ele?

– No capoeirão dos Tucanos Vermelhos, lá na terra dos lagartões. Prometeu-me um lindo lago azul como pagamento do meu trabalho de trazer esta carta.

Narizinho não pôde deixar de sorrir, pensando lá consigo: "Sempre o mesmo! Onde Rabicó já viu lago azul?". Mas não quis desiludir a mensageira, visto precisar dos seus serviços para a resposta. Rabiscou um bilhetinho a galope.

– Leve este bilhete a Tom Mix, mas depressa, hein? E quando quiser aparecer lá pelo sítio de vovó, não faça cerimônia, ouviu ? Vá, vá!...

A libelinha vibrou as asas e – *zuct*! – desapareceu. Voou rápida como o pensamento. Chegou ao capoeirão dos Tucanos Vermelhos no instante em que os cinco minutos concedidos a Rabicó iam chegando ao fim e o carrasco lhe dizia, erguendo a faca:

– Terminou o prazo. Chegou a sua hora, marquês!

No entanto, Tom Mix teve de interromper o serviço. A libelinha sentara-se justamente na ponta do seu nariz, com o bilhete no ferrão.

Percebendo-o, Tom Mix tomou o bilhete e leu. Era pedido de perdão a Rabicó.

– Tem muita sorte o senhor marquês! – disse ele, enfiando a faca na bainha. – A princesa perdoa o seu crime e troca a pena de morte nesta outra mais leve – e pregou-lhe um formidável pontapé.

– Uf! – exclamou Rabicó depois que se viu livre do perigo. – Escapei de boa!

Pontapé de um bruto destes não é nada agradável, mas, mesmo assim, deve ser mil vezes preferível às suas facadas...

Depois indagou, voltando-se para a mensageira:

– Onde está a princesa?

– No reino das Abelhas.

– E a condessa?

– Também lá, num canto, muito jururu nas suas muletas.

– Muletas? – repetiu Rabicó sem nada compreender. – Será que caiu do cavalo?

– Não sei, não tive tempo de perguntar.

Rabicó permaneceu pensativo por alguns instantes. Depois disse:

– Está direito. Pode ir. Passe bem, muito obrigado.

A mensageira franziu o nariz.

– E o meu lago azul?

Rabicó, que tinha muito má memória para as suas promessas, fez cara de surpresa.

– Lago? Que lago?

– O lago azul que me prometeu em troca de levar a carta...

– Ah, sim... Mas, menina, para que você quer um lago e logo um lago azul? Eu prometi um lago, é verdade, mas refletindo melhor vi que é um presente muito perigoso, pois você pode vir a morrer afogada. Em vista disso, achei melhor substituir esse lago por esta sementinha de abóbora. Tome!

A libelinha ficou furiosa.

– Muito agradecida, senhor. Trato é trato. Faço questão do meu lago azul!

O marquês coçou a cabeça, embaraçado, lançando olhares gulosos para a abóbora que estivera comendo quando Tom Mix apareceu.

– Vamos deixar o caso para ser decidido amanhã – disse por fim. Agora não posso; tenho muito serviço. Imagine que Tom Mix me condenou a comer esta abóbora inteirinha – a mim, um marquês que está acostumado a só comer bombons e presuntos...

A RAINHA

Enquanto isso se passava no capoeirão dos Tucanos Vermelhos, lá no palácio das Abelhas, a menina dizia ao ouvido da boneca:

– Já reparou, Emília, como é muito arrumado este reino? Uma verdadeira maravilha de ordem, economia e inteligência! Estive no quarto das crianças. Que gracinha! Cada qual no seu berço de cera, com pernas e braços cruzados, todas tão alvas, dormindo aquele sono gostoso... O que admiro é como as abelhas sabem aproveitar tudo de modo que a colmeia funcione como se fosse um relógio. Ah, se no nosso reino também fosse assim... Aqui não há pobres nem ricos. Não há problemas de saúde. Todos trabalham, felizes e contentes.

– Isso não! – contestou a boneca. – O besouro é doente e pede esmolas.

– Besouro não é abelha, boba. Estou falando das abelhas.

– E quem manda aqui? Quem é o delegado? – perguntou Emília.

– Ninguém manda – e é isso o mais curioso. – Ninguém manda e todos obedecem.

– Não pode ser! – exclamou a boneca. – Quem manda há de ser a rainha. Vou perguntar – e chamou uma abelha que ia passando.

– Faça o favor, senhora abelhinha, de nos dar uma informação. Quem é, afinal de contas, que manda neste reino? A rainha?

– Não, senhora! – respondeu a abelha. – Nós não temos governo, porque não precisamos de governo. Cada qual nasce com o governo dentro de si, sabendo perfeitamente o que deve e o que não deve fazer. Nesse ponto, somos perfeitas.

Narizinho ficou admirada daquelas ideias, e viu que era assim mesmo. "Que pena que também não seja assim na humanidade!"

– De manhã saímos todas – continuou a abelha –, cada uma para o seu lado, a fim de recolher o mel das flores e o pólen. É disso que nos alimentamos. Depois, guardamos o mel nos favos. Se há consertos a fazer, qualquer uma de nós os faz sem que seja preciso ordem. Se a menina passasse uns tempos aqui, havia de gostar tanto que depois não mais se ajeitaria no reino dos homens.

– Mas a rainha? – perguntou a menina. – Estou cansada de esperar pela hora de conhecer essa grande dama. Deve ser linda, linda!...

A abelha continuou:

– Pensa que a nossa rainha é alguma dama vaidosa como as rainhas dos homens? Nada disso. Nem rainha é! Os homens é que a chamam assim. Para nós não passa de mãe. Todas somos filhinhas dela – todas, todas! E rodeamos de comodidades e carinhos, sem nunca lhe darmos o menor desgosto. Olhe, menina, lá no reino dos homens costumam falar muito em felicidade, mas fique certa de que a felicidade só existe aqui. Cada uma de nós é feliz, porque todas somos felizes. Lá não sei como pode alguém ser feliz sabendo que há tantos infelizes em redor de si!

Narizinho e Emília ficaram tristes. Que pena serem gente e não poderem transformar-se em abelhas para morar numa colmeia daquelas, toda a vida ocupadas num trabalhão tão lindo como esse de recolher o mel e o pólen das flores...

– Mas a rainha, a rainha! – insistiu a menina. – Quero ser apresentada à rainha!

– Pois vamos lá – respondeu a abelha. – Sigam-me.

Foram. Depois de atravessarem vários compartimentos, chegaram aos cômodos reais. Lá estava Sua Majestade num trono de cera, conversando com vários zangões vaidosos e orgulhosos (pelo menos assim pareceu à menina).

– Bem-vinda seja! – saudou a rainha numa doce voz maternal. – Tem gostado da nossa colmeia?

– Muito, Majestade! É o reino mais arrumadinho de quantos vi até agora. Estou positivamente encantada!

– O meu reino é assim – explicou a rainha –, porque não é reino nenhum, mas uma grande família onde a boa mãe geral vive rodeada de todos os seus filhos. Já percorreu a colmeia inteira?

– Já vi parte e tenho gostado de tudo, menos da cara desses senhores zangões, que me parecem vaidosos e orgulhosos...

– É que estão a me fazer a corte. Todos os anos escolho um entre eles para marido, e os outros...

– Já sei! Os outros casam-se com as outras abelhas.

A rainha sorriu.

– Não, menina! Os outros são condenados à morte e executados...

– O quê? – exclamou Narizinho horrorizada. – Acho que isso constitui uma crueldade, verdadeira mancha negra na organização das abelhas.

– Parece, menina. Mas é o jeito. Como não sabem trabalhar e a natureza os fez unicamente para serem esposos da rainha, as abelhas não têm a menor consideração com eles depois que a rainha elege um para esposo. Trucidam-nos e lançam os cadáveres para fora da colmeia. Estas minhas filhas acham que o sentimentalismo não dá bom resultado em matéria de organização social.

Narizinho, cada vez mais admirada da inteligência da rainha, murmurou ao ouvido da boneca:

– Vê, Emília? Isto é que é falar bem! Até parece aquele filósofo que vovó às vezes lê, o tal Rou... Rousseau, creio.

Nesse momento, um trrriin, trrriin, de esporas ressoou perto. Voltaram-se todos. Era Tom Mix que entrava. O caubói correu os olhos pela sala. Logo que deu com a menina, dirigiu-se para ela.

– Recebi o recado, princesa, e aqui estou às vossas ordens!

– Que fim levou o marquês? – perguntou a menina com ansiedade, pois nada sabia do que se passara. – Está vivo ainda ou...

– Vivíssimo, senhora princesa! A estas horas já deve de estar atacando a segunda abóbora...

– Muito bem! – exclamou Narizinho, aliviada dum grande peso. – Quero agora, senhor Tom Mix, que me arranje uns burrinhos de carga para levar um pouco de mel e cera para vovó.

Tom Mix retirou-se para cumprir a ordem, enquanto a menina se dirigia de novo à rainha.

– Senhora rainha, poderá Vossa Majestade dar ordem à sua cozinheira para me oferecer um tostão de mel?

– Darei o mel e a cera que quiser – respondeu a rainha sorrindo; – quanto ao tostão, guarde-o para você, que aqui entre nós não tem o menor valor o dinheiro dos homens. Ali, naquela sala dos favos, é o depósito de mel. Vá lá e tire quanto quiser.

A menina agradeceu a gentileza e retirou-se para a tal sala com a boneca.

Tudo tão arrumado! Potinhos de cera cheios de mel em quantidade, todos iguais, com tampinhas também de cera.

– Querem mel? – perguntou logo uma abelha de avental muito limpa que tomava conta daquela repartição.

– Queremos, sim, senhora! Mel e cera.

– De que qualidade?

– Há de muitas qualidades?

– Temos aqui mel de flores de laranjeira, mel de flores de jabuticabeira lá do sítio de Dona Benta e temos o mel mil-flores, colhido de todas as flores do campo.

– Dê-me de flores de jabuticabeira – resolveu logo Narizinho.

– E também um quilinho de cera bem branca para a tia Nastácia.

– Quem leva é aqui a sua criada? – perguntou a abelha indicando a boneca, enquanto fazia os pacotes.

Emília desesperou-se toda, já vermelhinha de raiva. Mas a menina salvou a situação.

– Esta senhora não é a minha criada, e sim a Excelentíssima Senhora Condessa da Perna Vazia, futura Marquesa de Rabicó.

A abelhinha pediu mil desculpas, e ainda estava pedindo desculpas, quando a entrada de Tom Mix à frente de uma tropa de grilos repletos de cangalhas e ancorotes próprios para conduzir o mel a interrompeu. Tom descarregou os ancorotes e esperou que a abelha meleira os enchesse. Depois os colocou de novo sobre as cangalhas e pediu instruções.

– Espere-me no portão do palácio com os cavalinhos prontos que também já vamos – ordenou-lhe a menina.

A VOLTA

Estavam todos prontos para a volta, exceto Emília. Narizinho refletia sobre o seu caso. Por fim, pediu a opinião de Tom Mix sobre o melhor meio de a levar.

– Acho que temos de colocar a senhora condessa dentro de um dos ancorotes de mel.

– Que loucura, Tom! Emília ficaria toda melada!

– Sim, mas há um vazio – respondeu ele. – Creio que ali será mais confortável do que na garupa do cavalinho pangaré.

Emília fez cara feia e protestou. O meio de sossegá-la foi permitir-lhe seguir na frente do bando, para que pudesse "ir vendo as coisas antes dos outros". Estava nascendo nela aquele espírito interesseiro que a tornaria célebre nos anais da ciganagem.

Puseram-se em marcha. Meia légua adiante Emília colocou-se de pé dentro do barrilzinho e gritou:

– Estou vendo uma coisa esquisita lá na frente! Um monstro com cabeça de porco e "peses" de tartaruga!

Todos olharam, verificando que Emília tinha razão. Era um monstro dos mais estranhos que possa alguém imaginar. Tom Mix puxou da faca e avançou, dizendo a Narizinho que não se mexesse dali. Chegando mais perto, percebeu o que era.

– Não é monstro nenhum, princesa! Trata-se do senhor marquês montado num pobre jabuti! Vem metendo o chicote no coitado, sem dó nem piedade.

E assim era. Rabicó dava uma dura no pobre jabuti e ainda por cima o descompunha.

– Caminha! Caminha depressa, se não te pico de espora até a alma! – gritava ele.

Narizinho ficou indignada com aquilo. Era demais! Vendo-a assim, Tom Mix puxou o revólver e disse:

– Se quer, pego aquele maroto com uma bala!

– Não é necessário – respondeu ela. – Eu mesma lhe darei uma boa lição. Deixe o caso comigo.

Nesse momento, o marquês alcançou o grupo, e já estava armando cara alegre de sem-vergonha, quando a menina o encarou, de cara bem fechada.

– Desça já do pobre jabuti, seu grandíssimo...

Muito espantado daquela recepção, Rabicó foi descendo, todo encolhido.

– E para castigo – continuou a menina –, quem agora vai montar é o senhor jabuti. Vamos, senhor jabuti! Suba o marquês, monte e meta-lhe a espora sem dó!

O jabuti assim o fez e, sossegadamente, porque jabuti não se apressa em caso nenhum, botou os arreios no leitão, apertou o mais que pôde a barrigueira, montou muito devagar e – *lept! lept!* – fincou-lhe o chicote como quem surra burro bravo.

– *Coin! coin! coin!* – berrava o pobre marquês.

– Espora nele, jabuti! – gritava a boneca. – Espora nesse guloso que me comeu os croquetes!

– E também uma boas lambadas por minha conta! – murmurou uma voz fina no ar.

Todos ergueram os olhos. Era a libelinha enganada, que ia passando, veloz como um relâmpago.

O caso foi que, naquele dia, Rabicó perdeu pelo menos um quilo de peso e pagou pelo menos metade dos seus pecados...

Depois desse incidente, puseram-se de novo em marcha, só parando numa figueira de boa sombra, já pertinho do sítio.

– Ponto de almoço! – gritou Narizinho, que estava com uma fome tirana. Desde que saíra de casa só comera os bolinhos trazidos.

Apareceram e estenderam no chão uma toalhinha. Tom Mix abriu dois barris de mel. Narizinho remexeu no bolso para ver se ainda encontrava algum pedaço de bolo, mas não achou nem o besouro! Tinha fugido, o ingrato! Puseram-se a engolir mel puro, único alimento que havia.

No melhor da festa – *tzzsiu!* –, um passarinho cantou na árvore próxima. A menina ergueu os olhos: era um tiziu.

– Emília – disse ela intrigada –, não acha aquele tiziu com um certo ar de Pedrinho?

– Muito! E querem ver que é ele mesmo?

– Pedrinho! Pedrinho! Venha cá, Pedrinho! – gritou a menina, aflita.

O tiziu desceu da árvore, vindo pousar em seu ombro.

– Então, o que é isso, Pedrinho? Deixo você em casa feito gente e o venho encontrar virado em ave!

– Assim é – disse ele. – Todos viramos aves lá em casa.

– Como? Explique isso! – gritou Narizinho ansiosa.

– Pois apareceu por lá uma velhinha de porrete na mão e cesta no braço. "Menino", disse-me ela, "é aqui a casa onde moram duas senhorinhas em companhia de uma menina de nariz arrebitado, muito malcriada?".

Furioso com a pergunta, respondi: "Não é da sua conta. Siga seu caminho que é o melhor". "Ah, é assim"? – exclamou ela. "Espere que te curo"! E transformou a mim em passarinho, transformou vovó em tartaruga e tia Nastácia em galinha ...

– Que horror! – foi o grito que escapou de Narizinho. – Que vai ser de nós agora? Já sei quem é essa velhinha! Não pode ser outra! Bem ela me disse que havia de vingar-se...

– O que foi que aconteceu, princesa? – indagou Tom Mix, já de mão no revólver.

– Não sei, Tom, se desta vez nos poderá valer! Você é invencível, mas só de igual para igual. Contra uma bruxa feiticeira, não sei... não sei... e contou o que havia acontecido.

– Deixe tudo por minha conta, princesa, e não duvide da minha arte de resolver situações complicadas. Siga viagem que eu vou dar volta pelos arredores, a fim de apanhar essa velhinha. Juro que hei de trazê-la bem segura, para que desfaça o mal que fez...

– Os anjos digam amém! – suspirou Narizinho mais animada. E dando rédeas ao cavalo pangaré tocou para o sítio com o tiziu ainda pousado no ombro.

Que tristeza! Mal Narizinho apareceu no terreiro e já ouviu uma galinha cacarejar lá dentro.

– É tia Nastácia, coitada! – suspirou com o coração apertado.

Entrou. Na sala de jantar a viu sentada na rede, costurando, uma tartaruga de óculos.

– Vovó! – gritou a menina com desespero. – Não me conhece mais vovó?

A tartaruga, quieta, quieta...

– Veja, Emília, que desgraça! – gritou Narizinho em lágrimas. Vovó é aquele bicho cascudo que está na rede! Nastácia é aquela horrenda galinha que mais parece urubu...

Emília olhou e também rompeu em choro, abraçando-se com a menina.

– A única esperança que nos resta é Tom Mix – disse Narizinho. – Mas este caso é tão estranho que receio que nem ele possa nos salvar...

Passaram-se dois dias. Narizinho, inconsolável, não podia conformar-se com a ideia da sua querida avó tartarugando na rede, nem de tia Nastácia volta e meia botando um ovo na cozinha.

– Sossegue, Narizinho. Tom Mix é um danado. De repente, reaparece e conserta tudo, como no cinema – dizia a boneca para a consolar.

– Mas está demorando tanto, Emília!

– Dois dias só. Você sabe que a conta para tudo é três.

Chegou afinal o terceiro dia. As duas amiguinhas, postadas à janela desde cedo, espiavam os horizontes, ansiosas. Narizinho suspirou.

– Se a velhinha tem o poder de virar os outros em bicho, também pode virar-se a si própria em pedra, árvore, tronco seco – e como há de Tom Mix saber?

– Paciência, Narizinho! Vai ver que de repente ele brota por aí com a velhinha na ponta da faca...

Palavras não eram ditas e um cachorrinho latiu no terreiro.

– Deve ser ele! – gritou Emília correndo para a porta.

E era mesmo. Era Tom Mix que voltava com dois revólveres, apontando e a velhinha à frente, de braços erguidos.

– É agora! – berrou o caubói no ouvido da bruxa. – Vai desfazer o mal que fez, se não, como seus fígados, já neste momento...

Horrorizada com a feiura da velhinha, Narizinho fechou os olhos.

Depois criou coragem e os foi abrindo devagarinho. E viu... sabem quem?

Viu tia Nastácia a olhar para ela e a dizer:

– Acorde menina! Parece que está com pesadelo...

Narizinho sentou-se na cama, ainda tonta, esfregando os olhos.

– E vovó? E Pedrinho? – perguntou.

– Vovó está lá dentro costurando, e Pedrinho fazendo uma arapuca no quintal.

– Deixe de bobagens e venha tomar o seu café que já está esfriando – concluiu tia Nastácia.

O MARQUÊS DE RABICÓ

OS SETE PORQUINHOS

Eram sete porquinhos. Bem sei que sete é conta de mentiroso, mas eram mesmo sete, todos ruivos, com manchas brancas pelo corpo. Quando a mamãe deles saía a passeio, os sete porquinhos acompanhavam-na em fila – *rom, rom, rom...*

O tempo foi passando e os porquinhos foram crescendo e, à medida que iam crescendo, iam entrando...

– Para a escola, já sei!

– Sim, para a escola do forno.

– Que horror!

– Pois é verdade. Vida de porco no *Sítio do Picapau Amarelo* não é das mais invejáveis.

Está o lindo animalzinho brincando no terreiro, feliz, gordo como uma bola. Dona Benta olha e diz:

– Tia Nastácia, a prima Dodoca vem jantar hoje aqui. Acho bom pegar "aquele um"! – e aponta para o coitado.

Tia Nastácia vai ao paiol, toma uma espiga de milho e grita no terreiro – *xuque, xuque, xuque!*

Os bobinhos ouvem e vêm correndo atrás do milho que ela começa a debulhar, e comem, comem, comem. De repente, a malvada se abaixa e – *nhoc!* Segura pela perna o tal "aquele um". E pode o coitadinho espernear e berrar quanto queira! Não tem remédio. Vai arrastado para a cozinha, onde é assassinado com uma faca de ponta. E se fosse só isso! Depois de assassinado, é pelado com água fervendo, destripado, temperado e, afinal, assado ao forno.

Na hora do jantar, reaparece na mesa, mas muito diferente do que era. Vem num grande prato, rodeado de rodelas de limão, com um ovo cozido na boca. E ninguém lamenta a sorte do coitadinho.

Todos tratam é de cortar o seu pedaço e comê-lo gulosamente, dizendo: "Está delicioso!".

E ainda por cima lambem os beiços, os malvados!... Foi esse o triste destino daquela irmandade dos sete porquinhos. Da irmandade inteira menos um, o Rabicó, assim chamado porque só possuía um toquinho de rabo. Rabicó salvou-se, porque Narizinho costumava brincar com ele desde bem pequenino e acabaram ficando amigos.

– Fique sossegado que não deixo que assassinem você, tinha-lhe dito a menina.

Certa tarde, Narizinho ouviu Dona Benta dizer para a cozinheira:

– Amanhã, dia dos anos de Pedrinho, temos de dar um jantar melhor. Há ainda algum leitão no ponto?

– Só Rabicó, sinhá, mas este a Narizinho não quer que mate. É o ai Jesus dela.

– Sim, mas você dá um jeito. Mata-o escondido, sabe – e piscou para a tia Nastácia. As duas eram danadas para se entenderem.

A menina, entretanto, ouvira a conversa e fora correndo à procura do porquinho. Encontrou-o no pasto, fossando a terra como sempre – *rom, rom, rom.*

Agarrou-o ao colo e disse-lhe ao ouvido:

– Vovó deu ordem para a tia Nastácia assassinar você amanhã. Mas eu não deixo, ouviu? Vou escondê-lo, muito escondido, num lugar que só eu sei, até que o perigo passe.

E assim o fez. Levou-o para o tal lugar que só ela sabia, amarrou-o pelo pé em uma árvore; depois trouxe-lhe várias espigas de milho, uma abóbora e uma lata d'água.

– Fique aí bem quietinho. Nada de berreiros, se não tudo está perdido. Quando não houver mais perigo, virei soltá-lo.

Chegada a hora de pegar o porquinho, tia Nastácia revirou o sítio inteiro de pernas para o ar. Procurou-o como quem procura uma agulha; por fim, veio dizer a Dona Benta que com certeza algum ladrão o havia roubado ou alguma onça o tinha comido.

– Que coisa! – exclamou a velhinha. – Nesse caso, mate uma galinha bem gorda. E Rabicó fica para o Ano-Bom, caso apareça.

No dia seguinte, assim que todos se levantaram da mesa depois de comido o "jantarzinho melhor", a menina correu ao lugar que só ela sabia e soltou o porquinho.

– Está salvo por uns tempos – disse-lhe.

– Mas, na véspera do Ano-Bom, tenho de prender você aqui outra vez, porque ela promete coisas para esse dia.

Dali a pouco, muito serelepe, como se nada houvesse acontecido, Rabicó surgiu no terreiro – *rom, rom, rom.* Chegou à porta da cozinha para lambiscar umas cascas que a tia Nastácia havia botado fora.

– Ué! – exclamou tia Nastácia, admirada. – Olhe quem está aqui! Rabicó em pessoa! Você escapou desta vez, seu maroto, mas da próxima não me escapa. Uma semana antes do Ano-Bom já o tranco no paiol e quero ver!

Rabicó não ligou a mínima importância àquelas palavras. Tratou de encher a barriguinha com as cascas, deitando-se depois ao sol para uma daquelas sonecas gostosas que só porco sabe dormir.

O PEDIDO DE CASAMENTO

Narizinho estava no seu quarto conversando com a boneca.

– Senhora condessa, acho que é tempo de mudar de vida!

Precisa casar, se não acaba ficando para titia. Amanhã vem cá um distinto cavalheiro pedir a mão de Vossa Excelência.

Emília andava bem de saúde, gorda e corada. Tia Nastácia havia enchido de camomila nova a perninha que fora saqueada no passeio ao reino das Abelhas. Além disso, Narizinho havia consertado uma das suas sobrancelhas com linha, que estava desfiando. Além disso, pintara-lhe nas faces duas rodelas de carmim, bem redondinhas.

Emília não se mostrava disposta a casar. Dizia sempre que não tinha gênio para aturar marido, além de que não via lá pelo sítio ninguém que a merecesse.

– Como não? – protestou a menina. E Rabicó? Não acha que é um bom partido?

A boneca ficou indignada e declarou que jamais se casaria com um poltrão como aquele. O fiasco feito na viagem à terra das Abelhas não era coisa que merecesse perdão.

A menina deu risada e explicou:

– Você está enganada, Emília. Ele é porco e poltrão só por enquanto. Estive sabendo que Rabicó é príncipe dos legítimos, que uma fada má transformou-o em porco e porco ficará até que ache um anel mágico escondido na barriga de certa minhoca. Por isso é que Rabicó vive fuçando a terra atrás de minhocas.

Emília ficou pensativa. Ser princesa era o seu sonho dourado e, se para ser princesa fosse preciso casar-se com o fogão ou a lata de lixo, ela o faria sem vacilar um momento.

– Mas você tem certeza, Narizinho?

– Tenho certeza absoluta! Quem me revelou toda essa história foi justamente o pai de Rabicó, o senhor Visconde de Sabugosa, um fidalgo muito distinto que vem fazer o pedido de casamento.

– Visconde? – repetiu Emília, desconfiada. – Então, o pai desse príncipe é visconde só? Eu quero casar com príncipe filho de rei.

– Você é uma bobinha que não sabe nada. O visconde finge de visconde, mas, na realidade, é rei e muito bom rei de um reino lá atrás do morro. Quando ele vier, repare na cabeça dele e veja que tem um sinal de coroa ao redor da testa. Para esconder esse sinal, ele usa cartola, que não tira nunca, nem na igreja. Desse modo, como ninguém vê o sinal da coroa, ninguém desconfia.

Emília pensou, pensou, pensou e disse:

– Pois bem, aceito! Mas, desde já, vou dizendo que não saio daqui. Caso-me, mas não vou morar com Rabicó, enquanto ele não virar príncipe novamente.

– Muito bem! – concluiu Narizinho. – Nesse caso, vá preparar-se para receber o visconde, que não deve tardar. Ele já está a caminho. Vista aquele vestido de pintinhas vermelhas e ponha mais ruge na cara, ouviu?

Enquanto a boneca se vestia, a menina correu ao pomar à procura de Pedrinho, que estava ocupado em chupar laranjas-limas.

– Depressa, Pedrinho! Arranje-me um bom visconde de sabugo, bem respeitável, de cartola na cabeça e um sinal de coroa na testa, e venha com ele pedir Emília em casamento. Enganei-a que Rabicó é filho desse visconde, que é um grande rei de um reino lá atrás do morro. Os dois, pai e filho, foram encantados por uma fada, só devendo se desencantar no dia em que Rabicó descobrir uma certa minhoca com um certo anel mágico na barriga.

– E a boba acreditou?

– Acreditou piamente e declarou que nesse caso aceitará Rabicó como esposo, embora não vá morar com ele, enquanto não virar príncipe novamente.

Pedrinho fez como Lúcia pediu. Arranjou um bom sabugo, ainda com umas palhinhas no pescoço que fingiam muito bem de barba, botou-lhe braços e pernas, fez cara com nariz, boca, olhos e tudo – e não esqueceu de marcar-lhe a testa com um sinal de coroa de rei.

Depois enterrou-lhe na cabeça uma cartolinha e lá foi com ele à casa da boneca.

– *Toc, toc, toc* – bateu.

– Quem é? – indagou de dentro a voz da menina.

– É o ilustre senhor visconde de Sabugosa que vem fazer uma visita à senhora condessa de Três Estrelinhas e pedi-la em casamento para o seu ilustre filho, o senhor marquês de Rabicó.

– Esperem um minutinho que já abro – respondeu a menina.

E voltando-se para a boneca:

– Vê, Emília? Além de príncipe, ele ainda é marquês. De modo que se você se casar com ele, começa já a ser marquesa e um dia virara princesa. Não pode haver futuro mais bonito para uma coitadinha que nasceu na roça e nem em escola esteve. Você vai ser a Gata Borralheira das bonecas!

Emília deu três pulinhos de alegria e foi correndo botar mais um pouco de pó de arroz. Enquanto isso o visconde entrou.

Narizinho fez-lhe uma respeitosa reverência e respondeu, sem dar a entender que estava falando com um rei disfarçado:

– Muito prazer, senhor visconde! Puxe uma cadeira e sente-se no chão. Creia que fico muito satisfeita de saber que seu filho é marquês. E como vai a senhora viscondessa?

– Sou viúvo – respondeu o visconde, suspirando profundamente.

– Meus pêsames! E a senhora sua mãe, dona Palha de Milho?

O visconde suspirou de novo.

– Coitada! Faleceu num horrível desastre...

– Como? Conte-nos isso – exclamou Narizinho, fingindo grande aflição.

– Pois é. Foi comida pela vaca mocha – explicou o visconde, enxugando nas palhinhas de milho do pescoço duas lágrimas, uma de cada olho.

– A pobre! – murmurou a menina muito triste. – Eu sinto bastante, visconde, mas o mundo é isto mesmo. Um come o outro. A vaca mocha come as donas Palhas e a gente come as vacas. A vida é um come-come danado! Estou aqui, estou apostando que também os seus filhos foram comidos pela senhoras galinhas...

O visconde arregalou os olhos como se não soubesse que tinha mais filhos além do marquês.

– Sim – explicou Narizinho. – Os grãos de milho – que Vossa Excelência já teve pregados pelo corpo – creio que podem ser chamados seus filhos.

– Ah, sim, é verdade! Foram comidos pelo galo índio há duas semanas.

Nesse momento, Emília apareceu à porta, no seu vestidinho de chita com pintinhas vermelhas.

– Senhor visconde – disse a menina –, tenho o prazer de lhe apresentar a sua futura nora, a senhora condessa de Três Estrelinhas. Veja como é bonita!

O visconde levantou-se para saudar a boneca e por "distração" tirou a cartola, deixando que Emília visse o sinal de coroa em sua testa.

– Tenho a mais grandiosa honra de receber no seio de minha família esta nobre condessa – disse ele. – Pelo que vejo, é a mais linda criatura destes arredores! Acho-a ainda mais bonita que a franguinha pedrês de tia Nastácia...

Emília fez uma cortesia para agradecer a generosidade, embora torcesse o nariz àquela comparação com a franguinha pedrês.

– E não é só isso – interveio Narizinho. – Bonita e dedicada como ela não há outra! Sabe fazer tudo. Cozinha na perfeição, lava roupa e lê nos livros que nem uma professora. Emília é o que se chama uma danada.

– Muito bem! Muito bem! – ia exclamando o visconde.

– Também toca lindas músicas na vitrola, mia como gato, estoura pipocas e tem muito jeito para modista. Esse vestidinho de pintinhas, por exemplo, foi todo feito por ela.

Emília, que ainda não sabia mentir, interrompeu-a, dizendo:

– Não fui eu, foi tia Nastácia quem o fez. A menina deu-lhe um beliscão sem que o visconde percebesse.

– Não repare, visconde. Emília é muito modesta. Faz as coisas, mas não quer que se diga. Esse vestido ela o fez sozinha, sozinha. Ela mesma escolheu o tecido, cortou e costurou. E olhe como ficou bem assentado nas costas. Levante-se, Emília, e vire-se de costas para o visconde ver.

Emília levantou-se da cadeira e deu umas voltas pela sala.

– Não está dos mais elegantes, mas serve – continuou Narizinho. – Emília nasceu aqui na roça e nunca foi à cidade, nem aprendeu costura. Para uma criatura nessas condições, não acha que está perfeitinho?

O visconde olhou, olhou e disse:

– Eu, para falar a verdade, não entendo de moda. Mas acho muito bom. Só que a saia me parece um tanto curta...

– Eu também acho e já o disse à ela; mas Emília, como tem perna grossa, anda com mania de mostrá-la. Só usou saia comprida durante o tempo da perna seca – e contou ao visconde o caso do ouro-camomila. Depois, mudando de assunto, pediu informações a respeito do gênio de Rabicó.

– Ele tem muito bom gênio – disse o visconde. – Não é briguento, nem provocador. Possui belas qualidades. Quanto ao mais, gosta muito de dormir ao sol e fuçar a terra para descobrir minhocas.

Nesse ponto, a menina piscou para a boneca, querendo referir-se à história de certo anel que ele andava procurando dentro de certa minhoca, e Emília convenceu-se de que Rabicó era mesmo um príncipe encantado.

– O único defeito que tem – continuou o visconde – é comer tudo quanto encontra. Rabicó não respeita coisa nenhuma!

Emília fez carinha de nojo e foi cuspir à janela. Depois, metendo-se na conversa, disse:

– Pois se se casar comigo só há de comer coisas gostosas e cheirosas. Não aprovo que meu marido ande comendo o que encontra.

– Apoiadíssimo, Emília! – exclamou a menina. – Também penso desse modo e acho que você faz muito bem de exigir isso dele. Mas agora só resta saber se você aceitou ou não aceita o senhor marquês de Rabicó como esposo. Vamos lá. Resolva...

Emília ficou meio aflitinha de ter de decidir por si mesma uma questão de tal importância como essa de escolher um esposo e olhou Narizinho interrogativamente, como quem pede auxílio. Contudo, a menina não quis intervir, porque não desejava ficar com a responsabilidade.

– Não devo dar opinião, Emília. Você tem que decidir por si mesma. Casamento não é brincadeira.

A boneca pensou, pensou, pensou e afinal, tentada pela ideia de começar marquesa e um dia virar princesa, resolveu-se.

– Pois quero!

Narizinho bateu palmas.

– Bravos! Está tudo resolvido. Senhor visconde, abrace a sua nora, a futura marquesa de Rabicó...

O visconde ergueu-se bastante comovido. Abraçou a boneca e deu-lhe um beijo na face. Emília, muito vermelhinha, foi correndo para o quarto.

O NOIVADO DE EMÍLIA

Durou uma semana o noivado de Emília. Todas as tardes, trazido à força por Pedrinho, aparecia o marquês de Rabicó para visitar a noiva, e tinha de ficar meia hora na sala, contando casos e dizendo palavras de amor.

No entanto, apesar de noivo, Rabicó não perdia os seus instintos. Logo que entrava, punha-se a farejar a sala, na sua eterna preocupação de descobrir coisas para comer. Além disso, não prestava a menor atenção na conversa. Não havia nascido para aquelas cerimônias.

Uma tarde Pedrinho zangou-se e resolveu substituí-lo por um representante.

– Rabicó não vale a pena – disse ele aborrecido. – Não sabe brincar, não se comporta. O melhor é isto, querem ver? – e saiu. Foi ao quintal e trouxe um vidro vazio de óleo de rícino que andava jogado por lá. – Está aqui. De agora em diante o noivo será representado por este vidro azul – e o tal marquês de Rabicó vai passear – concluiu pregando um pontapé no noivo.

Rabicó foi embora gemendo três *coins*, e, desde esse dia, enquanto fuçava a terra no pomar atrás da tal minhoca de anel na barriga, quem noivava por ele, de cartola na cabeça, era o senhor Vidro Azul.

Emília comportava-se muito bem, embora, de vez em quando, viesse com impertinências.

– Eu já disse a Narizinho: caso, mas com uma condição!

– Eu sei qual é! – adivinhou o senhor Vidro Azul. – Não quer morar na casa do marquês, com certeza, porque não se dá bem com o futuro sogro, o visconde.

– Isso não! Até gosto muito do senhor visconde. O que não quero é sair daqui. Estou muito acostumada.

O senhor Vidro Azul coçou o gargalo.

– Sim, mas...

– Não tem mas, nem meio mas! Quem manda neste casamento sou eu. O marquês fica por lá e eu fico por cá – declarou Emília, toda espevitadinha e de nariz torcido.

O representante do noivo suspirou.

– Que pena! O senhor marquês já mandou construir um castelo tão bonito, de ouro e marfim, com um grande lago na frente...

Emília deu uma risada.

– Eu conheço os lagos do marquês! São como aquele célebre lago azul que prometeu à Libelinha lá no reino das Abelhas.

O senhor Vidro Azul atrapalhou-se. Viu que Emília não era nada tola e não se deixava enganar facilmente. Procurou remendar.

– Sim, um lago. Não digo um grande lago, mas um pequeno lago, um tanque...

– Uma lata d'água, diga logo – completou Emília, mordendo os beiços.

Narizinho interveio, repreensiva.

– Você está aqui para noivar, Emília, para dizer coisas bonitas e amáveis, e não para brigar com o representante do marquês. Veja lá, hein?

E dirigindo-se ao representante:

– O senhor marquês não escreveu ainda uns versos para a sua amada noivinha?

– Escreveu, sim – respondeu o Vidro Azul, metendo a mão no gargalo e sacando um papelzinho. – Aqui estão eles!

E recitou:

– *Pirulito que bate bate, Pirulito que já bateu. Quem adora o marquês é ela, Quem adora a Emília sou eu.*

– Bravos! – exclamou Narizinho, batendo palmas. – São lindos esses versos! O marquês é um grande poeta!...

Emília, porém, torceu o nariz e até ficou meio danadinha.

– O verso está todo errado! Vou me casar com ele, mas não "adoro" coisa nenhuma. Tinha graça eu "adorar" um leitão!

Narizinho bateu o pé e franziu a testa.

– Emília, tenha modos! Não é assim que se trata um poeta. Você vai ser marquesa, vai viver em salões e precisa saber fingir, ouviu?

Depois, voltando-se para o representante:

– Peço-lhe mil desculpas, senhor Vidro Azul! Emília tem a mania de ser franca. Nunca viveu em sociedade e ainda não sabe mentir. Não é aqui como o nosso visconde de Sabugosa, que fala, fala e ninguém sabe nunca o que ele realmente está pensando, não é, visconde?

O visconde fez um gesto que tanto podia ser sim como não.

Desse modo, conversavam todas as noites, longo tempo, até que vinha o chá. Chá de mentira, com torradas de mentira. Depois do chá, o visconde e o representante se despediam e Narizinho acompanhava-os até à porta, onde dizia:

– Não tenha medo, senhor Vidro Azul. Pode dar um beijinho nela por conta do marquês.

O representante beijava Emília na testa e retirava-se em companhia do visconde...

Passada uma semana, a menina queixou-se à Dona Benta:

– Este noivado está me acabando com a vida, vovó. Todas as noites tenho de fazer sala para os noivos. Como isso cansa!

– Mas o que é que está faltando para o casamento, menina?

– Os doces, vovó...

– Já sei. Já sei. Pois tome lá estes níqueis e mande vir os doces.

Como era justamente aquilo que Narizinho queria, lá foi ela correndo, com os níqueis, cantando na mão.

O CASAMENTO

Chegou, afinal, o grande dia e vieram os grandes doces: seis cocadas, seis pés-de-moleque e uma rapadura, doce mais que suficiente para uma festa em que quase todos os convidados iam comer de mentira.

Pedrinho armou a mesa da festa debaixo de uma laranjeira do pomar e colocou ao redor todos os convidados. Lá estavam Dona Benta, tia Nastácia e vários conhecidos e parentes, todos representados por pedras, tijolos e pedaços de pau. O inspetor de quarteirão, um velho amigo de Dona Benta que às vezes aparecia pelo sítio, era figurado por um toco de pau com uma dentadura de casca de laranja na boca.

Chegou a hora. Vieram vindo os noivos. Emília, de vestido branco e véu; Rabicó, de cartola e faixa de seda em torno do pescoço.

Vinha muito sério, mas, assim que se aproximou da mesa e sentiu o cheiro das cocadas, ficou de água na boca, assanhadíssimo. Não viu mais nada.

Logo depois, veio o padre e casou-os. Narizinho abraçou Emília e chorou uma lágrima de verdade, dando-lhe muitos conselhos.

Depois, como a boneca não tivesse dedos, enfiou-lhe no braço um anelzinho seu. Pedrinho fez o mesmo com o marquês: enfiou-lhe no braço uma aliança de casca de laranja, que Rabicó por duas vezes tentou comer.

– Ao menos no dia de hoje comporte-se! – disse o menino, ameaçando-o.

Os outros animais do sítio – as cabras, as galinhas e os porcos – também assistiram à festa, mas de longe. Olhavam, olhavam, sem compreender coisa nenhuma.

Terminada a festa, Narizinho disse:

– E agora, Pedrinho?

– Agora – respondeu ele – só falta a viagem de núpcias.

Mas a menina estava cansada e não concordou. Propôs outra coisa. Puseram-se a discutir e esqueceram de tomar conta da mesa de doces. Rabicó aproveitou a ocasião. Foi se chegando para perto das cocadas e, de repente, – *nhoc* – deu um bote na mais bonita!

– Proteja os doces, Pedrinho! – berrou a menina. Pedrinho virou-se e, vendo a feia ação do pirata, correu para cima dele, furioso.

Agarrou o inspetor de quarteirão e arrumou uma valente inspetorada no lombo do porquinho.

– Cachorro! Ladrão! Marquês de uma figa!

Rabicó deu um berro espremido e disparou pelo campo, mas sem largar a cocada.

Foi um desastre. A festa desorganizou-se, e Emília chorou e esperneou de raiva.

– É isso! Eu bem não estava querendo casar com o Rabicó! É um tipo muito ordinário, que não sabe respeitar uma esposa.

Narizinho interveio e consolou-a.

– Isto não quer dizer nada. Rabicó é meio ordinário, não nego, mas, com o tempo irá criando juízo e ainda acabará um excelente esposo. Depois, é preciso não esquecer que qualquer dia ele vira príncipe e faz de você uma princesa.

No entanto, Pedrinho, que estava danado com a feia ação de Rabicó, estragou tudo, dizendo:

– Príncipe nada, Emília! Narizinho bobeou você. Rabicó nunca foi e nem nunca será príncipe. É porco e dos mais porcalhões, fique sabendo.

Ao ouvir aquilo, Emília caiu para trás, desmaiada...

O JANTAR DE ANO-BOM

Como era de prever, não podia dar bom resultado aquele casamento. Os gênios não se combinavam e, além disso, a boneca não podia consolar-se do golpe que levara. Narizinho ainda tentou convencê-la de que Rabicó era realmente príncipe e Pedrinho só dissera aquilo, porque estava danado. Não houve meio. Quando Emília desconfiava, era para toda a vida. E, desse modo, ficou casada com Rabicó, mas dele separada para sempre.

– Está aí o que você fez! – costumava ela dizer em voz queixosa. – Casou-me com um príncipe de mentira e, agora, está aí, está aí...

Narizinho dava-lhe esperanças.

– Tudo se arruma. Um dia ele morre e eu caso você com o visconde ou outro qualquer.

Afinal, chegou o dia do Ano-Bom. Era costume de Dona Benta festejar essa data com um jantar onde reunia vários parentes e vizinhos. Tia Nastácia caprichava. Frangos assados. Peru recheado. Leitão ao forno. Pastéis, doces e quantas coisa gostosa havia. Era assim sempre e foi assim naquele ano.

Quando bateu a hora e todos foram para a mesa, começaram a vir pratos e mais pratos, até que, de repente, apareceu, numa grande travessa, um porco "risonho", de ovo cozido na boca e rodelas de limão pelo corpo.

Os meninos não esperavam que viesse porco, porque a tia Nastácia havia dito que o jantar seria só de peru. Narizinho imediatamente desconfiou e foi correndo ao terreiro procurar Rabicó. Chamou-o mais de vinte vezes e procurou-o por todos os lugares que ele costumava frequentar. Não encontrando nem rastro, voltou para a sala chorarando desesperadamente.

– Não coma esse porquinho, Pedrinho! É Rabicó. Aquela diaba feia nos enganou e assou-o no forno o coitadinho...

O menino, apesar de duro para chorar, ficou com os olhos cheios d'água, e ergueu-se da mesa furioso com a cozinheira.

Emília, porém, pulou de alegria. Estava viúva! Podia finalmente casar-se com o visconde de Sabugosa ou outro fidalgo qualquer.

Chegou a bater palmas e a cantar o "Pirulito que bate-bate", que era a sua música predileta.

Narizinho não pôde suportar aquilo. Avançou contra ela, numa fúria, e pregou-lhe um peteleco.

– Vou mandar o doutor Caramujo fazer uma operação nesta malvada para colocar dentro o que está faltando .

Dona Benta perguntou, muito admirada, que era que estava faltando em Emília.

– Coração, vovó. Pois não vê? Emília não tem nem uma isca deste tamanhinho...

Quantas lágrimas perdidas! Rabicó não fora assado, não! Na véspera do dia de Ano-Bom, assim que percebeu as intenções de tia Nastácia, tratou de pôr-se ao fresco, sorrateiramente, de orelhas em pé. No caminho, encontrou um pobre porquinho da sua idade, muito parecido com ele. Teve uma ideia.

– Por que não vai amanhã cedo ao terreiro de Dona Benta? – perguntou-lhe. – Deixei lá três abóboras quase inteiras.

O coitadinho foi. Encontrou as abóboras, é verdade, e comeu-as, mas teve como sobremesa faca de ponta e forno.

Desse modo conseguiu o ilustre marquês de Rabicó escapar à triste sina que lhe parecia reservada – e passado o perigo voltou, muito lampeiro da vida, como se não soubesse de coisa nenhuma!

Ilustração de Silvio Baldessari (domínio público)

O CASAMENTO DE NARIZINHO

A DOENÇA DO PRÍNCIPE

Depois da viagem de Narizinho ao reino das Águas Claras, o príncipe Escamado caiu em profunda tristeza.

Emagreceu. Suas escamas foram ficando fininhas como papel de seda. Permanecia horas de olho pregado no trono de onde Narizinho havia assistido ao grande baile da corte e, de vez em quando, puxava uns suspiros que pareciam arrancadas com torquês.

E quanto ao apetite, nada! Por mais coisas gostosas que o cozinheiro real inventasse, era sempre aquilo: o príncipe erguia-se da mesa sem tocar em prato algum. Minhocas lindas deixavam-no tão indiferente como se fossem dessas horríveis minhocas de isca, que têm anzol dentro.

Esse estado de alma do príncipe entristecia bastante a corte. Além de o amarem sinceramente, receavam que, no caso da morte do Escamado, subisse ao trono alguma piranha de má casta, ou um célebre polvo que se divertia em estrangular os pobres peixes nos seus terríveis tentáculos.

O doutor Caramujo foi chamado para examinar o príncipe. Tomou-lhe o pulso.

Pediu para ver a língua. Depois, erguendo para a testa os óculos de tartaruga, disse com toda a gravidade:

– Vossa Majestade está sofrendo de narizinho arrebitadite, doença muito séria, cujo único remédio é casamento com uma certa pessoa.

O príncipe arregalou os olhos, cheio de espanto. Era a primeira vez que aquele médico não receitava pílulas.

– Tens razão, Caramujo! – disse ele. – Minha moléstia não é do corpo, mas da alma. Desde que Narizinho deixou o reino, não mais houve sossego para mim. Perdi o apetite, o sono, a coragem e não tenho gosto para coisa nenhuma.

– Pois é! – continuou o médico, muito contente de ter acertado. – A doença de Vossa Majestade não passa de amor recolhido e só pode sarar com casamento. Se Vossa Majestade me permite, farei uma tentativa para obter esse precioso remédio.

Os olhos do príncipe brilharam de esperança.

– Sim, permito, pois não. E se conseguires obter-me esse precioso remédio, saberei lhe recompensar. Farei de você o Duque da Pílula!

O grande médico retirou-se contentíssimo com a ideia de virar duque. Seria uma grande honra para a família dos caramujos, na qual nunca houve nem sequer um comendador, quanto mais duque.

E foi conferenciar sobre o importantíssimo assunto com os outros figurões da corte.

Discutiram, discutiram e, depois de muito discutir, resolveram endereçar a Narizinho um pedido de casamento. O doutor Caramujo mandou chamar a senhora Lula, à qual disse:

– A senhora, que é a escrevente do mar, porque tem dentro do corpo uma pena de osso e um tinteiro de tinta, faça uma carta bem bonita pedindo a mão de Narizinho para o nosso amado príncipe.

A senhora Lula fez a carta. O doutor Caramujo dobrou-a, muito dobradinha, e fechou-a, muito fechadinha. E colocou dentro de uma concha de madrepérola – para que não se molhasse na viagem. Em seguida, entregou a concha aos peixinhos escoteiros, dizendo:

– Levem-me esta concha até à beira do ribeirão que corre pelo sítio de Dona Benta e depositem-na em lugar onde possa ser enxergada. Se se distraírem pelo caminho com alguma minhoca e perderem a concha, o príncipe os fará eletrocutar a todos pelo peixe elétrico, estão ouvindo?

Os peixinhos juraram obediência e lá seguiram, rodando com a concha pelo fundo do mar.

O PEDIDO

Logo que os peixinhos escoteiros chegaram ao sítio de Dona Benta, foram tratando de erguer a concha e enroscá-la entre duas pedras na beirinha do ribeirão, bem perto do pé de ingá. E por ali ficaram, descansando e espiando.

Não demorou muito, apareceu Pedrinho de vara na mão; vinha pescar justamente ali. Chegou, colocou uma pobre senhora minhoca no anzol e já ia lançá-la ao rio, quando...

– Concha por aqui! – exclamou muito admirado. – Isto tem dente de coelho!

Pegou a concha. Examinou-a. Sacudiu-a ao ouvido. Percebeu barulhinho de carta dentro. Abriu-a: era carta mesmo!

– Hum! Carta para Lúcia. Há de ser namoro – e voltou para casa correndo.

– Narizinho! – foi gritando logo da porta da rua. – Uma carta para você!...

A menina estava ajudando tia Nastácia a enrolar rosquinhas de polvilho. Assim que ouviu aqueles berros, largou a massa, limpou as mãos no avental da cozinheira e disse:

– De quem será, meu Deus do céu? Rasgou o envelope e leu:

"Senhora!

A felicidade do reino das Águas Claras está nas vossas mãos. Nosso príncipe perdeu-se de amores e só pode ser salvo se a menina o aceitar como esposo. Ou casa-se ou morre – diz o médico da corte.

Quererá a menina salvar este reino da desgraça, compartilhando o trono com o nosso muito amado príncipe?

(Assinado) Peixinhos do mar"

– Sim, senhor! – disse Narizinho depois de lida a carta. – Este tais peixinhos sabem escrever com perfeição. Acho que nem vovó, que é uma danada, seria capaz de escrever uma cartinha tão cheia de gramáticas...

Depois, voltando-se para Pedrinho, ordenou muito naturalmente:

– Responda que sim, que aceito. Diga que estou ajudando tia Nastácia a enrolar estas rosquinhas e, logo que acabe, casarei com ele.

Dona Benta, que ia passando, ouviu o final da frase.

– Casar com quem, menina? Que história de casamento é essa?...

– Sim, vovó! Fui pedida em casamento e aceitei. Vou me casar com o príncipe Escamado.

Tia Nastácia arregalou os olhos para Dona Benta, que, por sua vez, tinha os olhos arregalados para a menina.

Narizinho riu do enorme olho arregalado e continuou:

– De que é que se espantam? Se toda a gente se casa, por que não posso me casar também?

– Sim, minha filha – respondeu Dona Benta com pachorra.

– Todos se casam, não há dúvida. Eu me casei, sua mãe se casou. Mas todos se casam com gente. É muito diferente isso de se casar com um peixe...

– Dobre a língua, vovó! Escamado é príncipe. Não é um peixe vulgar de lagoa, o meu noivo é um grande príncipe das águas!

– Mas não é criatura da nossa espécie, menina.

– E que tem isso? A Emília, que é uma boneca, não se casou tão bem com Rabicó, que é um porco? Acho as suas ideias muito atrasadas, vovó...

Dona Benta voltou os olhos para tia Nastácia.

– Já não entendo estes meus netos. Fazem tais coisas que o sítio está virando livro de contos da Carochinha. Nunca sei quando falam de verdade ou de mentira. Este casamento com peixe, por exemplo, está me parecendo brincadeira, mas não me admirarei se um belo dia surgir por aqui um marido-peixe, nem que esta menina me venha dizer que sou bisavó de uma sereiazinha...

Tia Nastácia se benzeu com ambas as mãos.

– Credo! Até parece bruxaria... Mas se chegar a esse tempo, sinhá, mecê que trate de arranjar outra cozinheira. Assim cata-cega como sou, tenho medo de escamar e fritar um bisneto de mecê pensando que é alguma traíra...

Enquanto elas discutiam o estranho caso, Pedrinho fez a carta de resposta. Depois dobrou-a, muito dobradinha. Depois fechou-a, bem fechadinha, dentro do mesmo envelope-concha. Então, colocou o envelope-concha no lugar onde o havia encontrado.

Imediatamente os peixinhos escoteiros se aproximaram.

Cheiraram a concha, viram que havia resposta dentro e, com fortes narigadas, a derrubaram n'água, voltando a rolar com ela pelo fundo do rio.

Quando o príncipe leu a resposta de Narizinho, quase morreu de alegria. Apesar de ser a carta mais curta do mundo, pois se compunha apenas de uma palavra – *"SIM!"* – o príncipe perdeu a compostura, e pôs-se a dar pinotes em cima do trono que até parecia um peixe pescado e largado no seco.

Os ministros e demais fidalgos da corte trocaram olhares de aflição. Teria enlouquecido o amado príncipe?

Escamado, afinal, caiu em si, e ficou vermelhinho como um camarão.

– Perdoem-me estas expansões, amigos! – disse ele. – São alegrias loucas dum náufrago que vê afinal o porto da salvação. Este "sim" comoveu-me até o fundo da alma. Não é um simples sim, reparem. É um sim seguido de um ponto de admiração! Quer dizer que Narizinho não se limita a aceitar a minha proposta, mas a aceita com entusiasmo! Céus! Como me sinto feliz!...

Dando, em seguida, ordem para prepararem o reino para a maior festa que já houve nos Sete Mares. Dirigiu-se à sua mesinha, molhou uma pena de beija-flor na pérola furada que lhe servia de tinteiro e principiou a escrever cartas de amor. Escreveu até acabar a tinta e a pena ficar reduzida a um toco. Ia escrevendo e mandando, e tantas escreveu e mandou que o mordomo do palácio teve de organizar um serviço de correio especial, dispondo milhares de sardinhas pelo mar afora, a pouca distância uma da outra. As cartas iam passando de mão em mão, como fazem os pedreiros com os tijolos.

Narizinho lia as cartas e respondia com presentes – ora uma flor, ora um grilinho do gramado, ora uma rosada e roliça minhoca.

Mandou também uma das rosquinhas de polvilho, dizendo que fora enrolada pela suas próprias mãos.

Foi o presente de que o príncipe mais gostou. Contudo, em vez de comer a rosquinha, mandou que o melhor ourives do reino engastasse nela uma fileira de diamantes, de modo a transformá-la numa preciosa coroa.

– Ficará sendo a minha coroa real – e nenhuma colocarei na cabeça com maior orgulho! – disse o príncipe, comovido.

OS BRINCOS DO MARQUÊS

Chegou, afinal, o dia da partida. De manhã cedo, Narizinho deu os últimos retoques no vestido novo da boneca.

Emília fez cara de pouco caso. Achou feio. Queria vestido de cauda.

– Você – disse ela – convidou-me para madrinha do casamento, lembre-se. Como, pois, posso me apresentar na corte com este vestido de Judas no sábado de Aleluia?

– Lá arranjaremos outro, como daquela vez – respondeu a menina. Este é só para a viagem. Se faço vestido de cauda, você vai enganchando pelo fundo do mar, onde há muito pé de coral mais espinhento que carrapicho.

O visconde de Sabugosa também ia, para servir de padrinho.

Narizinho mudou-lhe a fita da cartola e pediu a Emília que o escovasse da cabeça aos pés.

– Este senhor visconde – acrescentou a menina – está mudando de gênio. Depois que caiu atrás da estante de vovó e lá ficou esquecido três semanas, embolorou e deu para ficar sábio. Parece que os livros passaram ciência a ele. Fala dificílimo! É só física para aqui, química para ali...

– E Rabicó? – perguntou a boneca.

– Rabicó não vai! – gritou Pedrinho que ia entrando nesse momento. – Está um marquês muito mal-educado, estragador de todas as nossas festas. Não se lembra do que fez com as cocadas no dia do seu próprio casamento?

Narizinho protestou.

– Mas não fica bem, Pedrinho! Rabicó, afinal de contas, é marido de Emília e não fica bem que Emília apareça na corte sozinha. Podem falar dela...

– Pois então vai – resolveu Pedrinho – mas o meu estilingue vai também e, se ele não se comportar muito direitinho, já sabe – é cada pelotada na orelha de sair cinza!

Pedrinho ganhara um estilingue de madeira de boa qualidade e agora resolvia tudo a estilingadas. Mas Narizinho não se conformou.

– Coitado de Rabicó! Não sei o porquê você tanto se implica com ele...

– Não é implicar, Narizinho. Rabicó é mesmo trapaceiro e encrenqueiro por natureza. Veja o visconde! Não passa de um simples sabugo de milho, mas como é distinto, palaciano, todo cheio de cortejos! Quando se senta numa cadeira, fica ali horas, dias, semanas inteiras sem incomodar ninguém.

Às onze horas foram todos para a beira do ribeirão, onde já estava a carruagem do príncipe à espera deles no fundo da água.

– A carruagem já veio – disse Emília – e Rabicó ainda não está vestido. Você esqueceu-se de arrumá-lo, Narizinho.

– É verdade! Mas isso é coisa de um minuto – respondeu a menina e atou um laço de fita na caudinha encaracolada do marquês.

– Só faltam agora uns brincos – lembrou Pedrinho, tirando do bolso dois amendoins com casca. Estalou-os e prendeu-os na ponta de cada orelha do porquinho.

Depois, disse de cara feia:

– Não me vá comer os brincos, senhor marquês, senão já sabe o que acontece – e apontou para o estilingue.

Nesse momento, o doutor Caramujo saiu d'água. Trepou em uma pedra e fez com os chifrinhos gesto de que podiam tomar a carruagem.

As águas imediatamente se abriram, como no Mar Vermelho, quando os hebreus chegaram perseguidos pelos egípcios. Tomando à frente, Narizinho desceu ao fundo, seguida de todos os mais.

Entraram na carruagem e contaram em quantos estavam. Faltava o marquês!

– Sempre se espera pela pior figura! – resmungou Pedrinho já meio aborrecido. – Por que será que ele não aparece?

Nesse momento, a cabeça do doutor Caramujo surgiu na janelinha.

– O senhor marquês não quer entrar! – murmurou ele muito aflito.

– Eu não disse? – exclamou Pedrinho já raivoso. – Rabicó já começa com encrencas! Mas esperem aí... e saltou da carruagem com o estilingue na mão.

Emília teve um começo de faniquito, sendo preciso que Narizinho lhe esfregasse no nariz uma folha de erva-cidreira.

Segundos depois, Rabicó, esfogueteado por Pedrinho, entrava para a carruagem feito uma bala, indo encorujar-se aos pés da menina. Emília olhou para ele e danou.

– Veja, Narizinho! Rabicó já perdeu o brinco da orelha direita! E olhe como está todo amarrotado o laço de fita...

Pedrinho e o doutor Caramujo surgiram.

– Finquei-lhe uma pelotada na orelha de arrancar faísca! – foi dizendo o menino.

– Judiação! – exclamou a menina com piedade. – Mas o pior é que acertou no brinco, que lá se foi...

– Não faz mal – resolveu Pedrinho. – Explica-se lá na corte que a moda aqui na terra é um brinco na orelha esquerda e todos acreditam.

E voltando-se para o camarão cocheiro:

– Vamos!

O chicotinho do camarão estalou e os hipocampos partiram no galope.

O caminho por onde a carruagem corria era uma beleza. Florestas de esponjas. Florestas de algas. Florestas de corais. Até por uma floresta de mastros de navios naufragado a carruagem passou.

Os viajantes espiavam pelas janelinhas e viam deslizando no seio das águas os vultos dos mais terríveis monstros do mar – tubarões enormes, espadartes, serpentes. Até um polvo viram, fazendo ondulações com os seus compridos tentáculos.

Emília gostou muito do polvo.

– Sou capaz de fabricar um! – exclamou, fazendo todos se voltarem para ouvir a asneirinha que ia sair. – Pego numa porção de cobras e amarro todas as cabeças num saco de couro e solto no mar e vira polvo!

– Você é mesmo uma danada, Emília – disse Narizinho distraída, com os olhos postos em Rabicó, muito jururu no seu canto.

– Mas era melhor que endireitasse o brinco de seu marido. Está cai não cai...

– Ele que coma o brinco de uma vez – respondeu a boneca.

– Toda essa tristeza de Rabicó é vontade de comer o brinco.

Rabicó passou a língua pelos beiços, com uma olhadela para o estilingue de Pedrinho – e suspirou.

Enquanto isso, Pedrinho conversava com o doutor Caramujo a respeito da serpente do mar.

– Mas há ou não há essa tal serpente? – questionava ele. – Uns dizem que há, outros dizem que não há. Qual a sua opinião, doutor Caramujo?

– Nunca a vi – respondeu o médico. – Mas o mar é tão grande que deve haver de tudo.

– Uma coisa não há – interveio Narizinho. – Sereias! Vovó diz que sereia é mentira. Pedrinho fez um bico de dúvida com a boca.

– Como vovó pode saber, se nunca desbravou todos os mares?

– Essa é boa! É de primeira! Parece até que a burrice de Emília pegou em você, Pedrinho! Vovó sabe porque lê nos livros e é nos livros que está a ciência de tudo. Vovó sabe mais coisas do mar, sem nunca ter visto o mar, do que este senhor Caramujo que nele nasceu e mora. Quer ver? E voltando-se para o ilustre doutor:

– Diga, doutor, qual é o seu nome científico? O doutor Caramujo engasgou, com cara de quem nem sequer sabia que tinha um nome científico.

– Não sabe, não é? – continuou Narizinho vitoriosa. – Pois fique sabendo que vovó sabe – e até o senhor visconde, só porque cheirou os livros de vovó, é capaz de saber. Vamos, visconde! Dê uma lição aqui neste sábio da Grécia. Diga qual é o nome científico dos caramujos.

O visconde limpou o pigarro e deitou sabedoria.

– O senhor Caramujo é um molusco gastrópode do gênero Líparis.

Entusiasmada com a ciência do visconde, Narizinho bateu palmas.

– Está vendo, doutor? O senhor é um Líparis, Líparis! Com "L" grande! Escreva na sua casca para não esquecer. O nosso visconde sabe o nome científico de todas as coisas, menos uma... Aposto que não sabe o nome científico de Emília!...

O visconde respondeu, depois de limpar outro pigarro:

– A senhora Emília é um animal artificial que não está classificado em nenhuma zoologia.

Narizinho deu uma gargalhada gostosa.

– Eu não aturava tamanho desaforo! – disse cutucando a boneca. – Chamar você, uma ilustre marquesa, de animal!

Emília olhou para o visconde com um arzinho de soberano desprezo.

– Não ligo para vegetais – disse ironicamente – que, antes de serem viscondes, andavam jogados no chão, perto das vacas, sujos de terra e outras coisas, sem cartola e nem nada... O visconde é muito importante, mas treme de medo cada vez que passa perto da vaca mocha...

– O senhor visconde tem medo de vacas? – questionou o doutor Caramujo muito admirado, apesar de não saber o que era vaca.

– Como não? – respondeu Narizinho. – Ele é sabugo e todo sabugo – assim que vê uma vaca finca o pé no mundo. Não sabe que as vacas preferem comer um sabugo a comer um bombom? A mãe e o pai do visconde, os irmãos, os primos, os tios, o sogro – o parentesco inteiro do visconde, todos os sabugos lá do sítio de vovó foram triturados pela vaca mocha. Só escapou este, porque usa cartola, já que a vaca tem medo de sabugo de cartola!

Nesse momento, a carruagem entrou por uma planície de areia que não tinha fim. Pedrinho olhou para aquilo com desânimo, coçando a cabeça. Estava com preguiça de atravessar tanta areia.

– Estou farto de fundo do mar – disse ele. – O melhor é chegarmos já, já, ao palácio do príncipe.

E sem esperar pela resposta dos outros, berrou para o camarão cocheiro:

– Chegue já, cocheiro, se não vai estilingada! O camarão cocheiro não discutiu. Puxou as rédeas, chegou e parou bem de frente ao palácio real.

A CHEGADA

Rodeado de toda a corte e de enorme multidão de povo do mar, veio o príncipe receber a menina. Assim que ela apareceu na carruagem, todos bateram palmas, deram vivas e soltaram peixes fosforescentes, que eram os foguetes lá do mar. O príncipe abraçou a sua noiva, nada podendo dizer de tanta comoção que sentia. Beijou-lhe a ponta dos dedos e subiu com ela as escadarias do palácio.

– Deve estar muito cansada – disse o peixinho por fim, depois que recuperou a voz. – Vou levá-la aos aposentos nupciais, onde tudo é pérola e coral.

– Que bonito! – exclamou Narizinho. – E os outros para onde vão?

– Tenho também maravilhosos aposentos para os outros. O visconde irá para o quarto das algas; o marquês, para o quarto dos corais vermelhos.

Narizinho interrompeu-o com uma risada.

– O senhor príncipe não conhece o gosto dos meus companheiros. O visconde, que é um sábio, só quer saber de livros. Basta enfiá-lo numa estante. E para o marquês, nada melhor do que um chiqueirinho com três grandes abóboras do mar dentro.

– E o senhor Pedro?

– Esse é deixar solto por aí, com o seu estilingue. Não mexam com Pedrinho, que ele fica bravo! Emília fica comigo.

– Julguei que a senhora marquesa de Rabicó fosse ficar no chiqueiro do senhor marquês...

A menina achou muita graça naquela ideia.

– Emília é uma orgulhosa, príncipe, que não dá confiança ao marido. Casou-se só por casar, pelo título, e se encontrar por aqui algum duque, é bem capaz de divorciar-se do marquês. A menos que não queira casar-se com o visconde, concluiu com malícia, voltando-se para a boneca.

Emília replicou sem demora, fazendo a sua célebre carinha de pouco caso:

– "Animal" não casa com "vegetal"... O príncipe ia se retirando para que a menina pudesse descansar à vontade, quando Pedrinho apareceu no quarto.

– E agora, príncipe, o que é que vamos fazer agora? – perguntou ele.

– Descansar da viagem – respondeu Escamado.

– E se fizéssemos de conta que já estamos descansados?

– Nesse caso, eu os convidaria para a festa de recepção na sala do trono.

– Como é essa festa, príncipe?

– Oh, muito linda! Começa com um bonito discurso oficial; depois, outro discurso...

– Pare, príncipe! Chega de discursos. Prefiro dar um passeio pelo fundo do mar, e Narizinho com certeza prefere ir tratar dos seus vestidos.

– É verdade! – acudiu a menina. – Preciso chegar à casa de dona Aranha Costureira para combinar com ela o meu vestido de casamento e um de cauda bem comprida para a marquesa. Não podemos aparecer na corte nestes trajes.

– É verdade. – disse Emília. Basta a triste figura que fiz da primeira vez em que aqui estive. Em fralda de camisa, lembra-se?!

APUROS DO MARQUÊS

Enquanto Narizinho e Emília eram conduzidas à casa de dona Aranha, Pedrinho, o visconde e Rabicó tomavam a direção da Floresta Vermelha – a mais linda mata de coral do reino.

– Deve ser lá que moram os polvos – disse Pedrinho. – Quero ver se levo um para assustar tia Nastácia no sítio.

O visconde ia abrindo a boca para dar sua opinião sobre os polvos, quando um grito agudo o interrompeu. Era Rabicó. Ao passar perto de um ouriço-do--mar, o bobinho julgou que fosse coisa de comer e *nhoc!*. Agora, berrava com desespero, com o ouriço espetado na boca. Pedrinho correu em seu socorro e só a muito custo pôde livrá-lo do terrível bicho.

– Bem feito! – advertiu. – Quem manda ser tão guloso? Comporte-se como o visconde que nada acontecerá.

Rabicó respondeu soluçando e ainda com uma lágrima pendurada nos olhos:

– É muito fácil ser bem-comportado, quando não se tem estômago. Mas eu tenho um estômago que vale por dois. Por mais que coma, estou sempre com fome – e hoje ainda nem almocei... Pedrinho teve dó dele.

– Pois coma o brinco e contente-se com isso, porque não há mais nada por enquanto.

Sem esperar segunda ordem, Rabicó devorou o brinco de amendoim com casca e tudo. Não perdeu um farelinho! Depois lambeu os beiços, cheio de saudade do outro amendoim, espatifado pela estilingada de Pedrinho. Foram andando. De repente, avistaram ao longe um vulto negro.

– Quem será? – indagou o menino firmando a vista.

– Deve ser um gigantesco polvo – sugeriu o visconde.

– Polvo o seu nariz! Onde já se viu polvo com mastros? É navio e muito bom navio.

De fato era um navio naufragado – um enorme navio de três mastros, já meio enterrado na areia. Correram todos para lá; e como vissem um rombo no casco, entraram por ele. Puderam assim percorrer o navio inteirinho – os camarotes, os salões e a parte mais elevada do navio. Rabicó separou-se dos companheiros para descobrir onde era a cozinha, na esperança de encontrar algum resto de comida. De repente gritou, muito alegre:

– Achei uma linda raiz de mandioca! Venham ver!

Pedrinho e o visconde foram ver, mas viram coisa muito diferente. Viram Rabicó estragar o dente na tal raiz de mandioca e viram a raiz mover-se como cobra, prendeu-se nela e arrastou-o para o fundo de um camarote.

– Que será isto? – murmurou Pedrinho, aproximando-se na ponta do pé, com o estilingue armado. Espiou. Era um polvo! Estava o pobre marquês nos braços de um enorme polvo, que o olhava muito admirado, como se jamais houvera visto porquinho com laço de fita na cauda.

– É o que pensei – cochichou o menino para o visconde. – Rabicó mordeu no tentáculo do monstro, pensando ser mandioca. E agora está perdido!

– Estilingada nele! – sugeriu o sábio.

– Não adianta – respondeu Pedrinho, coçando a cabeça, sem saber o que fazer. Nesse momento, teve uma ideia.

– Senhorita, disse a uma sardinha que também estava assistindo ao espetáculo, – faça-me o favor de ir correndo ao palácio dizer ao príncipe que o marquês está nas garras de um polvo. Ele que mande ajuda com a maior urgência!

Ia a sardinha tomando impulso para partir, quando o visconde a segurou pela caudinha.

– Senhorita, poderá acaso dizer-me qual é o seu nome científico?

Não sendo uma sardinha culta, julgou ela que o visconde estivesse caçoando e ofendeu-se.

– Malcriado! Não se enxerga? – retrucou, botando-lhe a língua.

E lá se foi em direção ao palácio, toda empinadinha para trás, resmungando contra o "incompetente". O visconde, muito desapontado, ficou a refletir consigo que era uma pena serem totalmente analfabetos os habitantes daquele reino.

O VESTIDO MARAVILHOSO

Enquanto a tragédia de Rabicó se desenrolava no camarote do navio afundado, Narizinho e Emília escolhiam figurinos na casa de dona Aranha Costureira. Depois passaram a escolher fazendas. Dona Aranha tirou dos seus armários de madrepérola um vestido cor do mar com todos os seus peixinhos; e com o maior pouco caso, como se fosse de alguma casinha barata, desdobrou-o diante das freguesas assombradas.

– Que maravilha das maravilhas! – exclamou Narizinho, de olhos arregalados, sentindo uma tontura tão forte que teve de sentar-se para não cair.

Era um vestido que não lembrava nenhum outro desses que aparecem nos figurinos. Feito de seda? Que seda nada! Feito de cor – e cor do mar! Em vez de enfeites conhecidos – rendas, entremeios, fitas, bordados, plisses ou vidrilhos, era enfeitado com peixinhos do mar. Não de alguns peixinhos só, mas de todos os peixinhos – os vermelhos, os azuis, os dourados, os de escamas furta-cor, os compridinhos, os roliços como bolas, os achatados, os de cauda bicudinha, os de olhos que parecem pedras preciosas, os de longos fios de barba movediços – todos, todos!... Foi ali que Narizinho viu como eram infinitamente variadas a forma e a cor dos habitantes do mar. Alguns davam ideia de verdadeiras joias vivas, como se feitos por um ouvires que não tivesse o menor dó de gastar os mais ricos diamantes e opalas e rubis e esmeraldas e pérolas e turmalinas da sua coleção. E esses peixinhos-joias não estavam pregados no tecido, como os enfeites e aplicações que se usam na terra. Estavam vivinhos, nadando na cor-do-mar como se nadassem n'água. De modo que o vestido variava sempre, e variava tão lindo, lindo, lindo, que a tontura da menina apertou e ela colocou-se a chorar.

– É a vertigem da beleza! – exclamou dona Aranha sorridente, dando-lhe a cheirar um vidrinho de éter.

Emília espichou a munheca para apalpar a fazenda; queria ver se era encorpada.

– Não bula! – murmurou Narizinho com voz fraca, ainda de olhos turvos.

O mais lindo era que o vestido não parava um só instante. Não parava de faiscar e brilhar, e piscar e furtar-cor, porque os peixinhos não paravam de nadar nele, descrevendo as mais caprichosas curvas por entre as algas. As algas ondeavam as suas cabeleiras verdes e os peixinhos brincavam de rodear os fios ondulantes sem nunca tocá-los nem com a pontinha do rabo. De modo que tudo aquilo virava e mexia e subia e descia e corria e fugia e nadava e boiava e pulava e dançava que não tinha fim... A curiosidade de Emília veio interromper aquele êxtase.

– Mas quem é que fabrica isso, dona Aranha? – perguntou ela, apalpando o tecido sem que Narizinho visse.

– Este tecido é feito pela fada Miragem – respondeu a costureira.

– E com que a senhora o corta?

– Com a tesoura da imaginação.

– E com que agulha o costura?

– Com a agulha da fantasia.

– E com que linha?

– Com a linha do sonho.

– E... por quanto vende o metro?

Narizinho, já mais senhora de si, deu-lhe uma cotovelada:

– Cale-se, Emília! Os peixinhos podem assustar-se com as suas asneiras e fugir do vestido.

Nesse instante, a porta abriu-se assustadoramente e o príncipe apareceu, mais assustado ainda.

– Uma grande desgraça! – foi ele dizendo. – Acaba de chegar uma sardinha mensageira com aviso do senhor Pedrinho, comunicando que o marquês de Rabicó está nas garras de um polvo!

Narizinho empalideceu de susto e exclamou:

– É preciso salvá-lo, custe o que custar, príncipe! Se Rabicó for comido pelo polvo, vovó vai ficar danada!

– Já mandei em seu socorro o meu melhor batalhão de couraceiros. Só resta que cheguem a tempo...

– Quem são eles?

– Os caranguejos com manchas escuras.

– Mas caranguejo anda tão devagar, príncipe! – murmurou a menina com cara de desconsolo.

– Sim, mas partiram montados em velocíssimos peixes elétricos. Tenho esperança de que tudo acabe bem.

– Que os anjos digam amém! – suspirou a menina, ainda com o pensamento na bronca que poderia levar de Dona Benta.

Emília aproveitou a oportunidade para perguntar ao príncipe que tal achava o figurino que escolhera para o seu vestidinho de cauda.

– Muito bonito – respondeu ele automaticamente, pensando em outra coisa.

– Pois está às suas ordens – disse amavelmente a boneca.

Narizinho chamou-a de parte e cochichou-lhe ao ouvido:

– Não se meta a conversar com o príncipe!

Emília amarrou um pequeno burrinho, certa de que era de ciúmes que a menina não queria que ela falasse com o príncipe.

VEM VINDO O SOCORRO

Pedrinho suava na maior aflição. O socorro que pedira não vinha nunca. Quando chegasse, talvez Rabicó já estivesse estrangulado pelo monstro. O que estava retardando isso era a curiosidade do polvo. Parecia divertir-se em olhar para o focinho aterrorizado do mísero marquês de língua de fora, que revirava os olhos para todos os lados à procura da salvação. Pedrinho, que espiava a cena por uma fresta do camarote, fazia-lhe sinais para que não morresse antes da chegada do socorro. Quanto ao visconde, estava, por ordem de Pedrinho, em cima da gávea do mastro grande para dar aviso logo que avistasse as tropas do príncipe. Mas foi coisa que nada adiantou. O visconde era um verdadeiro sábio, e os sábios são muito distraídos. Logo que chegou ao alto do mastro, distraiu-se com uma baratinha do mar que andava por ali, ficando a parafusar que nome científico poderia ela ter. Por isso, não viu a chegada dos couraceiros, nem pôde dar o aviso. Eram os tais soldados de cavalaria, uns terríveis caranguejos com manchas escuras, de casca endurecida, como a da tartaruga, e armados de pinças piores que alicate de dentista. Por serem muito vagarosos, vinham montados em peixes-elétricos. Chegaram e apareceram. O comandante perguntou ao menino onde estava o senhor Marquês.

– No camarote número 7, bem no fundo – respondeu Pedrinho em voz baixa para que o polvo não ouvisse.

Os soldados de cavalaria foram avançando aos poucos. Foram avançando e, de repente, deram um pulo, todos ao mesmo tempo, e "fulminaram" o polvo. Sim, fulminaram! Como viessem montados em peixes elétricos, tinham ficado carregadíssimos de eletricidade, como pilhas, e assim, mal seus ferrões tocaram o polvo, produziu-se o terrível choque elétrico que o fulminou. E não fulminou Rabicó também? Não. Rabicó tinha-se agarrado por acaso a um para-raio que havia ali. Isso o salvou. E mal escapou do monstro, correu – *coin, coin, coin* – para onde estava o menino. Mas apesar de salvo continuava – *coin, coin, coin* –, como se ainda estivesse sofrendo alguma coisa. Pedrinho examinou-o. O pobre marquês estava com um siri fincado na pontinha da cauda!

– Escapei de um, mas caí noutro! – gemia o mísero. – Este polvinho que está agarrado à cauda é duas vezes mais doído que o grande...

Em vez de livrá-lo do siri, Pedrinho achou graça no caso.

– Você fica lindo assim, marquês! Esse siri na cauda vai muito melhor que o laço de fita vermelha – e deixou-o como estava.

Pedrinho foi dali examinar o polvo moribundo, naquele momento rodeado dos valentes soldados da cavalaria. Nesse momento, viu o visconde que vinha descendo do mastro com a baratinha dentro da cartola.

– Acho que esta baratinha deve ser um Balabera gigante das Índias Ocidentais, começou ele a explicar.

O menino ficou danado!

– E eu acho que o senhor visconde é um perfeito palerma. Foi para pegar baratinha que eu o mandei subir ao mastro?

– É verdade! – exclamou o visconde batendo na testa.

– Esqueci-me completamente da sua recomendação. Mas não faz mal, volto para lá outra vez e, assim que as tropas do príncipe apontarem ao longe, darei sinal.

– Vai voltar, mas é para o palácio, isso sim. Não vê que as tropas do príncipe já vieram e Rabicó já está salvo? – e pondo o marquês em marcha tomou rumo do palácio.

O visconde seguiu atrás, com a baratinha na mão. "Será uma Balabera ou uma Stylopyga? Que pena estar tão longe aquele livro de Dona Benta..." – ia pensando ele, todo com rugas na testa. Chegando ao palácio, encontraram as portas fechadas. O porteiro disse-lhes que o casamento já havia começado. Pedrinho aborreceu-se.

– Essa é boa! Será que terei de assistir ao casamento de Narizinho aqui da rua? Abra a porta! – ordenou ao porteiro.

– Só com ordem do príncipe – respondeu este. Pedrinho armou o estilingue; mas, mudando de ideia, disse a uma minhoca do mar que estava de prosa com o porteiro:

– Senhorita, faça-me o favor de passar pelo buraco da fechadura e ir dizer ao príncipe que mande abrir a porta sem demora, pois estou esperando aqui na rua.

Partiu a minhoca e Pedrinho, ansioso por saber o que estava se passando, trepou a uma das janelas para espiar lá dentro. E viu tudo.

Viu Narizinho deslumbrante no seu vestido cor do mar com todos os seus peixinhos. Na cabeça trazia um diadema feito das mais raras pérolas dos sete mares, e na mão um cetro de madrepérola todo esculpido.

Ao lado dela caminhava o príncipe no seu maravilhoso manto de rei, feito das mais raras escamas. Atrás vinha a Emília, de vestido de cauda, braço dado a um soleníssimo Bernardo-Eremita. Este senhor trazia nas mãos uma salva de escama onde repousava a coroa com que o príncipe ia ser coroado. Firmando a vista, Pedrinho viu que a coroa era a tal rosquinha que a menina lhe havia mandado de presente.

– Esta Narizinho tem muita sorte! – murmurou ele consigo.

– Apanhou um marido que, além de príncipe, tem ideias muito felizes...

Chegados aos primeiros degraus do trono, os reais noivos principiaram a subir passo a passo, ao som das mais belas músicas que se possam imaginar. Eram cantos de sereias vindas de todos os pontos do oceano. Pedrinho, que jamais vira sereia, arregalou bem arregalados os olhos pensando lá consigo: "E a boba da vovó que não acredita em sereia?".

De repente, o príncipe parou, como se alguém estivesse a lhe mexer no pé. Olhou para baixo. Viu a minhoca com o recado. Entendeu muito bem o que ela disse e, voltando-se para Narizinho, explicou:

– É Pedrinho, o visconde e o marquês que acabam de chegar.

– Que bom! – exclamou a menina batendo palmas. – Mas agora temos de recomeçar a festa desde o começo, se não Pedrinho fica danado.

Quem mandava no reino já era Narizinho. Um desejo seu valia por ordem terminante, de modo que o príncipe fez parar a festa para começar novamente.

Cada qual foi para o seu posto, todos muito compenetrados, à espera de que Pedrinho, o marquês e o visconde entrassem e tomassem as poltronas que lhes estavam reservadas. As portas do palácio abriram-se afinal e os três aventureiros surgiram. Emília imediatamente notou qualquer coisa estranha na ponta da cauda do marquês.

– O que é que Rabicó tem na cauda? – interrogou ela firmando a vista. – Parece que o laço de fita virou siri... e correu para ver bem.

Verificando que era siri mesmo, desmaiou de vergonha.

Houve uma grande confusão! Toda a corte correu para ampará-la.

Veio às pressas o doutor Caramujo, que lhe tomou o pulso demoradamente.

– Não está morta, não! – disse ele por fim. – Apenas desacordada.

– E como há de ser para acordá-la? – perguntou Narizinho ansiosa. – Não haverá éter por aqui?

– Há coisa melhor – declarou o doutor Caramujo. – Há siris. Para acordar uma criatura desmaiada, não conheço nada melhor do que botar um siri em cima. Tragam-me um siri!

O príncipe gritou:

– Um siri! Meu reino por um siri!

– Aqui está um! – disse Rabicó, voltando-se de costas para o doutor Caramujo, muito contente de ter aparecido aquele jeito de se livrar do incômodo brinco da cauda.

O doutor agarrou no siri, tirou-o da cauda de Rabicó e aplicou-o no nariz da Emília. A boneca imediatamente deu um suspiro.

– Onde estou eu? – murmurou abrindo os olhos, ainda um pouco tonta.

– Sente-se melhor? – perguntou o médico.

– Um pouco... Mas tenho a vista turva. Vejo tudo embaralhado, como se o mundo estivesse cheio de pernas.

Eram as pernas do siri ainda penduradas no nariz dela! O doutor riu e, afastando-lhe do nariz aquele pernudo "éter", guardou-o no bolso para outra emergência, dizendo:

– Um médico deve andar sempre prevenido.

Terminado o incidente, a festa começaria de novo. Chegou o casamenteiro – outro Bernardo-Eremita, muito respeitado no reino pelas suas manhas. Fora convidado não só para fazer o casamento, como também para coroar o príncipe com a famosa coroa de rosquinha engastada de diamantes.

– Começa tudo de novo desde o princípio! – foi a ordem do príncipe.

E tudo recomeçou desde o início. As sereias repetiram os lindos cantos que já haviam cantado, já os noivos repetiram a marcha a passos lentos em direção ao trono nupcial! Enquanto caminhavam, uma chuva de pérolas em pó caía sobre eles. Subiram ao trono. Sentaram-se. O venerando Bernardo-Eremita pronunciou as palavras sacramentais e os casou, bem casadinhos. Palmas romperam, além de gritos e muito entusiasmo. Narizinho era princesa, finalmente! Restava a coroação.

O venerando bernardo pronunciou outras palavras sacramentais e concluiu pedindo a coroa.

Mas... cadê a coroa? Havia desaparecido.

– A coroa sumiu! – murmurou o fidalgo que segurava a salva de escama, mais pálido que uma folha de papel. – Alguém roubou a coroa!...

– Miserável! – rugiu o príncipe, avançando para ele, tomado de súbito acesso de raiva. – Como deixou perder-se a mais rica joia de meu tesouro? – e deu-lhe uma cetrada na cabeça.

Foi uma confusão! A corte fugiu apavorada. Todos sabiam que, quando o príncipe surrava alguém com o cetro, era sinal de fim do mundo, pior que tempestade em alto mar. Narizinho e seus companheiros acharam melhor fugirem também. Saíram dali correndo e chegaram pingando ao sítio de Dona Benta. Assim que pararam para tomar fôlego, Emília voltou-se para a menina e disse:

– Eu vi, Narizinho! Juro que vi! Foi Rabicó quem comeu a coroa do príncipe!

AVENTURAS DO PRÍNCIPE

O GATO FÉLIX

Num dia de sol muito quente, Lúcia e Emília sentaram-se à sombra da jabuticabeira, à espera de Pedrinho que fora ao mato cortar varas para uma arapuca. Longo tempo estiveram as duas recordando as festas do casamento, finalizadas de um modo tão estranho em virtude da eterna gulodice de Rabicó.

De repente, um miado de gato.

Narizinho admirou-se, porque não havia gatos no sítio.

– Emília – disse ela de ouvido à escuta – este miado está me parecendo miado do gato Félix...

Era a primeira vez que a boneca ouvia falar em semelhante personagem.

– Quem é esse cidadão? – perguntou.

– Oh, é um gato que você nem imagina que gato é, de tão inteligente e reinador! Mete-se nas maiores aventuras, aparece nos filmes de cinema, pinta o sete. Ninguém pode com a vida dele. O gato Félix sai vencendo sempre.

– Nem Tom Mix?

– Tom Mix vê o gato Félix e corre!... Emília deu um suspiro.

– Ai, ai! Era com uma pessoa assim que eu desejava ser casada!

Nesse momento, uma cara de gato apareceu numa moitinha próxima, a olhar para as duas com muita curiosidade.

– É ele mesmo! – exclamou a menina. – Juro que é o Félix!... e fez *pshuit, pshuit...*

O gato saiu da moita, vindo com toda a sem-cerimônia sentar-se no colo dela. Narizinho alisou-lhe o pelo e questionou:

– Como é que anda por aqui, Félix? Pensei que morasse nos Estados Unidos.

– Ando viajando – respondeu ele. – Estou correndo mundo para fazer um estudo sobre ratos. Quero saber qual o país de ratos mais gostosos. Até no fundo do mar já estive, onde me empreguei numa corte muito bonita de um tal príncipe Escamado.

– Que bom! – exclamou a menina batendo palmas. – Não sabe que me casei com esse príncipe?

– Sei, sim. Ele mesmo me contou. Por sinal, que anda morto de saudades da menina.

– E não me mandou nenhum recado?

– Mandou, sim. Mandou dizer que hoje, sem falta, vem ao sítio de Dona Benta fazer uma visita à sua querida esposa. Quer matar as saudades e também conhecer a sua vovó.

– Sua de quem? Minha ou dele?

Ilustração de Silvio Baldessari (domínio público)

– Sua e dele. O príncipe chama Dona Benta de vovó. Narizinho se derreteu.

– Vê, Emília? Vovó virou avó dele também... Que amor!

E voltando-se para o gato:

– Mas vem hoje mesmo ou é um modo de dizer?

– Vem, sim. Quando saí de lá, o príncipe estava aprontando a malinha de viagem, com a carruagem de gala já à espera na porta.

– Como é a malinha dele? – perguntou a boneca.

– Não meta o bedelho, Emília – advertiu Narizinho. – Antes vá avisar vovó e tia Nastácia da visita do príncipe. Mexa-se!

A boneca amarrou o burrinho, pois estava curiosa de ouvir a conversa do gato, e foi andando de corpo mole em direção à casa, sem a menor pressa de chegar. Enquanto isso a menina, dizia ao gato:

– Continue, senhor Félix!

– Não me lembro onde estava...

– Na carruagem...

– É verdade. A carruagem já está à espera dele. Vem o príncipe, vem o doutor Caramujo, vem o Bernardo-Eremita, vêm todos.

Narizinho bateu palmas e, de tão contente, chegou a dar um beijo no focinho do gato Félix.

– Vai ser uma lindeza! A boba da vovó e tia Nastácia vivem duvidando do que eu conto. Quero só ver a cara delas agora...

Depois chamou a boneca, que já ia meio longe:

– Emília!

– O que é, Narizinho?

– Para onde vai indo com tanta pressa?

– Dar o recado que você mandou.

– Volte, boba! Não viu que falei de mentira?

Emília voltou, no seu passinho duro de boneca.

– Escute – disse-lhe a menina. – Vamos hoje fazer uma grande surpresa com a vovó e preciso combinar tudo com Pedrinho. Vá chamar Pedrinho. Diga-lhe que venha correndo.

– Chamar de mentira?

– Não! Desta vez, é de verdade! E depressa! Vá num pé e volte noutro.

Pedrinho veio e os quatro levaram uma porção de tempo combinando a surpresa que fariam para a pobre vovó. O gato Félix foi mandado ao encontro do príncipe para avisá-lo da hora justa em que devia chegar. Em seguida, Narizinho fez recomendações à boneca.

– A surpresa vai ser no finzinho do almoço. Mas você não faça cara de muito sabida, que vovó desconfia.

Chegada a hora do almoço, todos foram para a mesa. Nada aconteceu de extraordinário até o momento do café. Aí Dona Benta fixou os olhos na cara da Emília e disse:

– Estou desconfiada de que vocês estão me armando alguma peça. Esse ar de sonsa da Emília não me engana.

Emília nunca soube fingir. Quando ia fingir, fingia demais e estragava o fingimento. Mas Narizinho sossegou a avó.

– Não é nada, vovó. Emília é uma bobinha. Nesse momento, ouviu-se um barulho lá fora, seguido de batida na porta – uma batidinha muito delicada: *tic, tic, fie...*

– Quem será? – exclamou Dona Benta, estranhando aquele modo de bater.

E gritou para a cozinha:

– Nastácia, venha ver quem bate.

A cozinheira apareceu, de colher de pau na mão. Foi abrir, mas, de acordo com o seu costume, espiou primeiro pelo buraco da fechadura.

Espiou e ficou assombrada.

– Que é, filha de Deus? – perguntou Dona Benta inquieta.

– Credo! – exclamou a cozinheira. – O mundo está perdido, sinhá!...

– Mas que é, Nastácia? Desembuche...

– É uma bicharia, que não acaba mais, sinhá! O terreiro está "assim" de peixe, concha, caranguejo, de quanto bichinho esquisito há lá no mar. Até nem sei se estou acordada ou dormindo... – e beliscou-se para ver.

– Eu bem estava adivinhando que ia haver coisa hoje! – disse Dona Benta, erguendo-se da mesa para espiar também. Arrumou os óculos e, afastando tia Nastácia, olhou pelo buraco da fechadura. E ficou ainda mais assombrada do que a cozinheira ao ver toda a população do mar rodeando a casa.

– Que significa isto? – perguntou voltando-se para Narizinho.

– Não é nada, vovó. É o príncipe Escamado com sua corte que vem nos visitar. Ele quer muito conhecer a senhora.

Dona Benta olhou para tia Nastácia, de boca aberta, sem saber o que dizer.

– Eles são todos muito boa gente – continuou a menina. – Vão passar aqui a tarde e garanto que não desarrumam coisa nenhuma. Vovó pode ficar descansada.

– Mas que ideia, Narizinho, de virar esta casa em jardim zoológico! Onde iremos parar com tais brincadeiras?

– Não deixe, sinhá! – interveio a cozinheira. – Não abra a porta. É tanto bicho esquisito que até estou tremendo de medo.

Narizinho deu uma risada.

– Eles não mordem, boba! São criaturinhas civilizadas e de muito boa educação.

Tia Nastácia não se convenceu.

– Eu sei! – disse ela. – Certa ocasião um caranguejo me picou neste dedo que até marca deixou. Não consinta, sinhá! Não deixe entrar em sua casa essa bicharia sem jeito.

E foi tratando de botar a tranca na porta. Vendo que a tranca na porta iria estragar todo o seu plano, Pedrinho saiu pelos fundos para entender-se com o príncipe, ao qual disse:

– Vovó e tia Nastácia estão tremendo de medo, sem coragem de abrir a porta. Umas bobas. Pensam que vocês são desses bichos malvados que mordem.

O príncipe – que esperava uma calorosa recepção por parte de Dona Benta – ficou muito ressentido.

– Nesse caso, prefiro voltar – disse com dignidade. – Não me julgo com direito de perturbar o sossego de uma tão respeitável senhora.

– Isso é que não! – respondeu Pedrinho. – Já que vieram, têm que entrar, quer as elas queiram, quer não queiram. Se não puderem entrar pela porta, entrarão pela janela. Esperem aí...

E foi correndo buscar uma escada.

ENTRAM TODOS

Enquanto tia Nastácia, depois de colocar a tranca na porta, procurava arrastar a mesa para formar uma barreira, o príncipe e sua comitiva iam subindo pela escadinha que o menino trouxera.

Subiram e pularam para dentro da sala. Quem primeiro pulou foi o doutor Caramujo. Tia Nastácia, ainda às voltas com a mesa, ouviu o barulhinho e voltou-se. Deu um berro.

– Acuda, sinhá! Estão pulando pela janela! Olhe quem está atrás de mecê!

Um bichinho de óculos, que é um verdadeiro "felômeno..." Narizinho explicou:

– Não tenha medo, vovó. Este é o doutor Caramujo, o grande médico que fez Emília falar. Tem pílulas para todas as doenças.

Dona Benta havia voltado o rosto e visto atrás dela o doutor Caramujo, de óculos, a lhe fazer um cumprimento muito amável. E o seu espanto, que já era grande, cresceu ainda mais ao ver surgir na janela um peixinho vestido de rei.

– Este é o meu esposo, o príncipe Escamado, rei do reino das Águas Claras – explicou Narizinho, fazendo as apresentações. E esta senhora, príncipe, é a minha querida vovó, Dona Benta de Oliveira.

Com uma gentil cortesia, o príncipe murmurou, todo amável:

– Tenho muita honra em conhecê-la, minha senhora e peço-lhe permissão para a tratar de vovó também.

A pobre velhinha por um triz não desmaiou. Abanou-se muito aflita... *uff, uff!*... Depois, voltando-se para a cozinheira:

– Ele fala mesmo, Nastácia! Fala tal qual uma gente...

A cozinheira fez o sinal da cruz. Enquanto isso, os outros fidalgos da corte foram pulando. Pulou o venerando Bernardo-Eremita. Pulou a senhorita Sardinha. Pulou dona Aranha Costureira. Pulou o Major Agarra-e-Não-Larga-Mais. Cada um que pulava era um novo berro de tia Nastácia.

– E uma sardinha agora, sinhá! – ia ela exclamando. – E agora uma aranha!

E agora um sapo! O mundo está perdido...

Por fim, não aguentou mais: disparou para a cozinha. Dona Benta, porém, foi se acostumando e, dali a pouco, já não estranhava coisa nenhuma. Começou até a achar uma graça enorme em tudo aquilo.

– Você tem razão, minha filha – disse ela por fim. – Esse mundo em que você e Pedrinho vivem é muito mais interessante que o nosso.

E começou numa prosa comprida com o doutor Caramujo a propósito da doença de um pintinho. Enquanto isso, Narizinho ia mostrando ao seu amado príncipe as coisas da sala. Mostrou o relógio da parede, mostrou os pratos do armário e o pote d'água. O que mais mexeu com o peixinho foi um guarda-chuva que estava em um canto.

– Para que serve isto? – perguntou ele.

– Para a gente não se molhar – respondeu a menina.

– Por que não o levaram, então, na viagem ao fundo do mar?

Tanta graça achou a menina nessa pergunta, que não resistiu à tentação de agarrá-lo e beijá-lo na testa.

– Você é um burrinho, sabe, príncipe? Um amor de burrinho...

Como ignorasse o que queria dizer burrinho, o príncipe não se ofendeu. Depois, notando a ausência do visconde de Sabugosa e do marquês de Rabicó, pediu notícias.

– O visconde levou a pior – respondeu a menina. – Voltou da viagem ao fundo do mar tão encharcado que tive de pendurá-lo no varal de roupa para enxugar. Mas ficou mal pendurado. Deu o vento, caiu e ficou esquecido num canto por muito tempo. Resultado: deu nele uma doença esquisita chamada bolor. Ficou todo verdinho, coberto de um pó que sujava o assoalho. Embrulhei-o, então, num velho fascículo das *Aventuras de Sherlock Holmes* que andava rodando por aí e o botei não sei onde. Com certeza já morreu...

– Que horrível desgraça! – exclamou o príncipe seriamente entristecido. – Logo que voltar ao reino, hei de decretar luto oficial por sete dias.

– Não vale a pena, príncipe! O nosso visconde já andava meio maluco com as suas manias de sábio. Ficou tão científico, que ninguém mais o entendia. Só falava em latim, imagine! Logo chega o tempo da colheita de milho e eu arranjo um visconde novo.

– E o senhor marquês?

Narizinho teve receio de contar que fora Rabicó o ladrão da coroinha do príncipe. Limitou-se a dizer que, como estava emagrecendo muito, tia Nastácia o pusera num chiqueiro para engordar.

– Muito simpático o marquês – disse o príncipe por amabilidade. – Também acho muito simpática a senhora marquesa.

– Eu quero tanto bem à Emília – explicou Narizinho – que tenho vontade de desmanchar o seu casamento com o marquês para casá-la com o gato Félix.

Emília não está sendo feliz no primeiro casamento.

– Por que, se não é indiscrição?

– Os gênios não se combinam. Além disso, Emília não se casou por amor, como nós. Só por interesse, por causa do título.

Emília não é mulher para Rabicó. Merece muito mais. Merece um senhor sacudido e valente como o gato Félix. É verdade que ele está a serviço da corte?

O príncipe mostrou-se surpreso.

– Gato Félix? – disse franzindo a testa. – Não conheço esse freguês...

– Como não, se foi ele quem trouxe a notícia da sua visita, príncipe?

– Não pode ser! Mandei o recado por uma sardinha...

Narizinho ficou cismada. Lembrou-se de que, quando dera o beijo no focinho do gato, sentira um cheiro de sardinha. "Querem ver que ele comeu a mensageira do príncipe com o recado e tudo?" – pensou consigo. Nada disse, porém, para não entristecer o seu querido maridinho. E, mudando de assunto, convidou-o a dar uma volta pelo sítio.

TIA NASTÁCIA E A SARDINHA

Tia Nastácia também havia perdido o medo aos bichinhos depois que viu que não mordiam. Chegou até a ficar amiga íntima da senhorita Sardinha, ou *Miss Sardine*, como era chamada no reino, por ter nascido nos mares que rodeiam a Terra Nova, perto do Canadá. Como boa norte--americana, *Miss Sardine* mostrava-se muito segura de si. Não era acanhada como as outras. Fazia o que lhe dava na cabeça, tornando-se famosa no reino pelas suas excentricidades. Uma delas consistia em dormir dentro de uma latinha, em vez de dormir na cama. "Estou praticando para a vida futura", costumava dizer com um sorriso melancólico. A vida futura das sardinhas, como todos sabem, não é no céu, mas dentro de latas... *Miss Sardine* fez grande camaradagem com tia Nastácia. Logo que chegou foi se metendo pela cozinha adentro, examinando tudo com uma curiosidade de mulher velha. E não parava com as perguntas.

– Que monstro esquisito é este? – perguntou mostrando o fogão.

– Isso se chama fogão – respondeu a cozinheira.

– E essa coisa vermelha que ele tem dentro?

– Isso se chama fogo.

– E para que serve?

– Serve para queimar o dedinho de quem bole com ele.

E tia Nastácia dava risadas gostosas, vendo a cara de admiração que *Miss Sardine* fazia.

Em certo momento, subiu uma prateleira. Colocou-se a remexer em tudo. Enfiou a cabecinha dentro do vidro de sal e provou.

– Hum! Estou conhecendo este gosto!

– Isso é farinha lá da sua terra; vem do mar – explicou a tia Nastácia.

Provou depois uma pitadinha de açúcar, achando tão bom que pediu para levar um pacote.

Quando destampou o vidro de pimenta-do-reino em pó, tia Nastácia a advertiu:

– Cuidado! Isso arde nos olhos.

Antes não avisasse! *Miss Sardine* assustou-se, escorregou e caiu de ponta-cabeça dentro do vidro de pimenta. Aquilo foi um perrengue aos gritos de meter dó.

– Acuda! Estou cega...

A tia Nastácia, muito aflita, tirou-a de dentro do vidro e lavou-a na bica d'água, dizendo:

– Bem feito! Quem manda ser tão reinadeira? Eu logo vi que ia acontecer *alguma...*

Miss Sardine não a ouvia, continuando a gritar e espernear.

– Socorro! Está pegando fogo nos meus olhos! Estou cega, não enxergo nada!...

– Isso passa – consolou a cozinheira. – Tenha um pouco de paciência, menina.

Muito pior seria se tivesse caído dentro da frigideira de gordura quente. Por uns instantes esteve ela assim, com os olhos ardendo. Afinal foi sarando, e sarou, e abriu os olhos – primeiro um, depois o outro, depois os dois. Muito admirada de enxergar tão bem quanto antes, deu uma risadinha feliz!

– Sarei! – exclamou Miss Sardine, piscando muito e olhando para tudo a fim de ver se os olhos estavam bons mesmo ou só meio bons. Depois voltou às perguntas, indagando que coisa era uma frigideira.

Tia Nastácia ficou atrapalhada. Contar a um peixinho o que é frigideira até chega a ser judiação. De dó dela a cozinheira deu uma resposta que a deixou na mesma.

– Frigideira – disse – é uma panela rasa onde se põe uma certa água grossa, chamada gordura, que borbulha e pula, quando tem fogo embaixo.

– Que bonito! – exclamou *Miss Sardine* admirada. – Um dia hei de voltar aqui para passar uma hora inteira nadando nessa água que pula.

A tia Nastácia tapou a boca com as mãos para esconder a risada que ia saindo.

Nesse momento, dona Benta gritou lá do fundo do quintal:

– Nastácia! Venha depressa...

– Que será, meu Deus do céu? – exclamou a cozinheira, correndo para ver do que se tratava.

Encontrou Dona Benta perto do galinheiro, em conferência com o doutor Caramujo a respeito da doença do pinto sura. Assim que chegou, Dona Benta disse:

– Nastácia, veja se me pega o pinto sura.

– Para que, sinhá? – perguntou a tia Nastácia estranhando a ordem.

– O doutor Caramujo quer dar-lhe uma das suas milagrosas pílulas. Diz que não há melhor remédio para pintos suras.

Tia Nastácia abriu a boca. Seria possível que aquele bichinho cascudo entendesse até de pílulas?

– Ele está brincando com mecê, sinhá! Onde já se viu caramujo entender de remédios? É brincadeira dele, sinhá. Não acredite.

– Eu também estou duvidando e por isso quero tirar a prova.

Pegue o pinto.

Resmungando que o mundo estava perdido, foi tia Nastácia em procura do pinto. Pegou-o e trouxe-o.

– Agora preciso de um canudinho – disse o doutor Caramujo.

– Só sei dar pílulas a pinto pelo sistema do canudo.

A cozinheira foi resmungando procurar o canudinho. Trouxe-o. O doutor Caramujo explicou então como se fazia. Enfiava-se o canudinho na garganta do pinto; punha-se a pílula dentro do canudinho; e depois era só assoprar.

– Ora veja! – exclamou tia Nastácia sacudindo a cabeça. – Uma coisa tão simples e eu nunca me lembrei! Estou vendo que esses bichinhos do mar são mais sabidos do que a gente, sinhá.

A pílula foi colocada dentro do canudinho e o canudinho foi enfiado dentro da garganta do pinto.

– Preciso agora de uma pessoa que assopre. Se não houver pessoa assopradeira, um fole serve.

– Assopre, Nastácia! – mandou Dona Benta. Tia Nastácia agachou-se, colocou a boca na ponta do canudinho e ia assoprar, quando deu um berro, erguendo-se a tossir como uma desesperada.

– O que aconteceu, Nastácia?

A resposta foi uma careta de quem está engasgado com alguma coisa amarga. Depois falou.

– Aconteceu, sinhá, que o pinto assoprou primeiro e quem engoliu a pílula fui eu!

Dona Benta não pôde deixar de rir; a cozinheira, porém, não achou graça nenhuma, e até se mostrou apreensiva, com medo de que a pílula lhe fizesse mal.

– Não fará mal nenhum – assegurou o doutor Caramujo. – Até pode curar alguma moléstia que a senhora tenha, lá por dentro sem saber.

E assim foi. Tia Nastácia sarou de uma célebre "tosse de cachorro" que a vinha perseguindo havia duas semanas, e tanta fé passou a ter nas pílulas do doutor Caramujo, que as receitava para todo mundo.

Até para o Chico Orelha, um pobre sem orelhas que por lá aparecia às vezes a pedir esmolas.

– Tome uma dúzia, seu Chico, que lhe nasce um par de orelhas novas ainda mais bonitas que as que lhe cortaram.

OS SEGREDOS DA ARANHA

Dona Aranha, apesar de manca, jamais deixara de acompanhar o príncipe nas suas viagens – nem ela, nem o doutor Caramujo. Médico tem sempre serviço numa viagem e costureira também – um botão que cai, um pé de meia que fura. Por isso, dona Aranha também viera. Trabalhadeira como ninguém, assim que chegou, foi logo para o quarto de costuras examinar os apetrechos de Dona Benta – a cestinha, a almofadinha de alfinetes, os agulheiros e os carretéis.

Só não gostou da máquina.

– Muito pesada e complicada – disse para Emília, que estava mostrando tudo.

Vendo-se só com a Aranha, a boneca aproveitou para fazer quantas perguntinhas quis.

– Acho muito bonito esse seu sistema de trazer o carretel dentro da barriga – disse ela. – Só não compreendo como a senhora faz para engolir um carretel...

– Eu não engulo carretéis, menina – explicou a Aranha. – Nós nascemos com o carretel dentro.

– E quando acaba?

– Não acaba nunca.

– Hum! Já sei! A senhora tem fábrica de linha na barriga, não é?

– Deve ser. Nunca entrei dentro de mim para saber!

– Pois eu sei o que há dentro de mim. É só camonila. Quando fiquei com a perna seca, tia Nastácia me consertou e eu vi. Ela pôs só camomila da bem amarelinha e cheirosa.

– E seu marido, o marquês? – perguntou dona Aranha.

– Também é cheio de camomila?

– Creio que não, porque Rabicó é diferente de mim em tudo. Por exemplo: ele come e eu não como. Só como de mentira, por brincadeira.

– Não come? – exclamou dona Aranha muito admirada. – É a primeira pessoa que ouço dizer isso.

– Nunca comi coisa alguma – e sinto bastante, porque comer parece uma coisa muito gostosa.

Rabicó, quando come, arregala os olhos de gosto, e grunhe se alguém se aproxima. A vaca mocha – esta até baba quando come um sabugo de milho.

– Pois lá no mar não existe uma só criatura que não coma. E um come o outro. A gente precisa andar com as maiores cautelas, espiando de todos os lados e escondendo-se quando vê algum peixe. Minha mãe foi comida por uma garoupa.

– Coitada! – exclamou Emília muito entristecida. – E era também costureira?

– Era sim. Todas as aranhas são costureiras.

– E tinha também carretel na barriga?

– Sim, claro. Basta ser aranha para ter carretel na barriga.

– E de que cor era a linha?

– A cor não varia. É sempre a mesma para todas as aranhas.

– Que pena! – exclamou Emília triste. – Gosto muito da cor vermelha e, se soubesse de uma aranha de linha vermelha, iria morar com ela.

– Para quê?

– Para ver. Para sentar debaixo da jabuticabeira e ver aquela linha tão linda que sai, sai, sai e não se acaba mais...

Enquanto Emília ia dizendo suas asneirinhas, dona Aranha, para não perder tempo, cerzia meias. Cerzia tão bem que não havia quem fosse capaz de perceber o cerzido.

Admirada da perfeição do trabalho, Emília disse:

– Se a senhora se mudasse para a cidade havia de ganhar um dinheirão.

– E que faria do dinheiro?

– Oh, muitas coisas! Podia comprar uma casa, podia comprar um guarda--chuva. Pedrinho diz que é muito bom ter dinheiro.

– E ele tem muito?

– Muito! Pedrinho é bastante rico. Tem um cofre com mais de cinco cruzeiros dentro.

– E para que quer tantos cruzeiros?

– Diz que vai comprar um revólver de brinquedo. Eu, se tivesse dinheiro, sabe o que comprava? Um trem de ferro! Não há nada de que eu goste tanto como o trem de ferro...

– Por quê?

– Porque apita. A senhora já ouviu apito de trem?

Nesse ponto, a conversa foi interrompida por um recado de Narizinho, ordenando que Emília se vestisse para sair a passeio.

– Adeus, dona Aranha. Narizinho está precisando de mim. Vai passear conosco ou fica?

– Fico. Estou com fome. Quero ver se apanho umas três moscas.

– Não use vinagre – aconselhou Emília, retirando-se. – Tia Nastácia diz sempre que não é com vinagre que se apanham moscas.

VALENTIAS

Pedrinho fora dar uma volta com o capitão dos couraceiros vindos para a guarda do príncipe. Esses valentes soldados tiveram ordem de ficar fora da casa, para que tia Nastácia não se assustasse. Pedrinho fez logo boa camaradagem com o capitão, que era grande contador de proezas.

Contou de uma terrível luta entre dois espadartes e duas baleias, a que ele assistiu de pertinho. Sua valentia consistira nisso – assistir de pertinho. Contou depois as suas próprias façanhas, lutas com lagostas, ataque a um filhote de peixe-espada.

Pedrinho tinha paixão por histórias de caçadas, guerras, lutas de boxe – aventuras de terra e mar, como dizia Dona Benta. Ouvia com interesse as histórias do couraceiro e contava outras. Contou histórias de onças, tigres-de--bengala, leões da Uganda e jacarés do Amazonas.

– E qual o bicho da terra que acha mais perigoso – perguntou o couraceiro, que ignorava completamente tudo que não se referia ao mar. Dizem que é o leão.

– É e não é – respondeu Pedrinho para mostrar que entendia do assunto. – É porque é, e não é porque com uma boa bala na cabeça qualquer caçador dá cabo de um leão. Para mim, o bicho mais perigoso é uma tal vespa que, quando morde, incha o lugar e arde que nem fogo.

O couraceiro não fazia a menor ideia do que fosse uma vespa.

– Mas com uma bala na cabeça qualquer caçador não dá cabo duma vespa? – perguntou.

– Se acertar, sim – respondeu o menino. Mas ainda está para existir um caçador que acerte uma bala na cabeça de vespa.

O couraceiro arregalou os olhos.

– Só se são encantadas...

– Pior que isso. São deste tamanhinho, e voam como umas danadas! Certa vez uma picou na ponta da língua de Narizinho. A coitada viu fogo! Vespa, sim, é um bicho danado. Eu, por exemplo, que não tenho medo de coisa nenhuma, confesso que respeito as vespas – e não sinto vergonha nenhuma de dizer isso.

O couraceiro, um dos caranguejos mais gabelas do mar, deu uma risada de desafio.

– Pois eu só queria encontrar-me com uma! Tenho tirado a prosa de muito bichinho valente e tirava a das vespas também.

Pedrinho riu.

– Sua valentia vem da couraça, capitão. Tire a casca e venha lutar com uma vespa, se é capaz!

Ofendido com o juízo que o menino fazia dele, o couraceiro replicou:

– Saiba que já me bati com uma grande lagosta e a venci em poucos minutos.

– Grande coisa! Pois eu já dei no Chiquinho Pé-de-Pato, que é o moleque mais temido lá da cidade e, no entanto, corro de vespa. Corro e hei de correr, e nunca terei vergonha de contar isso, porque medo de vespa é o único medo que não desmoraliza ninguém.

Estavam nesse ponto, quando Emília passou, muito requebrada no seu vestido de teia cor-de-rosa. Ia tão concentrada em altos pensamentos que nem os percebeu.

– Quem é esta senhora?

– Pois é a marquesa de Rabicó, não sabe? Uma das damas mais ilustres dos tempos modernos.

– Hum! – fez o couraceiro lembrando-se. – Se não me engano, esteve lá no reino há muito tempo, em companhia de Narizinho. Contudo, naquela época, usava camisola e tinha os cabelos pretos.

– Emília muda muito, não é como vocês que são sempre os mesmos. Cada vez que Narizinho se enjoa da cara dela, muda. Muda tudo. Muda a boca mais para baixo ou mais para cima. Muda as sobrancelhas, muda os olhos. Houve até uma vez em que Emília passou sem olhos cinco dias.

– Como assim?

– Narizinho estava mudando os olhos dela, que são de linha, e já tinha arrancado os velhos para colocar novos, quando viu que não havia mais linha no carretel. Até que alguém fosse à cidade e trouxesse mais linha, a coitada ficou sem olhos, ceguinha num canto, sem enxergar coisa nenhuma...

Apesar de ser um guerreiro de coração duro, o caranguejo murmurou com piedade:

– Coitada! Como não havia de ter sofrido...

– Mas também – continuou Pedrinho –, quando a linha veio e Narizinho colocou-lhe olhos novos, bem abertos, Emília tirou o atraso! Passou o dia inteiro sem fazer outra coisa senão olhar, olhar, olhar.

– Tem filhos? – perguntou ainda o curioso capitão.

– Não. Narizinho não quer. Emília é sua companheira de passeios e viagens. Se tivesse filhos, teria de ficar em casa, dar de mamar às crianças, lavar fraldinhas – e adeus passeios...

OS ESPANTOS DO PRÍNCIPE

Narizinho e o príncipe, de braços dados, percorriam o sítio. Já haviam visitado o chiqueirinho de Rabicó. Estavam agora sentados na grama, à espera da Emília para irem ver a vaca mocha. O príncipe não fazia a menor ideia do que fosse uma vaca e mostrava-se impaciente por ser apresentado à ela.

– A vaca mocha – ia explicando a menina – é a senhora mais importante aqui do sítio – depois de vovó e tia Nastácia. Muito bondosa, incapaz de fazer mal a um mosquito.

– Mas como então devorou o pai, a mãe e todos os parentes do senhor visconde de Sabugosa?

– É que eles eram sabugos e, sendo sabugo, a mocha não perdoa mesmo. Agarra e vai matigando. Mas para gente como nós, gente de carne, ela não faz nada. Vaca não come carne, sabe? Nem minhoca! Pedrinho já fez a experiência.

Colocou-lhe uma gorda minhoca no cocho. Sabe o que ela fez? Virou a cara de lado e cuspiu de nojo.

O príncipe lá no seu íntimo achou que a vaca devia ser uma criatura de muito mau gosto. Comer sabugo e ter nojo de minhoca era para ele a coisa mais absurda do mundo. Nesse momento, chegou Emília.

– Que demora! – disse Narizinho. – Estamos aqui à sua espera faz um século. O que esteve fazendo?

– Ajudando dona Aranha a remendar suas meias, sabe? Oh, como dona Aranha remenda bem! Cerze com a maior perfeição. Se eu fosse você, não deixaria dona Aranha voltar para o reino.

E dirigindo-se ao príncipe:

– Por que não dá dona Aranha para Narizinho? Apesar de ser princesa, Narizinho anda sempre de meias furadas por falta de uma boa aranha aqui no sítio.

– Começam as inconveniências! – advertiu a menina fazendo cara feia. – Anda com meias furadas o seu nariz! Vamos visitar a vaca mocha que é o melhor.

Foram em direção à cocheira. Assim que o príncipe viu a vaca, paralisou com olhinhos muito arregalados. Nunca supôs que houvesse um bicho tão fora de propósito.

– Pois é esta a mocha, príncipe – disse a menina. – Veja que respeitável senhora é, que pelo macio, que pontudos chifres. Mocha quer dizer sem chifres.

Esta é a única exceção que há no mundo, isto é, aqui no sítio.

O príncipe olhava, olhava, sem entender muito bem. Depois entrou com perguntas.

– E que é isto que ela tem pendurado aqui embaixo?

– São as tetas – explicou a menina. – Teta quer dizer torneirinha de leite. Tia Nastácia espreme essas tetas para tirar uma água branca chamada leite. Todas as manhãs, eu tomo um copo desse leite bem quentinho e espumante, tirado justamente dessas torneirinhas.

– E isto aqui? – perguntou o príncipe – apontando com o cetro para a cauda.

– Isso é o espantador de moscas. Serve para espantar as moscas que vêm brincar em cima dela.

Querendo também mostrar sua ciência, Emília acrescentou:

– Esse espantador foi pregado aí por tia Nastácia. Quando a mocha nasceu não tinha nada atrás.

– Não acredite, príncipe! Emília está brincando com você. Todas as vacas já nascem com rabos, como todos os peixes já nascem de cauda.

Tão interessante achou o príncipe aquele comprido apêndice movediço com mecha de cabelo na ponta, que se declarou disposto a adotar a moda no reino. Depois examinou atentamente os chifres.

– Também são espantadores de moscas? – perguntou.

– Não! – respondeu a menina. – Isso aí são espantadores de gente. Chamam-se chifres e servem para chifrar.

– Chifrar? O que é chifrar? – perguntou ele, com cara pensativa.

A menina deu uma risada gostosa.

– Chifrar, príncipe, é dar chifradas, entende? Dar uma cabeçada com os dois espetos tortos na testa. Mas não tenha medo! A mocha não chifra ninguém – só cachorro que vem latir perto dela.

– E estas quatro estacas? – perguntou o príncipe, apontando para as pernas da mocha.

Narizinho deu outra risada ainda mais gostosa.

– Como é burrinho este meu maridinho! Pois não vê que são as pernas? Sem isso, como poderiam as vacas ficar de pé e andar?

Emília meteu o bedelho.

– Essa é boa! Quantos bichos não há sem pernas e que andam muito bem?

– Diga um, vamos!...

– O relógio de Dona Benta. Não tem pernas e ela diz sempre: "Este relógio, apesar de ser mais velho do que eu, anda muito bem." A menina olhou para Emília com cara de dó.

– Que pena! – disse. – Tão "inteligente" e não aprende nunca a diferenciar as criaturas vivas das coisas inventadas...

O príncipe não tirava os olhos da vaca, sempre admirado. Quis saber como é que ela fabricava o leite.

– Está aí uma coisa que não sei – respondeu a menina. – A mocha come capim, come abóbora, come sabugo, mastiga tudo muito bem, engole – e sai leite do outro lado pelas torneirinhas. Tudo quanto come vira em leite. Se comer o visconde, vira-o em leite também. É um mistério que não entendo.

– Pois eu entendo! – gritou Emília. – É que a mocha, todos os dias, come mandioca. Leite, na minha opinião, é mandioca líquida.

– Que sandice, Emília! Que bobagem! Pois não vê que Rabicó também come mandioca e não dá leite?

– Isso é porque Rabicó não tem torneirinhas. Se tia Nastácia pusesse nele quatro torneirinhas, juro que saía leite.

– Desculpe, príncipe – disse a menina voltando-se para ele.

– Esta nossa amiga marquesa possui uma torneirinha de asneiras. Quando a abre, ninguém pode com a vida dela.

Mas Escamado não ouvia. Continuava de olhos pregados na mocha. Por fim, mostrou desejos de levá-la para o reino.

– Impossível, príncipe! – respondeu Narizinho muito pesarosa. – Em primeiro lugar, mocha é de vovó e vovó não deixaria; em segundo lugar, beberia pelo caminho tanta água do oceano que o leite ficaria salgado.

– Que pena! Esta senhora faria um grande sucesso na minha corte.

Emília meteu o bedelho outra vez.

– Aposto que dona Benta deixa! – berrou ela. – Aposto que, se o príncipe der uma boa baleia em troca, Dona Benta deixa. As baleias também dão leite.

A menina pôs as mãos na cintura.

– E onde iria vovó botar essa baleia? – perguntou ela muito séria.

– Aqui na cocheira, ora essa! Se a mocha pode morar aqui, por que não o poderia a baleia? Em que a tal baleia é melhor que a mocha, diga?

Narizinho enjoou-se da burrice da Emília e enfiou-a de cabeça para baixo no bolso do avental. Justamente nesse instante a vaca deu um mugido. O príncipe, que não esperava por aquilo, caiu para trás com o susto.

– Coitadinho do meu maridinho! – exclamou a menina, precipitando-se para erguê-lo. – Não precisa assustar-se assim, bobo. A mocha dá esses berros só de brincadeira – e ajudou-o a compor diversas escamas que haviam saído do lugar.

O príncipe, entretanto, não quis mais saber de histórias. Pálido ainda do susto, tratou de voltar para casa.

– Sofro do coração – explicou – e se esta senhora berra outra vez, sou capaz de cair em desmaio. Vamos embora...

O DESASTRE

Voltaram de braços dados, Narizinho aborrecida com o berro da vaca e o príncipe a se queixar de palpitações do coração. Assim que alcançaram o terreiro, novo susto veio agravar o seu estado de saúde.

Ouviam-se dentro da casa gritos e choradeira.

– Que terá acontecido? – murmurou a menina, apreensiva.

Largou do príncipe e foi a correr, com o pressentimento dalguma grande desgraça.

– Que é? Que aconteceu? – gritou logo ao entrar.

Não obteve resposta. Todos estavam chorando e não lhe deram tempo à pergunta. A menina olhou espantada para os personagens presentes, dirigindo-se à cozinha em seguida. Lá encontrou tia Nastácia também chorando.

– Que é que aconteceu, tia Nastácia? – perguntou aflita.

A cozinheira respondeu, enxugando as lágrimas:

– Nem queira saber, Narizinho! Antes vá-se embora...

Como a menina insistisse, a tia Nastácia não teve remédio e contou.

– Pois imagine que Miss Sardine, desde que o príncipe chegou, se meteu aqui na cozinha todo o tempo, a coitada. Remexeu em tudo, provou o sal, o açúcar, e até caiu no pote de pimenta-do-reino. Eu salvei ela, dei um banhinho nela e pus ela ali no canto para secar. No começo, enquanto a pimenta estava ardendo, ficou muito sossegada.

Mas depois que a ardidura passou, principiou a reinar outra vez. Eu estava sempre avisando: "Não mexa aí! Não chegue perto do fogo! Não seja tão reinadeira que de repente acontece qualquer coisa para mecê!"

Mas era o mesmo que estar falando para aquele pau de lenha ali.

Fazia uma carinha de caçoada e continuava. Se não aconteceu desgraça foi porque meus "zoio" não saía de cima dela, vigiando. Mas de repente sinhá me chamou para ouvir uma história do doutor Caramujo. Fui e deixei Miss Sardine sozinha...

– E que aconteceu? – indagou Narizinho surpresa.

A cozinheira continuou, depois de enxugar as lágrimas no avental.

– Aconteceu o que eu tinha medo que acontecesse. A coitadinha, assim que saí, trepou no fogão para espiar a frigideira de gordura. Achou linda, com certeza, aquela água que pulava e chiava – e deu um pulo para dentro da frigideira, pensando que fosse uma pequena lagoa. Gordura fervendo, imagine!...

– Coitadinha! – berrou a menina horrorizada. – O que vamos falar agora ao príncipe? *Miss Sardine* era a dama de mais importância lá no reino – a única que tinha entrada na corte. Onde está ela, Nastácia?

– Está ainda na frigideira – respondeu a cozinheira. – Frita! Frita que nem um lambari frito...

Não podendo conter as lágrimas, a menina rompeu num berreiro. O príncipe ouviu lá de fora. Reconheceu o choro e veio correndo, aflitíssimo. Quando soube da tragédia, desmaiou. Corre, corre! Chama o doutor Caramujo! Não acham o doutor Caramujo! Grita aqui! Berra de lá! Desmaia adiante! Que confusão horrível!... Enquanto isso, tia Nastácia tirava da frigideira o cadáver de *Miss Sardine* para mostrá-lo a Dona Benta.

– Veja, sinhá! Tão elegante que até depois de morta ainda conserva os traços... e a cozinheira cheirou a sardinha frita, depois a provou, ficando com água na boca, e comeu-lhe um pedacinho. Por fim, disse arregalando os olhos:

– Bem gostosinha, sinhá. Prove... Muito melhor que esses lambaris aqui do rio...

Dona Benta recusou e tia Nastácia, ainda com lágrimas, acabou comendo a sardinha inteira.

Voltando a si do desmaio, o príncipe recaiu em profunda tristeza. Não quis comer coisa nenhuma das comidinhas preparadas para ele. Também não quis continuar no passeio pelo sítio. Só queria uma coisa: volta. Dona Benta sentiu muito e disse:

– Pois, senhor príncipe, nossa casa está sempre às suas ordens. Quando quiser aparecer, não faça cerimônia, apareça.

– Muito obrigado – respondeu o peixinho com voz embargada.

– Também eu faço muito empenho em que a senhora apareça lá pelo reino.

O NOVO DESASTRE

– Isso é mais difícil. Estou muito velha e fica complicado. Posso me molhar pelo caminho e adoecer.

Emília – que ainda estava dentro do bolso de Narizinho – espichou para fora a cabeça.

– Molhar como? – disse ela muito espevitadamente. – Pois a senhora vai de guarda-chuva!

Narizinho empurrou-a outra vez para o fundo do bolso e, voltando-se para Dona Benta, perguntou:

– Que presente poderemos dar ao príncipe, vovó? Ele não pode voltar de mão abanando.

– Você é que sabe o gosto dele, minha filha.

– Escamado apreciou muito a vaca mocha, mas isso não convém dar. Na minha opinião, acho que o melhor é dar... é dar...

Engasgou. Não sabia o que dar. Nesse momento, apareceu Pedrinho, de volta do passeio com o capitão da guarda. Consultado, resolveu o problema imediatamente.

– Muito simples – disse ele. – Há aquelas quatro rodinhas que sobraram do despertador que consertei.

Roda é coisa que não existe no oceano. Juro que o príncipe vai ficar contentíssimo.

Todos aprovaram a ideia, e Escamado recebeu de presente as quatro rodinhas como lembrança das quatro pessoas do sítio.

Na hora de partir, houve choro. Até Emília fugiu do bolso da menina, aparecendo com duas lágrimas da torneira nos olhos de retrós. Aproximou-se do príncipe, muito cautelosa para que Narizinho não visse, e cochichou-lhe disfarçadamente:

– Se o senhor príncipe me conseguir uma boa aranha costureira, eu arranjo um jeito de Dona Benta trocar a mocha por um tubarão...

Terminadas as despedidas, lá se foi o príncipe com a sua comitiva, todos de nariz vermelho de tanto chorar.

Dona Benta, tia Nastácia, Narizinho e Emília à janela acenavam saudosamente com os lenços.

– Adeus! Adeus!

Depois que desapareceram ao longe, a primeira a falar foi Narizinho.

– O que vale é que o gato Félix não tarda por aí. Se não fosse isso, não sei o que seria de nós – nesta tristeza das saudades...

Nem bem acabou de falar, e o gato Félix surgiu no terreiro, miando aflito.

– Acudam!... O príncipe está se afogando... Todos correram ao encontro do gato, sem compreenderem o que ele dizia.

– Afogando como, se o príncipe é peixe? – exclamou a menina.

– Sim, mas passou toda a tarde fora d'água e desaprendeu a arte de nadar.

– Socorro! – berrou Narizinho, disparando como louca na direção do rio para salvar o seu amado príncipe...

O GATO FÉLIX

A HISTÓRIA DO GATO

Narizinho não teve o gosto de salvar o príncipe. Quando chegou ao ribeirão do pomar, já nada viu por ali. Certa de que ele se havia salvado a si próprio, voltou correndo para casa, ansiosa por conhecer as aventuras do gato Félix. Chegou, colocou o gato no colo e disse:

– Você tem que me contar a sua vida inteirinha, sabe?

– Pois não – respondeu o gato. – Mas só sei contar histórias de noite. De dia perdem a graça.

– Neste caso, vá dar um passeio e, quando for de noite, esteja aqui.

O gato saiu, passeou pelo sítio inteiro, caçou três ratos e de noite voltou. Tia Nastácia acendeu o lampião da sala. Depois disse:

– É hora, gente!

Todos vieram sentar-se ao redor do ilustre personagem; Dona Benta sentou-se na sua cadeirinha de pernas serradas; Narizinho e Pedrinho sentaram-se na rede; Emília foi para o colo da menina. Até o Visconde de Sabugosa quis ouvir as histórias. Narizinho teve dó do coitado; espanou-lhe o bolor e botou-o num canto da sala, dentro de uma lata – para que não sujasse o chão com aquele pó verde. Logo que todos se acomodaram, Emília disse:

– Comece, seu Félix!

E o gato Félix começou.

– Houve na França um gato muitíssimo ilustre, que era escudeiro do marquês de Carabás – tão ilustre que não há no mundo inteiro criança que não o conheça.

– Até eu! – gritou Emília. – Era o tal Gato de Botas!

– Justamente, menina. Esse famoso gato era o escudeiro do marquês de Carabás. Fez coisas do arco-da-velha, como se sabe, até que se casou com uma linda gata amarela e teve muitos filhos. Esses filhos tiveram outros filhos. Estes outros filhos tiveram novos filhos, e veio vindo aquela gataria que não acabava mais até que nasci eu.

– Que bom! – exclamou Narizinho. – Então você é bisneto ou tataraneto do Gato de Botas?

– Sou *cinquentaneto* dele – disse o gato Félix – Mas não nasci na Europa. Meu avô veio para a América no navio de Cristóvão Colombo e naturalizou-se americano. Eu ainda conheci meu avô. Era um velhinho muito velho, que gostava de contar histórias da sua viagem.

Emília bateu palmas.

– Conte, conte! Conte as histórias que ele contava. Conte como foi que o tal Colombo descobriu a América. O gato Félix tossiu e contou.

– Meu avô veio justamente no navio de Cristóvão Colombo, que se chamava Santa Maria. Veio no porão e, durante toda a viagem, não viu coisa nenhuma senão ratos. Havia mais ratos no Santa Maria do que pulgas num cachorro pulguento e, enquanto lá em cima os marinheiros lutavam com as tempestades, meu avô lá embaixo lutava com a rataria. Caçou mais de mil. Chegou a entendiar-se de rato a ponto de não poder ver nem um pelinho de camundongo. Afinal, o navio parou e ele saiu do porão e foi lá para cima e viu um lindo sol e um bonito mar e, bem na frente, uma terra cheia de palmeiras.

– Então, era o Brasil! – disse Emília. – Aqui é que é a terra das palmeiras com sabiá na ponta!

– Viu a terra cheia de palmeiras e, na praia, uma porção de índios nus, armados de arcos e flechas, a olharem para o navio como se estivessem vendo coisa do outro mundo. Era a primeira vez que um navio aparecia por ali.

– Imaginem se eles vissem o trem de ferro!... – observou Emília.

– Colombo, então – continuou o gato – resolveu desembarcar e saber que terra era aquela, porque estava na dúvida se seria realmente a América ou outra. Entrou num bote e foi para a praia. Pulou do bote e chamou os índios.

Os índios não se mexeram do lugar, mas o cacique deles criou coragem e adiantou-se e chegou perto de Colombo.

– Meus cumprimentos – disse Colombo, com toda a gentileza, fazendo uma cortesia com o chapéu de plumas.

– Bem-vindo seja! – respondeu o índio, sem tirar o chapéu, porque não usava chapéu. Colombo, então, perguntou:

– Poderá o cavalheiro dizer-me se isto por aqui é a tal América que eu ando procurando?

– Perfeitamente! – respondeu o índio. Isto por aqui é a tal América que o senhor anda procurando. E o senhor já sei quem é. O senhor é o tal Cristóvão Colombo, não?

– Realmente, sou o tal. Mas como adivinhou?

– Pelo jeito! – respondeu o índio. – Assim que o senhor colocou o pé na praia, senti uma batida mais forte no coração e disse cá comigo: É o senhor Cristóvão que está chegando, até aposto!

Colombo adiantou-se para apertar a mão do índio. Em seguida, o índio virou- se para os companheiros lá longe e gritou:

– Estamos descobertos, amigos! Este é o tal Cristóvão Colombo que vem tomar conta das nossas terras. O tempo antigo lá se foi. Daqui por diante, é vida nova – e vai ser um pega para capar danado...

Nesse ponto da história, o Visconde colocou a cabeça fora da lata e disse:

– Não acreditem! A descoberta da América não foi assim, foi muito diferente. Eu li toda a história de Colombo num livro de Dona Benta. Posso afirmar que o gato Félix está inventando.

– Não está inventando nada! – berrou Emília. – Foi assim mesmo. O livro não esteve lá e não pode saber mais do que o avô de seu Félix, que esteve presente e viu tudo.

– Mas essa história é absurda! – berrou o sábio Visconde. – Isso é um absurdo!

– Absurdo é o seu nariz – berrou Emília. E voltando-se para a menina: – Narizinho, por que é que você não tampa o Visconde?

Narizinho achou boa a ideia; foi lá e tampou a lata com o Visconde dentro. Terminado o incidente, o gato Félix continuou:

– Depois disso, houve muitas coisas, e mais coisas, e outras coisas, até que meu avô se casou e nasceu meu pai, e meu pai se casou e nasci eu.

– E onde nasceu? – perguntou Pedrinho.

– Nasci nos Estados Unidos, na cidade de Nova York. As casas lá são tão altas que se chamam arranha-céus. Eu nasci no quadragésimo terceiro andar do arranha-céu mais alto de todos.

– Quadragésimo! – murmurou Emília. – Que bonito nome! Eu, se fosse Dona Benta, batizava a vaca mocha de Quadragésima...

– Não atrapalhe, Emília, deixe o gato falar – advertiu Narizinho. E, voltando-se para o gato Félix: – Mas essas casas arranham mesmo o céu ou é um modo de dizer?

– Arranham, sim – confirmou o gato – e às vezes até o furam. O céu de lá é todo furadinho.

– Quem deve ficar furioso é São Pedro – disse a boneca. – Eu, se fosse ele, suspendia o céu um pouco mais para cima.

Narizinho tampou a boca da boneca com a sua mão.

– Nasci num arranha-céu – continuou o gato – e criei-me na rua. Fui o gatinho mais travesso da América, o mais atropelador dos camundongos. Depois que cresci, atirei-me para cima das ratazanas com tamanha fúria que quase todas se mudaram da cidade. Um dia me deu na cabeça viajar. Fui ao porto, onde vi uma porção de navios, uns mais novos, outros mais velhos. Escolhi o mais velho, calculando que nele devia haver mais ratos. Entrei sem pagar passagem e fui até o porão. Assim que entrei, a rataria disparou! Só pude apanhar quatro. No dia seguinte, peguei dez. No terceiro, dia peguei vinte. No quarto....

– Pegou quarenta! – disse Emília.

– Não, trinta e nove só – corrigiu o gato. – E assim durante quinze dias. Ao fim desse tempo, gordo que nem um porquinho, deixei a rataria em paz. Foi nessa ocasião que aconteceu o desastre.

– Que desastre?

– Espere. Estava eu comendo o último rato que comi no navio, quando rompeu lá em cima um berreiro. Subi na parte mais elevada para ver o que era e encontrei o capitão dizendo que o navio tinha batido numa pedra e ia afundar.

– Credo! – exclamou tia Nastácia, que já estava cochilando e acordara nesse ponto. – Devia ser um quadro muito triste...

– Sim, ia afundar – continuou o gato. – Como houvesse arrebentado a proa, estava bebendo água que nem uma esponja. Os marinheiros corriam de um lado para outro, como doidos. Uns tomavam os botes, outros amarravam à cintura os salva-vidas, outros lançavam-se à água. Eu disse comigo: "E agora, Félix, que vai ser de você?". Pensei, pensei e por fim tive uma ideia. A única salvação seria ser engolido vivo por algum dos tubarões que rodeavam o navio com as bocas abertas e aqueles dentes que mais pareciam serrotes.

– Credo! – exclamou outra vez tia Nastácia, fazendo o sinal da cruz. – É por essas e outras que nunca hei de sair do meu cantinho...

– Tive essa ideia – continuou o gato – e tratei de colocá-la em prática. Escolhi o tubarão maior de todos e, quando ele passou perto de mim, dei um pulo e caí, como pílula, bem no fundo da garganta dele!

– E não se arranhou? – disse Emília. – Não esbarrou em algum dente?

– Nada! Caí na campainha do tubarão e nela me agarrei e fui entrando por aquele corredor vermelho afora até chegar ao estômago.

– Era grande?

– Tinha o tamanho desta sala – respondeu o gato com o maior caradurismo.

Nesse ponto o Visconde empurrou a tampa da lata, colocou a cabeça para fora e gritou:

– Não acreditem! É mentira! Nem baleia tem estômago desse tamanho. Além disso, é impossível um gato permanecer vivo num estômago de tubarão.

– Impossível por quê, seu embolorado? – disse Emília.

– Não se lembra da história que Dona Benta contou do profeta Jonas, que "permaneceu" uma porção de tempo dentro da barriga de um peixe?

– Sim – concordou o Visconde. – Mas Jonas era profeta.

– Jonas era profeta e seu Félix é quadragésimo. Dá na mesma.

Todos acharam que Emília tinha razão.

– Fiquei lá muito sossegado da minha vida – continuou o gato –, mas vi logo que não podia morar ali por muito tempo. Não havia ratos – e gato não sabe viver onde não há ratos. Tinha que sair, mas como? Sair era cair n'água e morrer afogado. De que modo resolver o problema?

– Muito simples – disse Emília. – Era só fazer uma canoinha e entrar nela e ir remando...

– Cale essa boca, não seja tão sapeca! – interveio Narizinho. – Quem está contando a história é o gato Félix, e não é você.

O gato continuou: .

– O caso era dificílimo, e eu estava pensando nele, quando vi entrar no estômago da fera, uma enorme isca com anzol dentro. Mais que depressa, fisguei o anzol na barriga do monstro.

Assim que ele sentiu a dor da fisgada, colocou-se a se contorcer como burro bravo com domador em cima. Contorceu, contorceu, contorceu até que não pôde mais e foi morrendo. Passaram-se algumas horas sem acontecer nada. O tubarão estava bem morto. Nesse momento, vi uma pontinha de luz e uma ponta de faca aparecendo. Encolhi-me bem encolhidinho para me livrar da faca e compreendi que estavam abrindo a barriga do peixe. Não esperei por mais! Dei um pulo para fora e caí no meio de um grupo de marinheiros, bem dentro de um navio! Os marinheiros ficaram assombradíssimos de ver sair um gato vivo da barriga de um peixe e só sossegaram, quando lhes contei toda a minha história. O capitão olhou para mim, alisou as barbas e disse:

– Para onde pretende ir? Meu navio está de rumo à Inglaterra, onde poderei desembarcar você?

– Muito obrigado – respondi. – O país que eu procuro não é esse.

– Será a França?

– Não!

– Será a Alemanha? Ou, então, a Suécia? Turquia? Arábia? Patagônia?

– Nada disso. A terra que eu procuro é aquela onde o demo perdeu as botas. Quero encontrar essas botas.

O capitão julgou que eu estivesse brincando com ele e me deu um pontapé que fui parar no porão.

Todos deram gostosas risadas e tia Nastácia observou:

– Isso é invenção de gente sem serviço. Esse lugar nunca existiu.

– Como nunca existiu, se foi lá que o demo perdeu as botas? – replicou Emília.

– Eu acho que seu Félix tem toda a razão e mais vale descobrir esse lugar do que descobrir a América. Continue, seu Félix.

O gato continuou:

– Fiquei no porão até que o navio entrou num porto. Desembarquei e fui andando por um caminho muito comprido. De repente, apareceu uma velhinha, muito idosa e confusa, de bengalinha na mão.

– Vai ver que era uma fada – cochichou Emília ao ouvido de Narizinho.

– Cheguei para a velhinha e perguntei: "A senhora poderá me dizer onde fica o lugar onde o demo perdeu as botas?"

A velhinha admirou-se da pergunta; arregalou os olhos e respondeu:

– Não sei, gatinho. Mas se você for andando, andando, andando sem parar, aposto que um dia chega a essa terra.

Aceitei o conselho dela e fui andando, andando, andando até que encontrei...

– Uma coruja! – interrompeu Emília.

– Não – disse o gato – encontrei um sábio muito velho, de grandes barbas brancas. Cheguei até ele e perguntei:

– Senhor, pode me dizer onde é o lugar em que o demo perdeu as botas?

– Posso, sim – respondeu o velho. – Fica pertinho dos confins do Judas.

Vi que ele estava brincando e fui embora. Andei, andei, andei...

– Pare de andar, Félix. Chegue logo, que já está enjoando – disse Emília.

O gato desapontou um pouco, mas continuou:

– Andei, andei, andei, até que encontrei...

– Uma coruja! – interrompeu de novo Emília.

– Não amole mais com essa coruja, Emília! – disse Narizinho. – Ele não encontrou coruja nenhuma. Cara de coruja tem você! Continue, gato Félix.

– Encontrei outra velhinha, mais idosa ainda e mais confusa do que a primeira.

Emília deu uma risada gostosa.

– Que terra esquisita!... Só velhinhos pra cá, velha pra lá... Com certeza foi no país de Matusalém...

O gato Félix desapontou mais um pouquinho, mas continuou:

– Encontrei uma velhinha, muito velha e perguntei: "A senhora..."

– Etc, etc. – disse Emília. – E o que é que ela respondeu?

O gato Félix, ainda mais desapontado, continuou:

– Ela respondeu: " Esse lugar não existe, gatinho. O demo nunca teve botas. Você não sabe que o que ele tem são cascos?"

– E aí? – perguntou Emília, que estava achando aquela história muito sem jeito.

– Aí eu... eu... parei de procurar a tal terra e fui cuidar de outra coisa.

Dessa vez, o desapontamento foi geral. Dona Benta olhou para Narizinho, tia Nastácia olhou para Dona Benta, Pedrinho olhou para o teto. Só Emília teve coragem de olhar para o gato. Arrebitou o nariz de linha, fez uma cara de pouco caso e disse:

– Não valeu a pena vir de tão longe para contar uma história tão sem pé nem cabeça. Eu, que nunca saí daqui, sou capaz de contar coisa muito mais bonita.

– Pois, então, vamos dormir – disse Dona Benta levantando-se – e quem conta a história de amanhã será a Emília!

A HISTÓRIA DA EMÍLIA

Na manhã seguinte, tia Nastácia apareceu dizendo que do galinheiro havia sumido um pinto. Eram doze e só encontrara onze.

– Que será? – murmurou Dona Benta.

– Deve ser alguma raposa que anda rondando por aqui ou algum gato vagabundo. E que pena, sinhá! Sumiu justamente o mais bonito, um carijozinho...

Logo que os meninos souberam do caso, Pedrinho disse:

– Vamos armar uma ratoeira, mas o melhor é consultarmos o Visconde. Depois que foi embrulhado naquele folheto das *Aventuras de Sherloque Holmes*, ficou tão esperto que é capaz de descobrir o ladrão.

Foram falar com o Visconde, ao qual contaram tudo! O Visconde deu uma risadinha de detetive e disse:

– Deixem o negócio por minha conta. Irei examinar o local do crime para tomar as minhas providências.

E foi. Foi ao galinheiro onde passou o dia examinando a poeira do chão, catando os pelinhos que havia nele, conversando com os pais da vítima – um lindo galo carijó e uma galinha sura. Enquanto isso, Emília pensou, pensou e inventou a historinha que ia contar à noite.

Quando chegou a noite e tia Nastácia acendeu o lampião e disse "É hora!", a boneca entrou na sala, muito esticadinha para trás, toda cheia de si.

– Era uma vez... – foi dizendo.

– Espere, Emília! – advertiu Narizinho. – Não vê que o Visconde e o gato Félix ainda não vieram?

Nesse momento, chegou o gato e sentou-se no colo de Dona Benta. Depois apareceu o Visconde, que entrou para dentro da lata.

Emília começou de novo:

– Era uma vez um rei...

– Eu já sabia que vinha história de rei – interrompeu Narizinho. – Emília vive com a cabeça entupida de reis, príncipes e fadas...

A boneca não fez caso e continuou:

– Era uma vez um "rei", um "príncipe" e uma "fada", que moravam juntos num lindo palácio de cristal, na beira do lago mais azul de todos. Uma beleza esse palácio, todo cheio de fios de ouro, que, quando batia o vento, iam para lá e vinham para cá. E quando batia o sol, os cristais e os ouros brilhavam tanto que quem olhava sentia logo uma tontura e precisava se agarrar a qualquer coisa para não cair. E o príncipe foi e disse:

– Meu pai, quero me casar, mas as moças daqui não são bonitas, nem boas de coração. Vou procurar uma pastora bem pobrezinha, mas que tenha um coração de ouro.

– Vai, meu filho – disse o rei –, mas leva contigo a fada do palácio. Sozinho, não te deixarei ir.

O príncipe chamou a fada, transformou a fada em uma bengalinha e transformou-se a si mesmo em uma formiguinha.

– Eu já sabia que vinha história de transformação! – disse a menina. – Sem reis e sem "transformações" Emília não seria ela...

– Transformou em uma formiguinha – prosseguiu Emília – e saiu andando por uma estrada muito comprida, com aquela bengalinha na mão. Andou, andou, andou até que encontrou uma velhinha.

– Você caçou de tantos velhos que havia na história do gato Félix, e agora vai pelo mesmo caminho? – indagou tia Nastácia.

– Não me atrapalhe! A minha história só tem esta velhinha. Encontrou uma velhinha e disse:

– Querida velhinha, diga-me, se for capaz, se há por aqui uma pastora assim, assim, e de bom coração.

– Há muitas pastoras por aqui. – respondeu a velhinha – Mas se têm bom coração, já não sei. Só experimentando...

– E como se experimenta o coração de uma pastora?

– Transformando-a num pobre, bem pobre, e indo lhe pedir esmola.

A formiguinha transformou-se logo num pobre, bem pobre, e foi pedir esmola às pastoras. Chegou até à primeira, que estava reduzindo fibra a fio, enquanto o seu rebanho pastava, e disse:

– Gentil pastora, uma esmolinha pelo amor de Deus! Há três anos que não como e nem durmo. E se não me der um pão, morro de fome já neste instante.

A pastora deu-lhe uma pedra, dizendo:

– Aqui tens um pão muito gostoso.

O pobre pegou a pedra, olhou, olhou, olhou e disse:

– Que todos os pães que comer sejam gostosos como este! – e foi andando o seu caminho.

Dali a pouco, a pastora sentiu fome; foi comer o pão que trazia no bolso e viu que tinha se transformado em uma pedra, e quebrou todos os dentes e morreu... Mais adiante o pobre encontrou outra pastora e pediu outra esmolinha. A pastora deu-lhe um osso, dizendo:

– Leva este pão, que é muito gostoso.

– Obrigado – respondeu o pobre – e que todos os pães que comer sejam gostosos como este!

E foi andando. A pastora logo depois sentiu fome e foi comer o pão que estava na cesta e viu que tinha virado osso. Essa pastora não morreu de fome, como a primeira, mas teve de passar a vida roendo ossos feito cachorro. O pobre foi andando, andando, andando, até que encontrou uma terceira pastora. A coitadinha parecia ainda mais pobre do que ele e estava chorando.

– Por que choras, ó gentil pastora? – perguntou o pobre.

– Choro porque minha madrasta, que é muito má, me bate todos os dias. Coloca-me neste lugar, guardando estes porcos imundos, e não me dá comida, a não ser este pão bolorento e tão azedo que até preciso tapar o nariz quando o como.

– Pois se eu ganhasse esse pão – disse o pobre – dava um pulo de alegria, porque estou morrendo de fome e só encontrei pedras e ossos neste país de pastoras.

A triste pastorinha olhou bem para ele e disse:

– Pois não morrerás de fome. Repartirei contigo o meu pão bolorento.

E partiu o pão bolorento em dois pedaços e deu o maior ao pobre. O pobre agradeceu e foi andando, e a pastorinha começou a comer o seu pedaço de pão bolorento. Tapou o nariz e deu a primeira dentada. Mas viu logo que o pão tinha se transformado no doce mais gostoso do mundo! Comeu, comeu quanto quis; e quanto mais comia, mais sobrava. E voltou para casa, pulando de contentamento e palitando os dentes. Sua madrasta percebeu a felicidade da pastorinha e disse:

– Ahn! Estou vendo que você comeu alguma coisa muito gostosa!

– Não comi nada! – respondeu a coitadinha tremendo de medo. – Só comi o pão que a senhora me deu.

A madrasta agarrou-a, lhe cheirou a boca e ficou furiosa e disse:

– Sua boca está cheirando ao doce mais gostoso do mundo e, como me enganou, vou matá-la!

E foi buscar a faca da cozinha, que era deste tamanho! A pastorinha, sabendo que ia morrer, colocou-se a rezar lá no fundo do coração:

– Pobre encantado, que transformaste o pão bolorento em doce, me socorre!

Nem bem acabou de o dizer, a porta abriu-se e o pobre entrou.

– Esconde-te – disse a pastorinha – que ela vem vindo com uma faca deste tamanho.

O pobre escondeu-se atrás de um armário e, logo depois, a madrasta entrou com o facão. Entrou e disse à menina:

– Reze depressa, que vai morrer!

– Não me mate! – gemeu a pastorinha, tremendo como geleia. – Não me mate, porque sou inocente!

Porém a má madrasta não quis saber de nada e avançou para a coitadinha com a faca no ar. E a faca foi descendo sobre o peito da vítima e a ponta já ia encostando nas suas carnes, quando o pobre veio por trás da madrasta e agarrou-a pelo pulso.

– Miserável! – exclamou. – Quem merecia morrer eras tu, mas vou lhe transformar em um terrível sapo de cidade.

Nesse ponto, Narizinho interrompeu-a.

– Por que sapo de cidade, Emília? Que diferença há entre sapo do mato e sapo da cidade?

A boneca explicou:

– É que nas cidades há muitos moleques que gostam de judiar dos sapos, sendo assim o sapo de cidade sofre mais!

Narizinho voltou-se para Dona Benta:

– Já reparou, vovó, como Emília está ficando inteligente? Não é mais aquela burrinha de antes, não...

Emília continuou:

– E imediatamente a madrasta virou no sapo mais feio do mundo e saiu pulando, pulando, pulando e foi para uma cidade onde havia mais de cem moleques nas ruas. Então, o pobre disse à gentil pastorinha:

– Adeus, gentil pastora! Estou indo embora para longes terras.

– Que pena! – exclamou ela. – Por que não ficas morando aqui comigo? Como é pobre, trabalharei para ti e poderei lhe comprar uma roupa nova e uma cartola!

– Interesseira é que ela era! – observou tia Nastácia. – Sabia que o pobre era dos tais que transformam pão bolorento no doce mais gostoso do mundo. Eu se fosse o pobre, desconfiava...

– Pois o pobre não desconfiou – disse Emília. – Ele não tinha maldade nenhuma no coração; em vez de desconfiar, beijou a mão da pastorinha e disse:

– Pois aceito – mas com uma condição!

– Diz qual é – ordenou a pastora.

– É se casar comigo!

– A pastorinha não vacilou um só instante e aceitou a proposta. E no outro dia, veio o padre para fazer o casamento.

– Agora – disse o pobre –, vamos sair os dois pelo mundo para acabar com as esmolas.

– E saíram. E foram andando, andando, andando, até que chegaram ao palácio do rei. Bateram na porta e entraram e foram falar com Sua Majestade. O rei estava de coroa na cabeça, sentado no seu trono de ouro e marfim, muito triste, porque não tinha notícias do amado filho.

– O que deseja, senhor pobre? – perguntou o rei. – Quero dar a Vossa Majestade uma boa notícia.

– O rei arregalou os olhos, cheio de esperança, e disse:

– Pois fala! E se a notícia for mesmo boa, lhe darei os mais ricos presentes. Então, o pobre contou que havia encontrado o príncipe e que ele já tinha se casado com a moça de melhor coração do mundo inteiro.

– Bravo! – exclamou o rei. – E quando esse amado filho, vai aparecer aqui?

– Aqui! – exclamou o pobre, transformando-se outra vez em príncipe. – E eis minha amada esposa. – disse batendo com a bengalinha no ombro da pastora e transformando-a na mais linda princesa de todas que existiram, existem e existirão.

– O rei ficou alegríssimo e beijou a princesa na testa e disse para o príncipe:

– Muito bem! Só resta agora que vires rei. Venha, meu filho, e sente-se neste trono ao lado de sua tão formosa princesa.

– Deste momento em diante, o rei és tu, e ela a rainha. Já estou cansado e até enjoado de ser rei. Amém.

Assim terminou Emília a sua historinha, inventada por ela mesma, sem ajuda de ninguém, nem tirada de nenhum livro. Todos bateram palmas e Dona Benta cochichou para a tia Nastácia:

– Boa razão tem você de dizer que o mundo está perdido! Pois não é que essa boneca aprendeu a contar história que nem uma gente grande?

– Mas eu não gostei! – disse o gato Félix, que andava implicando sempre com a boneca. – Histórias de transformação são muito fáceis. Assim que aparece uma dificuldade, isto se transforma naquilo e pronto!

– Não acredite, Emília! – gritou Narizinho. – A história que você contou está muito boa e merece nota dez! Para uma boneca de pano, e feita aqui na roça, não podia ser melhor.

Emília, toda contente com o elogio, mostrou a língua para o gato Félix. Nesse momento, o relógio da sala bateu dez horas.

– Vamos dormir, criançada – disse Dona Benta – e amanhã quem contará uma história é o Visconde.

No dia seguinte, tia Nastácia veio dizer que havia desaparecido outro pintinho. Dona Benta ficou muito aborrecida.

– E Pedrinho? – perguntou. – O que é que Pedrinho fala sobre isso?

– Ele e o Visconde andam observando o galinheiro, mas até agora não descobriram nada.

Pedrinho estava naquele momento em conversa com o Visconde no quintal.

– Na minha opinião – dizia ele – isto é alguma raposa que vem visitar o galinheiro de noite.

– Pois eu acho que não é raposa nenhuma – afirmou o novo Sherlock Holmes. – Examinei tudo muito bem examinado, e encontrei um pelo de animal que não é raposa, nem gambá e nem ratazana.

– O que é então?

– Ainda não sei. Tenho que examinar esse pelo no microscópio e preciso que você me faça um microscopinho.

– Vovó tem um binóculo. Quem sabe não serve?!

– Há de servir. Vá buscá-lo. Pedrinho foi e trouxe o binóculo de Dona Benta. O Sherlock colocou o pelinho em frente do binóculo e examinou-o atentamente. Depois disse:

– Acho que estou na pista do ladrão...

– Quem é?

– Não posso dizer ainda, mas é um bicho de quatro pernas da família dos felinos. Vá brincar e deixe-me só por aqui. Preciso "deduzir" e pode ser que de noite já esteja com o problema resolvido.

Pedrinho foi brincar, deixando o Visconde mergulhado em profunda meditação. Estava um dia muito lindo, de sol quente. Dona Benta sentou-se na sua cadeira de pernas serradas, a fim de acabar um vestido de Narizinho e a menina ficou ao seu lado para enfiar a agulha e virar a máquina. Já Emília, na varanda, balançava-se numa pequena rede especialmente armada para ela num canto. A boneca estava pensando na vida e com ideia de virar escritora de histórias. Nesse momento, o gato Félix, que ia passando, resolveu parar. Sentou-se sobre as patas traseiras e cravou os olhos na boneca, enquanto sua cauda ia desenhando um preguiçoso "S" no ar.

– Que tanto olha para mim? – disse de repente Emília. – Nunca me viu? – O gato fez um riso de ironia e miou:

– Tão importante assim, nunca! Parece que está mesmo convencida de que é uma grande contadora de histórias.

Emília deu um balanço na rede e murmurou:

– A inveja matou Caim!...

O gato mordeu os lábios e replicou com ar de desprezo:

– Era só o que faltava, o célebre gato Félix ter inveja de uma boneca de pano feita em casa...

– A inveja matou Caim! – repetiu a boneca. – Você está aborrecido com o grande sucesso da minha historinha!

– História mais feia e sem graça nunca vi...

– Mas todos gostaram, até Narizinho, que sabe todas as histórias dos livros. –

Gostaram por pena de você. Se não gostassem, você punha-se a chorar que não acabava mais.

– Mentiroso! Eu nunca chorei nem hei de chorar, e muito menos por causa de uma simples brincadeira. Você é um grandessíssimo mentiroso, sabe?

– Por quê?

– Porque é! Você não é americano, nem nasceu em nenhum arranha-céu, nem é parente do Gato de Botas, nem foi engolido por tubarão nenhum. Tudo isso não passa de bobagem. Eu sei conhecer muito bem, quando uma pessoa está mentindo ou falando a verdade...

O gato ficou furioso e quis arranhar Emília. A boneca deu um berro e chamou Narizinho.

– O que é, Emília? – indagou a menina aparecendo. – O que aconteceu que está tão danadinha?

Emília ergueu-se da rede furiosa e apontou para o gato.

– É esse cara de coruja que está querendo me arranhar! Já viu que desaforo?

– E por quê? Por que é que vocês brigaram?

Emília ficou ainda mais nervosa.

– Ele está morrendo de inveja da minha história e veio aqui me procurar. E como eu disse que ele não é americano, nem parente do Gato de Botas, nem foi engolido por tubarão nenhum, o burrão quis me arranhar!

O gato virou-se para Narizinho:

– Veja bem quem é que está insultando. Se eu sou burrão, o que é ela? Uma macaca!

Aquilo era demais. Emília perdeu a cabeça, avançou no gato Félix, agarrou-lhe a barba e deu tal puxão que arrancou um fio. A menina acalmou os briguentos; colocou o gato para fora e deixou Emília sozinha na varanda. Emília ficou falando consigo mesma, pensando num meio de vingar-se do gato Félix. Nesse momento, apareceu o Visconde.

– Senhor Visconde, venha ouvir a história da minha briga com o gato Félix.

O Visconde sentou-se na rede junto dela e ouviu a história inteira. Quando chegou no ponto do fio da barba que Emília havia arrancado do focinho do gato, perguntou:

– E onde está o fio? Como ando fazendo um estudo sobre pelos de animais, teria muito gosto em examinar esse.

Emília abriu uma caixinha, tirou de dentro o fio de barba e deu-o ao Visconde, dizendo:

– Leve, mas depois traga-o outra vez. Quero guardar esse fio como prova da minha brava atitude diante daquele cara de coruja...

O Visconde tomou o fio e foi examiná-lo com o binóculo de Dona Benta.

A HISTÓRIA DO VISCONDE

Logo que a noite caiu, tia Nastácia acendeu o lampião da sala e disse: "É hora, gente!" Todos foram aparecendo e cada qual se sentou no lugar do costume. O último a chegar foi o Visconde. Antes de entrar para a lata, aproximou-se de tia Nastácia e disse-lhe ao ouvido:

– Pegue a vassoura e coloque-a ao alcance de sua mão.

Tia Nastácia achou esquisitíssima aquela ideia e pediu explicações.

– Não posso explicar coisa nenhuma – respondeu o Visconde. – Mas faça o que estou pedindo. Coloque a vassoura bem ao alcance de sua mão, porque, no fim da minha história, é bem possível que seja preciso "varrer" qualquer coisa...

Tia Nastácia trouxe a vassoura e fez como o Visconde mandou, embora não pudesse nem por sombra adivinhar quais eram as suas intenções. Liquidado o caso da vassoura, Emília disse:

– Tem a palavra o senhor Visconde de Sabugosa!

O Visconde ergueu-se dentro da lata, tossiu um pigarrinho e começou:

– Meus senhores e minhas senhoras!

O gato Félix espremeu uma risada irônica.

– Isso nunca foi história, senhor Visconde! Isso chama-se discurso e muito bom discurso. Pelo que vejo, ninguém nesta casa sabe contar histórias... Aquilo era indireta para Emília, que se remexeu toda, já danadinha e pronta para responder. No entanto, Narizinho interveio e acalmou-a. O Visconde não se atrapalhou com o comentário. Limitou-se a lançar sobre o gato um olhar terrível, dizendo:

– Não é discurso, não, senhor gato! É outra coisa, e quem vai explicar o que é não sou eu e sim aquela senhora vassoura, ali ao lado de tia Nastácia...

Todos olharam muito espantados para o Visconde, sem compreender o que ele queria significar com aquilo. Em seguida, o Visconde recomeçou:

– Meus senhores e senhoras! A história que vou contar não foi lida em livro nenhum, mas é o resultado dos meus estudos científicos e criminológicos. É o resultado de longas e cuidadosas deduções matemáticas. Passei duas noites em claro compondo a minha história e espero que todos lhe dêem o devido valor.

– Muito bem! – exclamou Narizinho. – Mas desembuche de uma vez.

– Era uma vez um gato – começou o Visconde. – Mas um gato à toa de roça, um gato que não valia coisa nenhuma, além de ter nascido com muito maus instintos. Se fosse um gato sério e decente, eu teria muito gosto em o declarar aqui, mas não era. Era o que se chama – um gato ladrão! E porque era um gato ladrão, ninguém queria saber dele. Na casa onde nasceu, logo descobriram a sua má índole e o tocaram para a rua com uma boa sova. O gato saiu correndo e foi morar numa casa bem longe da primeira, dizendo que o seu dono tinha morrido e que ele era o melhor caçador de ratos do mundo. Todos acreditaram nas palavras do mentiroso e o deixaram ficar. Contudo, era tão ordinário esse gato que, em vez de corrigir-se e viver uma vida nova, continuou com malandragens. Na primeira noite que dormiu nessa casa, foi à cozinha e roubou um pedaço de carne que a cozinheira havia guardado para o dia seguinte. Roubou e ficou quietinho, deixando que a cozinheira pusesse a culpa em uma pobre menina e a castigasse com vara de marmelo.

– Ah, eu lá! – exclamou Pedrinho. – Dava-lhe uma estilingada, que ele havia de ver estrelas...

– Por fim – continuou o Visconde –, também nessa casa lhe descobriram as patifarias e o puseram no olho da rua. Ele fugiu e resolveu se mudar para um sítio onde houvesse muitos pintinhos. Achou o sítio que precisava e ficou morando lá. Porém o dono observou que os pintos estavam diminuindo, um, dois e até três por dia, e falou à mulher que arranjaria um cachorro policial para tomar conta do galinheiro durante a noite. O gato ladrão percebeu a conversa e fugiu. Andou, andou, andou até que encontrou outro sítio onde moravam duas velhinhas e dois meninos, um do sexo masculino e outro do sexo feminino.

– Que coincidência! – exclamou Narizinho. – Parece o sítio da vovó...

– Escolheu esse sítio – continuou o Visconde – e foi entrando por ele a dentro com a maior naturalidade deste mundo, com partes de que era um grande gato de família nobre e que tinha nascido num país estrangeiro.

Emília olhou para o gato Félix.

– Deve de ser algum parente seu. Os traços estão muito parecidos...

– Não tenho parentes dessa laia – respondeu o gato com orgulho. – Esse gato ladrão deve ser parente, mas é de alguma senhora boneca...

– Continue, senhor Visconde – disse Narizinho.

O Visconde tossiu outro pigarrinho e continuou:

– O tal gato ladrão ficou morando nesse sítio. Todos o tratavam com a maior gentileza, mas, em vez de se mostrar grato por tantas atenções, ele tratou de continuar a sua triste vida de gatuno. E foi e comeu um pintinho carijó...

Neste ponto o Visconde parou e olhou firme para o gato Félix. O gato sustentou o olhar do Visconde e deu o desprezo.

O Visconde continuou:

– Comeu esse pobre pinto, que era tão lindo, e, no dia seguinte, comeu outro pinto ainda mais bonito. O gato Félix levantou-se indignado.

– O senhor Visconde está me insultando! – gritou. – Esses olhares para meu lado parecem querer dizer que sou eu o gato ladrão!

O Visconde pulou fora da latinha e berrou:

– E é mesmo! O tal gato ladrão é você, seu patife! Você nunca foi gato Félix nenhum! Você não passa de um miserável comedor de pintos!

Foi uma confusão! Todos se ergueram, sem saber o que fazer. O gato Félix, furioso da vida, berrou ainda mais alto que o Visconde:

– Prove, se for capaz! Prove que comi os tais pintos!

– Provo e já! – gritou Visconde. – Tenho as provas aqui no bolso. – disse, puxando do bolso dois pelinhos de gato.

– Eis as provas! Este pelo eu o encontrei no galinheiro, bem no local do crime e ainda manchado com o sangue da vítima. E este outro a senhora Emília arrancou dessas fuças, seu miserável! Estão aqui as provas. Quem quiser pode vir examiná-las com o binóculo de Dona Benta. São perfeitamente iguais, até no cheiro. Ambas têm cheiro de gato ladrão!

A prova era esmagadora. Tia Nastácia, passando a mão na vassoura, avançou feito uma onça para cima do falso gato Félix. O gatuno deu um pulo e sumiu-se pela janela na escuridão da noite.

– Bravo, Visconde! – exclamaram todos. – Viva o nosso Sherlock Holmes!

E fizeram-lhe uma grande festa, dando-lhe muitos abraços e beijos. Até Emília, que era muito envergonhada, encheu-se de coragem e beijou-o na testa.

Dona Benta tomou a palavra e disse:

– Vejam que injustiça íamos cometendo com o nosso pobre Visconde! Só porque havia embolorado e estava muito feio! Os acontecimentos desta noite acabam de provar que ele é um verdadeiro sábio. Deste momento em diante, quem vai tomar conta dele sou eu. Vou curá-lo do bolor e botá-lo como administrador do sítio.

O relógio bateu as dez horas e, enquanto os meninos se recolhiam, a velhinha pegou o Visconde e guardou-o bem guardadinho na sua estante, entalado entre uma Aritmética e uma Álgebra – fato que iria ter notáveis consequências futuras.

CARA DE CORUJA

PREPARATIVOS

Dona Benta estava ensinando Pedrinho a cortar as unhas da mão direita, quando Emília apareceu na porta e piscou para ele com os seus novos olhos de seda azul, feitos na véspera. Pedrinho respondeu a essa piscadela com outra, que, na linguagem da "piscada" (como dizia a boneca), significava: "O que há de novo?"

– Narizinho está chamando! – respondeu Emília, tão baixinho que Dona Benta nada percebeu.

– Para quê? – perguntou o menino ainda na língua do "piscada".

– Para ajudá-la a arrumar a sala e salvar o Visconde. Desta vez, Dona Benta destacou a palavra "arrumar" e, erguendo os óculos para testa, perguntou:

– Que arrumação é essa, Pedrinho?

– Não é nada, vovó. Uma simples festinha que vamos dar aos nossos amigos do País das Maravilhas.

– Quer dizer que vamos ter novamente aqui o príncipe e aqueles bichinhos todos do mar?

Pedrinho riu.

– A senhora não entende disso... Eu disse amigos do País das Maravilhas, e não do Reino das Águas Claras. Há muita diferença!

– Pois vá receber seus amigos – disse Dona Benta depois que acabou de lhe aparar as unhas –, mas primeiro lave essa cara. Você comeu manga e está com dois bigodes amarelos.

– Foi de propósito, vovó – inventou o menino. – Quero que eles pensem que sou o conde dos Bigodes de Manga!

Narizinho estava muito atrapalhada para salvar o Visconde que, há uma semana, caíra atrás da estante. Logo que Pedrinho apareceu, gritou:

– Venha acudir o Visconde. Estou vendo um pedaço dele lá no fundo; com certeza, o resto foi devorado pelas aranhas de pernas compridas! Temos que salvá-lo depressa – e vesti-lo, porque os convidados não tardam.

– Mandou os convites?

– Pois de certo. Mandei-os por um beija-flor que todos os dias vem beijar as rosas do pé de rosa da Emília. Cheguei até ele e disse: "Sabe ler?"

– Sei, sim! – respondeu a belezura.

– Então, pegue estas cartinhas no bico e vá entregá-las aos donos. – E ele pegou as cartinhas e partiu!... lá se foi...

– Para quem mandou convites?

– Para todos – para Cinderela, Branca de Neve, Pequeno Polegar, Chapeuzinho Vermelho, Ali Babá, Gato de Botas... – todos!

– Não esqueceu Peter Pan?

– Claro que não. Nem Aladim, nem o Gato Félix verdadeiro! Até o Barba Azul foi convidado. Pedrinho não gostou da ideia.

– Acho que não devíamos convidar esse monstro. Vovó vai morrer de medo.

– Não faz mal – conciliou a menina. – Mandei um convite bem seco, mas, se mesmo assim ele vier, nós fecharemos a porta bem no nariz dele!

Convidei-o de tanta vontade que tenho de ver se a tal barba é mesmo azul como dizem. Mas tratemos de salvar o Visconde.

Pedrinho ajudou-a a desencostar a estante de modo que pudessem pescar o pedaço do Visconde com o cabo da vassoura. Não era pedaço, não; estava inteirinho; apenas mais embolorado do que nunca – todo sujo de poeira e teias de aranha...

– Agora é que vai ficar um sábio completo! Tia Nastácia não acredita em sábio que toma banho, faz a barba e perfuma-se. Diz que sábio de verdade é assim – bem sujinho.

Depois de limpo, o Visconde recebeu ordem de pendurar-se no alto da janela com o binóculo de Dona Benta para espiar a estrada.

– Assim que aparecer uma poeirinha lá longe, avise. Agora, vou buscar Rabicó.

Rabicó veio de má vontade como sempre, porque fora obrigado a interromper uma comilança de mandioca. Pedrinho amarrou-lhe na cauda a célebre fitinha vermelha e pendurou-lhe nas orelhas dois brincos de amendoim.

– Você vai ficar na porta para ir recebendo os convidados.

Assim que chegar um e bater, abra, pergunte quem é e anuncie: "O senhor ou senhora Fulano de Tal!". No entanto, comporte-se e não vá comer os brincos como da outra vez.

A boneca estava num grande assanhamento varrendo, com o pincel de goma-arábica que lhe servia de vassoura, um lugar do chão que o Visconde sujara de verde com o seu bolor. Narizinho implicou.

– Chega, Emília! Assim você fura o assoalho de vovó. Antes vá tomar banho e vestir aquele vestido cor do pomar com todas as suas laranjas. Coloque blush, não esqueça! Está um tanto pálida hoje.

A boneca – *tec, tec, tec* – foi então se arrumar.

Assim que ela saiu, o Visconde, já no alto da janela, de binóculo apontado, anunciou, numa voz rouca de sábio embolorado:

– Estou vendo uma poeirinha lá longe!

– Ainda não, Visconde! É muito cedo. Temos de ir tomar café primeiro. Só na volta é que o senhor começa a ver poeirinhas.

O café, que já estava na mesa, foi tomado a galope. Vendo aquela pressa, Dona Benta perguntou:

– Que reinação vamos ter hoje, Narizinho?

– Nem é bom falar, vovó! Vai ser uma festa linda até não poder mais. Só reis e príncipes e princesas e fadas...

– Muito bem – disse Dona Benta –, mas tenho que escrever uma carta à minha filha Antonica, por isso não façam muito barulho. Deixem-me em paz no meu canto.

– Sim, vovó, mas a senhora tem de espiar um pedacinho da festa – um pedacinho só, sim? Pelo buraco da fechadura. Isso quando ouvir uma grande salva de palmas e um hino de índios.

A pobre velhinha fez uma cara de quem não estava entendendo muito bem tamanha trapalhada. Narizinho teve de explicar tudo. As palmas e o hino dos índios guerreiros, escrito especialmente pela Emília, eram para saudar a chegada de Peter Pan, famoso menino que não quis crescer e, pela primeira vez, visitaria o sítio. Dona Benta prometeu que espiaria. Voltando à sala da festa, Narizinho gritou para o Visconde:

– É hora! Pode começar.

O pobre sábio, que estava cochilando em cima do binóculo, acordou, espiou a estrada e disse:

– Estou vendo uma poeirinha lá longe!...

– Poerinha pequenininha ou grandinha? – perguntou Emília.

– Se é grandinha, aposto que é Pé-de-Vento que vem vindo.

Narizinho franziu a testa.

– Não convidei Pé-de-Vento nenhum, Emília, nem conheço tal personagem.

– Pois eu conheço – retrucou a boneca. – Estou escrevendo uma historinha onde há o grande príncipe Pé-de-Vento, que é o maior levantador de poeira que existe. Uma vez, quando ele tinha justamente três anos, três meses, três dias e três horas de idade...

– Feche a matraca, Emília! História, só de noite! Não vê que o primeiro convidado já vem vindo?

CINDERELA

Uma carruagem parou no terreiro. O marquês de Rabicó adiantou-se para perguntar de quem era. Em seguida, abriu a porta e anunciou:

– Senhorita Cinderela, a princesa dos sapatinhos de vidro!

– Como é estúpido! – exclamou Narizinho. – Cinderela é casada e não usa "sapatinhos de vidro". Uma boa bota de vidro de garrafa precisa você no focinho...

Depois foi receber a famosa princesa, à qual fez uma grande graça, dizendo: "*Assalam alêikan!*". Cinderela admirou aquele modo oriental de saudação, que Narizinho tinha aprendido num volume das *Mil e Uma Noites*, e como também entendesse muito de coisas orientais, porque ia a muitas festas do príncipe Codadad e outros, respondeu na mesma língua: "*Alêikan assalam!*".

– Faça o favor de sentar-se, princesa! – disse a menina indicando uma cadeira de espaldar marcado com as iniciais G. B. (Gata Borralheira) em grandes letras de ouro – letras recortadas em casca de laranja por Pedrinho. Depois fez as apresentações:

– Permita-me, senhora princesa, que apresente o meu primo Pedrinho, o conde dos

Bigodes de Manga, e a minha amiga Emília, marquesa de Rabicó.

Pedrinho saudou Cinderela com uma curvatura de cabeça. Já Emília esqueceu todas as recomendações e enfiou-se debaixo da cadeira de Cinderela para ver bem de perto os seus famosos pés calçados no menor sapatinho do mundo. A menina horrorizou-se com aquela inconveniência; Cinderela, porém, achou muita graça. Colocou Emília no colo, dizendo:

– Já a conheço de fama!

A boneca tomou conta dela imediatamente.

– Também eu conheço toda a sua história. Mas há um ponto que não entendo bem. É a respeito dos tais sapatinhos. Um livro diz que eram de cristal; outro diz que eram de cetim. Afinal de contas, estou vendo você com sapatinhos de couro...

Cinderela riu muito da questão e respondeu que, na verdade, fora com sapatinhos de cristal ao famoso baile onde se encontrou com o príncipe pela a primeira vez. Mas que esses sapatinhos não eram nada cômodos, faziam calos; por isso só usava sapatinhos de camurça agora.

– E de qual número?

– Trinta.

– Trinta? – exclamou a boneca admirada. – Então, o meu pé é muito menor, porque o meu número é 3 – e, no entanto, nunca me apareceu nenhum príncipe encantado!...

– Sim – disse a princesa –, mas ainda pode aparecer. Não perca a esperança, Emília!...

– Há outro ponto que me causa dúvidas – continuou a boneca. – O que é que aconteceu para sua madrasta e suas irmãs, afinal de contas? Um livro diz que foram condenadas à morte pelo príncipe; outro diz que um pombinho furou os olhos das duas...

– Nada disso aconteceu – disse Cinderela. – Perdoei-lhes o mal que me fizeram – e hoje já estão curadas da maldade e vivem contentes numa casinha que lhes dei, bem atrás do meu castelo.

– Como a senhora é boa! Se fosse comigo, eu não perdoava! Sou mazinha. Tia Nastácia se esqueceu de colocar um coração dentro de mim, quando me fez...

Narizinho achou que a prosa de Emília estava se prolongando muito.

– Basta, Emília – advertiu. – Conversar demais com uma princesa é contra as regras da etiqueta.

BRANCA DE NEVE

Nesse momento o Visconde gritou do alto da sua janela: – Estou vendo outra poeirinha lá longe!...

– Deve ser a minha amiga Branca de Neve – disse a princesa Cinderela. – Branca mora perto de mim e, quando passei por lá, vi que sua carruagem já estava na porta do castelo.

E foi isso mesmo. Minutos depois ouviu-se um *toc, toc, toc*. O marquês abriu a porta e anunciou:

– A princesa Branca das Neves. Narizinho irritou-se outra vez.

– Branca de Neve, bobo! – corrigiu de passagem, indo receber a recém-chegada.

Introduziu-a, fez as apresentações e levou-a para se sentar junto de sua amiga Cinderela. Branca reconheceu imediatamente a famosa boneca, apesar de ser a primeira vez que a via de perto.

– Eu trouxe um presentinho para você – disse, tirando da bolsa um pacote. – É um espelho mágico que responde a todas as perguntas feitas. Tome.

Abriu o pacote amarrado com fita de ouro e presenteou Emília. Que alegria! A boneca abraçou o espelho, beijou-o, bafejou nele e depois o limpou bem limpo com o seu lencinho de cambraia. Por fim, não resistiu à tentação de fazer ali mesmo uma experiência.

– Diga-me, senhor espelho, qual a boneca que conta histórias mais bonitas?

– É a ilustre marquesa de Rabicó! – respondeu o espelho na sua voz mágica.

Emília suspirou. Embora nada dissesse, Narizinho percebeu que aquele suspiro era de tristeza de já ser casada e não poder, portanto, casar-se com o espelho.

Branca de Neve contou toda a história da sua vida, prometendo vir mais vezes ao sítio brincar com a menina e a boneca. Prometeu também trazer os anõezinhos que a haviam salvado das unhas da má madrasta.

– Onde vivem hoje aqueles sete anõezinhos ? – perguntou Emília.

– Vivem comigo no castelo. Tudo lá brilha que nem ouro, porque não pode haver no mundo criaturas mais trabalhadoras.

– Oh! – exclamou a boneca – por que não dá um deles para a tia Nastácia? A coitada vive se queixando de que está velhinha e precisada de quem a ajude na cozinha.

– Impossível! – respondeu Branca. – Eles são sete e, se sair um, quebra a conta. A gente não deve mexer com o número sete, que é mágico!

Nesse ponto da conversa, o Visconde gritou de novo do alto da sua janela:

– Estou vendo duas poeirinhas lá longe!...

– Duas? – repetiu Branca de Neve. – Com certeza, é Rosa Vermelha e sua irmã Rosa Branca. Nunca andam sem ser juntas. Eram elas, sim.

Logo que a carruagem parou no terreiro, Rabicó, com toda a sua burrice, anunciou:

– As senhoras Pé de Rosa Branca e Pé de Rosa Vermelha!

Desta vez, Narizinho lhe deu um beliscão disfarçado, enquanto recebia as duas princesas. Rosa Branca disse logo ao entrar:

– A Bela Adormecida manda comunicar que não pode vir.

– Que pena! – exclamou Narizinho.

– E por quê?

– Não sei. Suponho que está se preparando para espetar o dedo noutro espinho e dormir mais cem anos.

Emília imediatamente veio perguntar pelo urso que tinha virado príncipe e casado com Rosa Branca. A princesa deu uma risada gostosa.

– Pois se o urso virou príncipe, como há de existir ainda?

– Sei disso – replicou Emília toda espevitada. – Mas, pelo menos, a pele há de existir. Eu queria tanto ver uma pele de urso que virou príncipe...

Depois, contou que sabia a história das duas e que muito se indignara com as brutalidades do anão de barba comprida.

– Você querendo fazer o bem e o burro ai!... não me belisque, Narizinho! Sempre com grosserias.

– Anões são gentinha perigosa – disse Rosa Vermelha. – Se uns comportam-se que nem anjos, como aqueles sete do castelo de Branca, outros são verdadeiras pestes. É muito perigoso lidar com essa gentinha.

O PEQUENO POLEGAR

O Visconde gritou mais uma vez:

– Vem vindo uma poeirinha tão pequenininha que até parece poeira de camundongo!...

– Quem poderá ser? – exclamaram as princesas, interrompendo a conversa. Logo depois ouviu-se um *tic, tic, tic*, na porta, e Rabicó anunciou:

– Um senhor pingo de gente com umas botas maiores do que ele!

– O Pequeno Polegar! – gritaram as princesas – e acertaram.

Esquecidas de que eram famosas princesas, foram correndo receber o pequenino herói.

Era ele o chefe da conspiração dos heróis maravilhosos para fugirem dos embolorados livros de dona Carochinha e virem viver novas aventuras no sítio de Dona Benta. Polegar já havia fugido uma vez e, apesar de capturado, estava preparando nova fuga – dele e de vários outros. Emília ficou num assanhamento jamais visto. Agarrou o heroizinho e o não largou mais. Colocou-o no colo e o fez contar toda a sua vidinha.

Depois levou-o ao seu quarto de boneca para lhe mostrar a porção de brinquedos que tinha.

– Antes de mais nada, tire as botas. Nem sei como o senhor tem coragem de andar com tamanho peso nos pés...

– É que sem elas, não valho nada. Sou pequenino demais e fraco, mas, com estas botas, não tenho medo nem de gigante!

– E de elefante?

– Nem de elefante, nem de hipopótamo, nem de rinoceronte, nem de girafa, nem de anão mau, nem de serpente...

– E de jacarepaguá? – perguntou ainda a boneca, já que o jacarepaguá devia ser o monstro dos monstros.

– Nem de jacarepaguá, nem de nada. Cada passo desta bota anda sete léguas. Acha que um jacarepaguá, pode me pegar?

– Que beleza! – exclamou Emília animada. – Eu, se fosse o senhor, deixava-as aqui no sítio por uma semana. Que bom! Poderíamos brincar o dia inteiro de estar aqui e estar lá no mesmo instante...

Das botas passou aos seus brinquedos. Mostrou-lhe uma coleção de feijões pintadinhos que tia Nastácia lhe dera, o pincel de goma-arábica que lhe servia de vassoura e mil coisas.

Polegar gostou de tudo, principalmente de uma pituca velha que tinha sido de tia Nastácia. Gostou tanto que a boneca lhe disse:

– Pois se gosta, leve, que arranjo outra. Mas, com perdão da curiosidade, para que é que o senhor quer essa pituca?

– Para brincar de esconder – respondeu o pingo de gente, dando um pulo para dentro da pituca e ficando tão bem escondidinho que ninguém seria capaz de descobri-lo.

Emília era muito interesseira. Gostava de receber presentes, mas não de dar. O único presente que deu em toda a sua vida foi aquela pituca. Mesmo assim, mais tarde, quando se lembrava da pituca vinha-lhe um suspiro.

Estavam naquilo quando rompeu um grande rumor na sala. A boneca foi correndo ver o que era. Encontrou Branca de Neve muito assustada dizendo a Rabicó:

– Não abra! É o malvado que matou seis mulheres!...

BARBA AZUL

Branca chegou a ficar zangada com Narizinho.

– Como é que, para uma festa destas, convida um monstro como esse? Se eu soubesse, não vinha.

A menina desculpou-se, dizendo que não resistira à tentação de verificar se aquela barba era mesmo azul como diziam. No entanto, as princesas que não se assustassem, pois Rabicó não abriria a porta. E ansiosa por ver a tal barba, correu para espiar pelo buraco da fechadura.

– E é azul mesmo! – exclamou. – Azul como um céu!... Que horrendo monstro! Imaginem que traz na cintura um colar de seis cabeças humanas...

Não podendo resistir à curiosidade, as princesas também foram espiar. Cinderela observou:

– É esquisito isto! Sempre imaginei que o irmão da sétima mulher de Barba Azul o tivesse matado...

– É que não o matou muito bem – explicou Emília. – Outro dia aconteceu um caso assim aqui no sítio, Tia Nastácia matou um frango, mas não o matou-o muito bem e, de repente, ele fugiu para o terreiro...

Barba Azul ficou muito chateado de o não deixarem entrar. Deu vários murros na porta, ameaçando casar-se com toda aquelas princesas. Emília perdeu a paciência; colocou a boquinha no buraco da fechadura e gritou:

– Pois case, se for capaz! Mando Pé-de-Vento te ventar para os confins do Judas. Vá pintar essas barbas de preto que é o melhor, seu cara de coruja!

Barba Azul virou as costas e lá se foi, furioso da vida, resmungando que nem uma velhinha.

Logo em seguida, chegou Aladim, recebido com grandes festas. Todos queriam ver a sua lâmpada maravilhosa e o seu anel mágico. Emília perdeu a vergonha, chegando a lhe pedir a lâmpada.

– Não seja tão pidona assim, Emília! – advertiu a menina, puxando-a de lado.

– Não é dada que eu quero, Narizinho. É emprestada; depois eu a entrego outra vez.

Aladim era um belo rapaz. As princesas rodearam-no com tantas festas que os príncipes – seus maridos – haviam de ficar com ciúmes, se estivessem presentes. Depois veio o Gato de Botas. Narizinho e Emília aproveitaram a ocasião para lhe contar toda a história de falso gato Félix, que se coagiu como seu cinquentaneto.

– Mentira cínica! – disse o Gato de Botas. – Nunca me casei. Não tive nem filho, quanto mais cinquentaneto!

O Pequeno Polegar veio lhe cochichar ao ouvido alguma coisa – com certeza a respeito da tal conspiração contra dona Carocha.

Emília bem que apurou os ouvidos para ver se pescava alguma coisa, mas foi inútil. Nesse momento, Cinderela bateu na testa, exclamando muito assustada:

– Céus! Deixei minha varinha de condão em cima da mesinha próxima à cama. É capaz de algum gênio mau aparecer por lá e roubá-la...

Imediatamente, o Gato de Botas e o Pequeno Polegar se ofereceram para irem ao castelo em busca da varinha. Cinderela aceitou, com um sorriso de alívio. Minutos depois, voltaram os dois, cada qual segurando a vara por uma ponta. Tanta foi a alegria da pobre princesa que deu um beijo na testa de cada um. Emília quis por força que Cinderela lhe desse a varinha, ao menos para a segurar por uns momentos. Insistiu tanto que Narizinho teve de brigar com ela.

– Se continuar com esses "peditórios", levará um beliscão! Está ouvindo? – disse-lhe ao ouvido.

A boneca fez bico e emburrou. Rosa Vermelha consolou-a, colocando-a ao colo e prometendo lhe mandar um saco de presentes cada qual mais lindo do que o outro. E estava ainda dizendo que presentes eram, quando a porta se abriu com violência. Havia chegado um novo personagem, muito aflito, com ar de quem foge da perseguição de alguém. Entrou, fechou a porta com a tranca e ainda ficou a escorá-la com os ombros, de olhos arregalados de pavor.

– Ali Babá! – exclamou Cinderela, que o conhecia dos bailes no castelo do príncipe Codadad.

O jovem olhou para ela, como que pedindo que se calasse.

– Os quarenta ladrões souberam que eu vinha. Armaram uma emboscada aí no terreiro e por um triz que não me apanham...

– Como? – exclamou Narizinho. – Pois a Morgiana não matou essa gente toda com azeite fervendo?

– O azeite não estava muito fervido – respondeu Ali Babá. – Queimou só, mas não deu para matar. Sararam e, agora, andam me perseguindo por toda parte.

Aladim pulou à frente com a sua lâmpada na mão.

– Espere que já curo esses malandros! – disse. – Chamo o Gênio e, num pingo de minuto, ele espalha os quarenta ladrões.

– Que fuças horríveis! – dizia Narizinho com os olhos no buraco da fechadura. – Parece que foi que caiu o azeite fervendo nas suas caras. Todas ainda mostram as cicatrizes...

Aladim passou a mão pelo vidro da lâmpada. Uma fumacinha começou a surgir, que logo se transformou no Gênio.

– Amigo Gênio – disse ele – vá lá fora e espalhe, de uma vez para sempre, esses quarenta bandidos que vivem atropelando o meu caro Ali Babá.

Ninguém sabe o que o Gênio fez, mas quem logo depois fosse ao terreiro não veria nem rastro de um ladrão, quanto mais os quarenta juntos! Ali Babá agradeceu muito a boa ação de Aladim.

Abraçaram-se, ficando desde aí os maiores amigos do mundo.

OUTROS CONVIDADOS

Em seguida, veio o alfaiate que matava sete de um golpe. Veio também o soldadinho de chumbo que depois de derretido no fogo se transformou em coração.

– E como virou soldadinho outra vez ?– quis saber Emília.

– Uma fada, que leu minha história – chorou uma lagrimazinha tão sentida que virei soldado outra vez.

– E a dançarina de saiote cor-de-rosa? Morreu no fogo também?

– Essa morreu para sempre – respondeu o soldadinho, fingindo que se limpava, mas de fato enxugando os olhos. O burrinho supunha que, como era soldado, não podia demonstrar fraqueza, chorando.

Depois veio um Patinho Feio, filho daquele outro que virara cisne. Assim que entrou, Emília – que já tinha visto tia Nastácia matar um pato – foi depressa cochichar no ouvido dele:

– Não saia daqui, não vá à cozinha, ouviu? Lá mora uma fada preta que não tem piedade nem de frangos nem de patinhos. Pega os coitados e vai logo lhes torcendo o pescoço. Sabe para quê? Para assá-los no forno, imagine!

Tamanho susto levou o patinho, que teve de encostar-se à parede, mais pálido que uma vela de cera – das que não são cor-de-rosa. Hansel e Gretel vieram em seguida, sendo muito festejados.

Emília quis saber notícias daquele ossinho que mostravam à feiticeira cada vez que ela dizia: "Hansel, mostre o dedinho, para eu ver se está engordando." Emília achava que, como tinham sido salvos por aquele ossinho, era injustiça não terem feito dele um colar para ser trazido ao pescoço. Depois chegou a Xerazade, acompanhada de todos os heróis das Mil e Uma Noites. Como não pudessem entrar na sala, muito pequena para contê-los todos, tiveram de ficar de fora.

Narizinho, Emília e as princesas correram até a janela, de onde puderam observar o Pescador e o Gênio, o Cavalo Encantado, os príncipes Codadad e Ahmed, Sindbad o Marujo, Morgiana e mais uma multidão de sultões, sultanas, califas e escravos núbios, pretos e lustrosos como jabuticabas.

– Por que não trouxe também o pássaro Roca? – perguntou Emília à Xerazade.

– Que ideia! – respondeu a princesa sorrindo. – Para que esse bruto derrubasse uma pedra em cima do sítio de Dona Benta e nos esmagasse a todos, como fez com o navio de Sindbad?

Depois vieram os heróis gregos, o valente Perseu que matou a Górgona, o heróico Teseu que matou o Minotauro e até a cabeça da Medusa, espetada na ponta de um pau, com aquela porção de cobras se mexendo em lugar de cabelos. Tantos personagens maravilhosos vieram, que o terreiro de Dona Benta já não cabia um alfinete.

Narizinho olhava, olhava, na maior euforia de sua vida. Só reis e príncipes e fadas e anões e madrastas boas e más, e bruxas e mágicos de chapéus em forma de cartucho, e ursos que transformam-se em príncipes, e lobos de dentes afiados... No entanto, Peter Pan não aparecia – o que muito decepcionava Pedrinho. Seu grande desejo era justamente conhecê-lo. Estavam todos na janela, regalando os olhos naquele espetáculo nunca visto no mundo, quando Emília se pôs a filosofar.

– Estou pensando na vaca mocha – disse ela. – A coitada costuma se deitar no terreiro todas as tardes. Imaginem a surpresa dela agora! Olha de um lado, vê um rei. Vira-se de outro, dá com um anão. Sacode a cauda e bate numa princesa. A coitada deve estar nem podendo se movimentar. Se não morrer de medo, é capaz de secar o leite – e amanhã Dona Benta vai ficar danada!

A COROINHA

Depois que Narizinho e as princesas se enjoaram de ver aquela maravilha, resolveram dançar. A boneca imediatamente saiu para arranjar pares. Foi ao terreiro e trouxe de lá o príncipe Ahmed, o príncipe Codadad e outros. Narizinho agarrou Codadad antes que alguma princesa o fizesse, e saiu dançando com ele como se fosse uma princesa oriental. Branca de Neve dançou com o príncipe Ahmed. Rosa Vermelha foi tirada por Ali Babá, e Rosa Branca, pelo Gato de Botas. Só Cinderela não dançou para não estragar os seus sapatinhos de camurça. Nesse momento, o Visconde, que ainda estava na janela, gritou:

– Estou vendo uma poeirinha lá longe... Todos pararam de dançar, murmurando: "Quem poderá ser?". Logo depois de uma batidinha na porta, Rabicó deixou entrar a menina do Chapeuzinho Vermelho.

– Chapeuzinho! – exclamaram todas alegríssimas, porque todas queriam muito bem a essa doce criança. Viva Chapeuzinho!

A menina entrou, muito corada por ter vindo a pé, e disse:

– Boa tarde para todos os presentes, ausentes e parentes!

Em seguida, deu um beijo em Narizinho e outro na boneca.

– Antes de mais nada – foi dizendo Emília – quero saber o seu verdadeiro nome, porque uns dizem Capinha Vermelha e outros, Chapeuzinho Vermelho. Qual é o certo?

– Meu verdadeiro nome é Chapeuzinho Vermelho, porque, depois que vovó me fez este capuchinho, todos que me viam ir para a casa dela e diziam: "Lá vai indo a menina do chapeuzinho vermelho! E, como vocês podem ver, esta capinha tem um capuz, que pode ser um chapéu. De modo que tanto podem chamar-me Capinha, como Capuzinho, ou, então, de Chapeuzinho Vermelho.

– Coitada de sua avó! – exclamou Emília. – Você não imagina como ficamos tristes com o que lhe aconteceu! Diga-me: sua avó era muito magra?

Chapeuzinho estranhou a pergunta, mas respondeu que sim.

– Muito magra ou meio magra?

– Bem magra.

– Então, não entendo aquele lobo – disse Emília –, porque uma velha muito magra não é alimento. Só osso...

Todos riram das falas da boneca, e Narizinho explicou que Emília, coitada, era estúpida de nascença. Nesse momento, o relógio bateu cinco horas.

– As senhoras princesas e os senhores príncipes – disse Narizinho – estão convidados para um café. E voltando-se para a cozinha:

– Tia Nastácia! Traga um café bem gostoso para estes ilustres amigos.

Quando tia Nastácia entrou na sala com a bandeja de café, seus olhos se arregalaram de espanto.

– Credo! – exclamou. – Não sei onde Narizinho descobre tanta gente importante e tanta princesa tão linda! A sala está que até parece um céu aberto...

– Quem é ela? – perguntou Branca de Neve ao ouvido da boneca, enquanto a cozinheira servia o café.

– Você não sabe? – respondeu Emília com carinha malandra.

– Nastácia é uma princesa núbia que certa fada transformou em cozinheira. Quando aparecer um certo anel, que está na barriga de um certo peixe, transformará em princesa outra vez. Quem vai ficar danada com isso é a Dona Benta, que nunca achará melhor cozinheira.

Quando tia Nastácia veio servir Narizinho, a menina notou qualquer coisa enganchada em sua saia.

– O que é isso, Nastácia? Tem jeito de uma coroinha.

Ela se abaixou.

– Credo! – exclamou. – Até parece feitiço! Uma coroinha de rei, sim... É que fui ao quintal buscar um pau de lenha e quase nem pude andar de tanto rei, fada e princesa que vi por lá. Com certeza, esbarrei em algum reizinho e a coroa enganchou na minha saia. Mas não foi por querer, não. Credo!

– Estou conhecendo essa coroa! – exclamou Rosa Vermelha.

– É do meu sogro, o poderoso rei que mora atrás do meu castelo. Com certeza viu passar o bando da Xerazade e correu atrás e na carreira deixou cair a coroa.

E guardou-a no bolso para restituí-la ao seu dono. Todos tomaram café, menos Cinderela.

– Só tomo leite – explicou a linda princesa. – Tenho medo de que o café me deixe morena.

– Faz muito bem – disse Emília. – Foi de tanto tomar café que tia Nastácia ficou preta assim...

A VARINHA DE CONDÃO

Durante todo aquele tempo, Pedrinho, Aladim e o Gato de Botas ficaram conversando sobre valentias. Aladim contava as mil façanhas de sua lâmpada maravilhosa. Não querendo ficar atrás, Pedrinho contou as proezas do seu famoso estilingue. Por fim, chegaram a brigar.

– Pois apareça aqui um dia – disse Pedrinho – para vermos quem pode mais, você com sua lâmpada ou eu com o meu estilingue.

– Aposto na minha lâmpada! – disse Aladim.

– E eu aposto no meu estilingue! – disse Pedrinho.

O Gato de Botas interveio.

– Eu serei o juiz e, em seguida, desafiarei a ambos. Quero ver o que vale mais, se esse estilingue e essa lâmpada ou as minhas botas de sete léguas!

Enquanto discutiam e marcavam a data da confronto, um acidente muito grave aconteceu na sala. O pobre Visconde dormia em cima do binóculo, tão sonolento que, de repente, *plaft!...* caiu lá do alto em um grande tombo no chão. Caiu e ficou desacordado! As princesas correram para acudi-lo com água e esfregações pelo corpo. No entanto, como o pobre sábio não voltasse a si, foi uma consternação geral.

– O melhor é transformar o Visconde em alguma coisa – sugeriu Emília, dirigindo-se a Cinderela. – Dê-lhe uma varada com a varinha de condão, princesa!

Cinderela, achando boa a ideia, assim o fez. Mas antes quis saber no que havia de virar o Visconde. Narizinho achava que deviam transformá-lo num grande mágico de chapéu de cartucho. Rosa Vermelha preferiu que o transformassem em lobo. Venceu afinal a opinião da Emília, que era a mais prática.

– Tia Nastácia anda precisando de um pilãozinho para socar sal. Boa ocasião para transformar o Visconde em pilão! Ao menos fica servindo para alguma coisa.

Aprovada a ideia, a princesa da varinha bateu nele, dizendo:

– Vira que vira, vira virando, vira pilão!

Imediatamente o Visconde transformou-se em um pilãozinho novo, exatamente como tia Nastácia queria. A princípio, a cozinheira ficou assombrada. Depois disse:

– Mas eu não tenho coragem de socar sal nesse pilãozinho!

Fico a imaginar que já foi o Visconde e morro de dó. Em todo caso, fico muito agradecida à dona Cinderela pelo lindo presente.

E guardou o pilãozinho numa prateleira, resmungando:

– O mundo está perdido!... Quando eu havia de pensar que o Visconde ia ter este fim? Não valemos nada nesta vida. Quando chega a hora de virar, pode ser rei, pode ser Visconde, a gente vira mesmo – e ainda está bom quando vira pilão...

Na sala de baile estavam todos brincando de transformação. Cinderela batia com a varinha e transformava tudo que lhe pediam. Emília trouxe todos os seus brinquedos para os transformar em outros brinquedos ainda mais bonitos. Depois sentiu saudades dos brinquedos velhos e os transformou novamente no que eram. E estavam ainda nessa brincadeira, quando ouviram na porta uma batida esquisita, muito diferente das demais. As princesas assustaram-se.

– Parece batida de lobo! – disse Chapeuzinho Vermelho que fora espiar pelo buraco da fechadura. – É lobo mesmo! – exclamou de lá, arregalando os olhos de pavor. – Justamente o malvado que comeu a vovó!

Foi uma correria! Narizinho procurou acalmar as princesas.

– Não pode ser – disse ela. – O lobo que comeu a vovó da Chapeuzinho foi morto a machadadas por aquele homem que entrou. – é o que dizem os livros.

– Deve de ser erro tipográfico – sugeriu erroneamente Emília, que também foi espiar o lobo. É lobo, sim – e magríssimo! Bem se vê que só se alimenta de velhinhas bem velhas. Com certeza soube que Dona Benta morava aqui e...

Não pôde concluir. Narizinho estava em prantos.

– Pobre vovó! – gemia ela torcendo as mãos. – Que desgraça se o lobo a devora! Chamem Pedrinho e os príncipes! Corra Emília!

No entanto, justamente minutos antes, Pedrinho e os príncipes haviam saído para o terreiro a fim de fazerem uma experiência com a lâmpada de Aladim. Estavam as meninas ali sem um homem que as pudesse socorrer.

– Bata com a vara nele e transforme-o numa pulga – lembrou Emília, já preparando a unhinha para matar a pulga.

– Impossível! – exclamou Cinderela aflita. – Seria preciso abrir a porta e o lobo poderia me agarrar em um bote.

Enquanto isso, o lobo continuava batendo – *toc, toc, toc,* – cada vez mais furioso. Depois começou a arranhar a porta, tirando lascas.

Rabicó tremia como geleia; em vez de ajudar as princesas a se salvarem do apuro, mais atrapalhava. Agarrou-se à saia de Branca de Neve, que teve de afastá-lo com um bom pontapé.

– Só o Visconde poderá nos salvar! – exclamou Emília. – Os sábios conhecem meios para tudo.

Disse e foi correndo buscar o pilãozinho para que Cinderela o transformasse em Visconde. Cinderela, muito trêmula, bateu com a varinha e o Visconde surgiu de novo, tonto e assustado. Narizinho explicou-lhe do que se tratava e apontou para a porta.

– O lobo está arrebentando as tábuas. Mais um minuto e entra aqui! Veja se acha um jeito de nos salvar, Visconde!...

Mal a menina acabara de pronunciar essas palavras, o lobo arrancou uma tábua e enfiou o focinho pelo buraco, farejando o ar.

– Hum... Hum!... Estou sentindo cheiro de avó de gente... – rosnou ele.

Era demais. Narizinho desmaiou. Vendo aquilo, as princesas desmaiaram também. Emília ficou na sala sozinha com o Visconde.

– Vamos, Visconde! Faça alguma coisa! Mexa-se!

Mas o Visconde não saía do lugar, e só então Emília percebeu que ele tinha se transformado só da cintura para cima, continuando pilão da cintura para baixo. Com a pressa e o nervoso, Cinderela só lhe havia dado meia varada...

– E agora! – exclamou Emília coçando a cabeça e pensando lá consigo se valeria a pena desmaiar também.

E talvez fizesse isso, se o lobo naquele instante não arrancasse mais uma tábua e não enfiasse dentro da sala quase meio corpo. Vendo que o monstro entrava mesmo, Emília berrou com todas as forças dos seus pulmões:

– Socorre, tia Nastácia! O lobo está entrando de verdade e vai comer Dona Benta...

Ouvindo o berro, a tia Nastácia veio lá da cozinha com a vassoura e, num instante, espantou dali a fera com três boas vassouradas no focinho.

– Lobo sem vergonha! Vá prear no mato que é o melhor. Dona Benta nunca foi quitute para teu bico, seu cão sarnento!

– Bravos! – exclamou Emília batendo palmas. – A senhora é tão valente que até merece casar com o pássaro Roca.

Ela só disse:

– Em vez de dizer bobagens, antes me ajude a acordar estas princesas. Traga depressa uma caneca de água fria, ande...

A primeira a ser despertada foi Narizinho.

– Que é do lobo? – perguntou ao voltar a si, ainda tonta e com a vista atrapalhada. – Já comeu vovó? A cozinheira deu uma risada com a boca toda.

– Credo! Que ideia! O lobo a estas horas já deve estar chegando na Europa! – e contou o que havia acontecido.

Em seguida, despertaram as outras. Chapeuzinho Vermelho, louca de alegria, abraçou tia Nastácia, prometendo lhe mandar uma cesta de bolinhos. As princesas também a abraçaram, garantindo enviar pilõezinhos de verdade e mais coisas bonitas.

Nesse momento, entrou o menino com os príncipes.

– Bonito! – exclamou Narizinho. – Os senhores vão para a troça e nos deixam aqui sozinhas à mercê das feras... e contou tudo.

Aladim ficou aborrecidíssimo de haver perdido aquela oportunidade de mostrar o poder da sua lâmpada, e Pedrinho ainda mais, pois, com duas estilingadas, tinha a certeza de que o lobo sairia ventando. Nesse momento, um vulto entrou pela janela como um grande pássaro Peter Pan! Assim que Pedrinho e os demais o reconheceram, surgiu uma grande salva de palmas, seguida do hino dos índios guerreiros, composto pela boneca. Dona Benta, que havia acabado de escrever a sua carta, ouviu o rumor e lembrou-se da promessa feita a Narizinho. E foi espiar a festa...

Entrou na sala.

– Boa tarde, senhor Peter Pan! Fico satisfeita de saber que o senhor também é amigo dos meus netos –, mas quero que não faça com eles o que fez com Wendy e seus irmãozinhos. Não lhes ensine a voar, senão estou perdida. Se não sabendo voar já são assim, imagine sabendo...

– A senhora pensa que voar é perigoso? – perguntou Emília.

– Levando o seu guarda-chuva como paraquedas, não há perigo nenhum!... – Sei que não há perigo – disse a velha. – Mas sei também que se voarem, começarão a ir para muito longe e poderão um dia esquecer-se de voltar.

Peter Pan sossegou-a. Disse que nada receasse, pois só lhes ensinaria a voar se obtivesse o consentimento dela.

A PARTIDA

O relógio bateu seis horas.

– Como é tarde! – exclamou Branca de Neve. – Tenho de estar no castelo às sete para receber dois príncipes que vêm jantar conosco.

– E nós também – disseram Rosa Vermelha e Rosa Branca. – Temos à noite a visita do Pássaro Azul.

Cinderela também tinha de retirar-se, de modo que foi um rodopio de abraços e beijos e palavras de despedidas – tudo num grande atropelo.

– Adeus! Adeus! – dizia Narizinho, passando dos braços de uma princesa para os de outra. – Voltem outra vez, agora que sabem o caminho...

Pedrinho – que havia cochichado muita coisa para Peter Pan – despediu-se dele dizendo:

– Quando voltar, veja se traz o crocodilo que comeu o capitão Gancho. Tenho muita vontade de ver um crocodilo dessa espécie.

Para Aladim lembrou o desafio:

– Venha com a sua lâmpada, ouviu?

Emília andava de mãos em mãos. Nunca foi tão beijada e mimada. Quando chegou o momento de se despedir do Pequeno Polegar, cochichou-lhe ao ouvido uma porção de coisas sobre dona Carochinha e aconselhou-o a fugir novamente e vir morar com eles ali no sítio.

Depois que todos partiram, a casa ficou mais vazia do que nunca. Na sala, só os dois meninos e a boneca. No terreiro, só a mocha mascando as suas palhas e Rabicó, acabando de comer a sua raiz de mandioca.

Os dois meninos trocavam impressões.

– De quem mais gostei foi de Branca de Neve – disse Narizinho. – Como é boa e linda! Contei-lhe que estive com a aranha que lhe fez o vestido de casamento Branca e ficou muito admirada. Pensou que dona Aranha tivesse morrido daquele desastre na perna. Como Branca é branca! Nunca imaginei que pudesse haver uma criatura alva assim. Parece feita de coco ralado...

– E eu gostei muito do Gato de Botas – disse Pedrinho. – Já Aladim me pareceu um tanto prosa. Pensa que aquela lâmpada é a maior coisa do mundo.

Nesse momento, Emília, que havia rolado para debaixo da mesa, deu um grito de espanto.

– Olhem o que está aqui! A lâmpada de Aladim! Ele esqueceu de levá-la.

– É verdade! – exclamou Pedrinho no auge da alegria.

– Esqueceu-se e agora a lâmpada é minha!

– E está aqui também a varinha de condão de Cinderela! – berrou de novo.

– E olhem o que está aqui atrás do armário! – gritou por sua vez Narizinho. – As botas de sete léguas do Gato de Botas. São minhas – e quero ver quem me pega!

Ficaram os três no maior contentamento, admirando aquelas maravilhas e fazendo projetos de aventuras extraordinárias. No melhor do entusiasmo, porém, ouviram uma batidinha trêmula na porta, *tuc, tuc, tuc...*

Emília foi abrir. Era uma baratinha de mantilha – a célebre dona Carochinha... – Que é que a senhora deseja? – perguntou Emília.

– Boa tarde! – disse a velhinha, fingindo não reconhecer a boneca e sentando- se para descansar. – Sou dona Carocha, a que toma conta de todos esses personagens do mundo maravilhoso.

– Já sei – observou a menina, de mãos na cintura e prevendo complicações. – Mas que é que a senhora quer?

– Vim buscar a lâmpada de Aladim, a vara de condão de Cinderela e as botas do Gato de Botas. Esses maluquinhos, com a pressa de voltar, esqueceram-se desses objetos.

Foi um desapontamento geral. Emília quis mentir, dizendo que não havia ali nem bota, nem vara, nem lâmpada nenhuma. Narizinho teve ímpetos de morder a velhinha. Pedrinho chegou a olhar para o estilingue. Mas Dona Benta estava na salinha próxima; e a vovó fazia muita questão de que seus netos respeitassem os mais velhos. Por isso, conformaram-se a entregar aquelas preciosidades.

– Pois leve – disse Narizinho, um tanto chateada. – Mas fique sabendo que o que lhe vale é vovó estar ali na salinha. Ah, se não fosse isso...

Dona Carochinha nada disse. Foi tratando de pegar a vara, a lâmpada, as botas e até o espelho mágico que Branca de Neve dera à boneca. Em seguida, saiu, ressabiadamente.

Mas antes que ela chegasse à porteira Emília explodiu:

– Cara de coruja seca! Cara de jacarepaguá cozida com morcego e misturada com farinha de bicho cabeludo, ahn!...

O IRMÃO DE PINÓQUIO

O IRMÃO DE PINÓQUIO

– Coitada de vovó! – disse um dia Narizinho. – De tanto contar histórias, ficou que nem bagaço de caju; a gente espreme, espreme e não sai mais nem um pingo.

Era a pura verdade aquilo – tão verdade que a boa senhora teve de escrever a um livreiro de São Paulo, pedindo que lhe mandasse quantos livros fossem aparecendo. O livreiro assim o fez. Mandou um e depois outro e depois outro e por fim mandou o Pinóquio.

– Viva! – exclamou Pedrinho, quando o correio entregou o pacote.

– Vou lê-lo para mim só, debaixo da jabuticabeira.

– Alto lá! – interveio Dona Benta. – Quem vai ler o Pinóquio, para que todos ouçam, sou eu! E só lerei três capítulos por dia, de modo que o livro dure e nosso prazer se prolongue. A sabedoria da vida é essa.

– Que pena! – murmurou o menino fazendo bico. – Não fosse a tal sabedoria da vida, que nunca vi mais gorda, e hoje mesmo eu dava conta do livro e ficava sabendo toda a história do Pinóquio. Mas não! Temos de ir no balanço do carro de boi em dia de sol quente – *nhen, nhen, nhen...*

Sua zanga, porém, não durou muito e, assim que chegou a noite e tia Nastácia acendeu o lampião e gritou o "É hora!", ninguém se mostrava mais feliz que ele.

– Leia do seu jeito, vovó! – pediu Narizinho.

O jeito de Dona Benta ler era bom. Lia "diferente" dos livros. Como quase todos os livros para crianças que há no Brasil são muito sem graça, cheios de termos do tempo da onça, a boa velhinha lia traduzindo aquele português de defunto em língua do Brasil de hoje. Onde estava, por exemplo, "lume", lia "fogo"; onde estava "lareira" lia "varanda". E sempre que se deparava com um "botou-o" ou "comeu-o", lia "botou ele", "comeu ele" – e ficava o dobro mais interessante. Como naquele dia os personagens eram da Itália, Dona Benta começou a imitar a voz de um italiano galinheiro que, às vezes, aparecia pelo sítio à procura de frangos; e para o Pinóquio inventou uma vozinha de taquara rachada que era direitinho como o boneco devia falar. Os primeiros capítulos lidos não deram para fazer uma ideia da história. Mesmo assim Pedrinho declarou que se simpatizava com o herói.

– Pois eu não! – contraveio Narizinho. – Esse enredo não me está com cara de ter bom final. E você, Emília, o que acha?

A boneca estava pensativa, de mãozinha no queixo.

– Eu acho – respondeu ela – que achei uma grande coisa.

– Diga!

– Não posso. Não é coisa de ir dizendo assim sem mais nem menos. Só direi se Pedrinho me der aquele cavalinho de pau sem rabo que está na gaveta dele. Emília sempre fora interesseira, mas, depois que encasquetou a ideia de tornar-se a boneca mais rica do mundo (rica de brinquedos), virou uma perfeita cigana, dessas que não fazem nada de graça.

– Pode ser que eu dê – disse o menino. – Se a ideia for aproveitável...

– Jura que dá?

– Não duvide de mim. Você bem sabe que sou menino de palavra.

– Pois minha ideia é esta: "Se Pinóquio foi feito de um pedaço de pau vivente, bem pode ser que ainda haja mais pau dessa qualidade no mundo".

– E que tenho eu com isso?

– Tem que, se houver mais pau dessa qualidade, você poderá arranjar um pedaço e fazer um irmão do Pinóquio!

Todos se entreolharam, admirados da esperteza da boneca. Pedrinho chegou a ficar entusiasmado com a ideia.

– É mesmo! – exclamou arregalando os olhos. – A ideia é tão boa que só admiro de ninguém ter pensado nisso antes. Pode ir lá ao meu quarto, Emília, e tirar o cavalinho da gaveta.

O PAU VIVENTE

A grande ideia de Emília não deixou mais a cabeça de Pedrinho. Só pensava em ir à Itália, ver se no quintal do homem que fez o Pinóquio não existiria ainda um resto do tal pau. Mas ir como? A pé não podia ser, porque era muito longe e teria de atravessar o oceano. De navio também não, porque Dona Benta tinha um medo horrível de naufrágios e jamais consentiria que ele embarcasse.

Como resolver o problema? Desta vez, foi o Visconde quem teve a melhor ideia. Esse sábio estava ficando cada vez mais sabido, depois da temporada que passou atrás da estante, entalado entre uma Álgebra e uma Aritmética. Por isso só falava cientificamente, isto é, de um modo que tia Nastácia não entendia.

– Eu acho – observou ele cuspindo um pigarrinho – que não é preciso ir à Itália para descobrir madeira com "propriedades pinoquianas". A Natureza é a mesma em toda parte; e se lá há disso, não vejo razão plausível para que não o haja aqui também. Logo, se você procurar, bem procurado, é possível que descubra em nossas matas algum "exemplar esporádico da mirífica substância".

Tia Nastácia – que naquele momento ia passando com a trouxa de roupa na cabeça – parou, escutou o discurso, de olhos arregalados, e lá se foi, resmungando:

– Que mania essa do Visconde de só falar inglês agora! Credo!

Para ela, tudo que não entendia era inglês. Mas Pedrinho compreendeu perfeitamente e até se entusiasmou com o que o sábio disse.

– Boa ideia, não há dúvida. Vou amolar meu machadinho e amanhã cedo começarei as "investigações".

E assim o fez. No dia seguinte, logo depois do café, colocou o machadinho ao ombro e partiu para a floresta disposto a bater em todos os paus por lá existentes até encontrar um que desse sinais de vida.

A semana inteira passou naquilo. Não deixava escapar uma só árvore. Golpeava-as todas e colocava o ouvido no tronco para ver se gemia. Muitas choraram lágrimas de resina, mas gemer nenhuma gemeu durante todo aquele tempo.

– Acho que estou fazendo papel de bobo – disse ele um dia ao voltar. – Pau de Pinóquio só mesmo na Itália. A ideia do Visconde está me parecendo como o nariz dele.

Ouvindo-o dizer aquilo, Emília ficou de pulga atrás da orelha. Ficou refletindo se o menino não achasse pau vivente, era capaz de lhe tomar o cavalinho, alegando que sua ideia também era como o nariz de alguém. Pensou, pensou, pensou e, por fim, concebeu um plano. Foi procurar o Visconde e disse-lhe:

– Largue esse livro (era uma álgebra) e diga-me uma coisa: o senhor Visconde sabe gemer?

– Nunca gemi – respondeu o sábio, estranhando a pergunta –, mas não creio que seja muito difícil.

– Então, gema um pouquinho para eu ver.

O Visconde, com uma careta muito feia, gemeu em vários tons o melhor que pôde.

– Muito bem – aprovou a boneca. – Sabe gemer, sim, e nesse caso preciso que me preste um grande serviço. Pode ser?

O velho sábio parece que tinha alguma paixão oculta pela boneca, pois se apressou a fazer um discurso e a declarar, todo deslambido:

– Dona Emília manda, não pede. – Pois então venha comigo.

E Emília, sem mais cerimônias, levou-o a certo lugar no campo, para lá da porteira, onde havia um velho tronco de pau caído à beira da estrada. Parou naquele ponto e disse:

– Pedrinho tem o costume de passar por aqui, quando volta da mata onde anda procurando o pau vivente. E como está que não pode passar por perto de pau nenhum sem dar um golpe, já estou vendo o jeitinho dele: chega, para e – *pá!* – machadada neste tronco. Pois bem, *vosmecê* vai ficar escondido aqui neste oco de pau; assim que ele chegar, parar e der o golpe, *vosmecê* vai gemer – mas gemer bem gemido, com voz rouca de pau velho, está entendendo?

– Mas para que isso? – atreveu-se o sábio a perguntar.

– Não é da sua conta, Visconde. Faça o que estou dizendo e não discuta. Nesse momento, Pedrinho apontou lá longe, de machadinho ao ombro.

– Depressa! Depressa, Visconde! – disse Emília, empurrando o sábio para dentro do oco. – Ele vem vindo!...

O Visconde sumiu-se no oco e ela correu para casa antes que o menino a visse por ali e desconfiasse.

Pedrinho chegou e fez como fora previsto. Parou e machadada. Contudo, fez aquilo por fazer, pela força do hábito, porque já não tinha a menor esperança de encontrar pau vivente nenhum. Com imensa surpresa sua, porém, o tronco gemeu – *ai! ai! ai!* –, o que o fez dar um pulo para trás como se tivesse pisado em uma cobra.

– Ora essa! – exclamou, arregalando os olhos. – Será possível que este tronco tenha gemido ou foi ilusão minha?

Para certificar-se deu novo golpe, mas de longe, meio ressabiado.

– *Ai! ai! ai!* – gemeu novamente o tronco. Embora andasse já por uma semana a procurar aquilo, Pedrinho ficou seriamente impressionado com o milagre e sem ânimo de meter o machado no pau para cortar o pedaço necessário à fabricação do boneco. Teve de ir ao riacho que corria perto beber uns goles d'água, que lhe acalmassem a agitação e lhe dessem coragem. A água fez efeito.

Pedrinho criou ânimo e, apesar do pau continuar gemendo, cortou dele um bom pedaço, voltando para casa correndo, na maior alegria de sua vida.

Ao entrar no terreiro deu com a boneca sentadinha na soleira da porta, assobiando o "Pirulito que bate-bate" com a cara mais inocente deste mundo.

– Achei, Emília! – gritou o menino de longe.

E ela, com a maior indiferença:

– O que é que você achou, Pedrinho?

– O pau vivente, ora essa! Que é que havia de achar se é só isso que ando procurando?

– Nesse caso, bom proveito! – murmurou a sonsa, sem erguer os olhos e a fingir que estava mexendo no chão com um pauzinho.

O menino ficou irritado! Disse-lhe um desaforo e entrou em casa como um pé de vento, ansioso para contar a história dos gemidos.

– Vocês não imaginam que coisa mais espantosa! – gritou quase sem fôlego logo que todos o rodearam. – O pau gemia que nem gente de carne e osso – *ai! ai! ai!* – numa voz que lembrava um pouco a do Visconde. Gemia de cortar o coração! Nunca imaginei que pudesse haver uma coisa assim no mundo! Um assombro!

Pedrinho teve de repetir a história uma porção de vezes, enquanto o maravilhoso pedaço de pau corria de mão em mão, apalpado, cheirado, provado com a ponta da língua. Só tia Nastácia não teve coragem de chegar perto. Espiou de longe – e nunca fez tantos sinais da cruz e nem murmurou tantos credos.

Todos comentavam, menos o Visconde e a boneca. O Visconde fingia-se absorvido na leitura do seu livro de Álgebra, mas, na realidade, estava observando a cena com o rabo dos olhos; de vez em quando, dava sua risadinha. E Emília, essa espiava pelo vão da porta; depois saiu tapando a boca para abafar o riso, indo conversar com o seu cavalinho. Colocou-o ao colo e disse-lhe ao ouvido:

– Pedrinho caiu como um pato e com certeza agora não se lembra mais de tomar você de mim. Viva! Viva! Você é meu e bem meu, e tem que brincar comigo o dia inteiro. Antes de mais nada, preciso consertar Vossa Senhoria, pois onde já se viu um cavalo sem rabo? Vou arranjar para Vossa Cavalência um lindo rabo de galo, muito mais na moda que esses rabos de cabelo com que os cavalos nascem, está ouvindo, Senhor Barão Cavalgadura Cavalcanti Cavalete da Silva Feijó?

Estava aberta a célebre torneirinha das asneiras – e aberta ficou durante todo o tempo em que Emília deu voltas pelo terreiro à procura de uma boa pena de galo que servisse de cauda para o novo barão.

O CONCURSO

Achado o pau vivente, só restava fazer com ele um boneco para que surgisse no mundo o irmão do Pinóquio. Pedrinho, entretanto, por mais que o sacudisse e espetasse com o canivete, não conseguia que o pedaço de pau desse o menor sinal de vida.

– É esquisito isto! – exclamava. – O tronco gemeu de cortar o coração, mas este pedaço nem pia. É esquisitíssimo...

Emília, sempre com a pulga atrás da orelha com medo que seu plano fosse descoberto, disse logo, muito espevitadinha:

– Dona Benta falou outro dia que as grandes dores são mudas. Esse pau bem que sente, mas, como a dor de se ver separado do tronco pai dele é muito grande, está assim mudo como peixe. De repente, a dor diminui e ele começa a gemer que ninguém o pode aturar.

O Visconde tossiu e olhou para ela com o rabo dos olhos, admirado dos progressos "psicológicos" que Emília estava revelando.

Apesar da mudez do pau, Pedrinho resolveu fazer o boneco, na esperança de que de repente vivesse. Contudo, fazê-lo como? Cada qual queria que o irmão de Pinóquio fosse de um jeito, e tanto disputaram que Pedrinho resolveu abrir um concurso. O desenho vencedor seria adotado para modelo.

– Concurso de desenho, gente! – gritou ele batendo palmas. – Para tudo! Vovó, largue essa costura e pegue no lápis. Tia Nastácia, você também pare com esse fogão! Vamos desenhar!

Começou o concurso. Durante meia hora ninguém, naquela casa, cuidou de outra coisa senão de desenhar. Prontos que foram os seis desenhos, Pedrinho os pregou na parede para serem julgados. Que exposição mais engraçada! O desenho de tia Nastácia não tinha forma de gente; parecia um *coisa-ruim* de carvão, tão feio que todos riram. O de Narizinho era bastante jeitoso, mas tinha o defeito de ser parecido demais com o Pinóquio.

– Foi de propósito – explicou a menina. – Fiz um irmão gêmeo.

O de Dona Benta parecia um judas no sábado de aleluia. O de Pedrinho saiu o retrato parecido com um menino que às vezes aparecia no sítio, acompanhando sua avó, Nhá Veva Papuda. O do Visconde saiu tão científico que não se entendia. Era cheio de triângulos copiados da Geometria e tinha no nariz um X de Álgebra. O de Emília era um embrulho. Emília quis botar no boneco tanta coisa que o transformou numa trapalhada. Fez cacunda de Polichinelo, boca de sapo, rabo de jacaré, orelhas de morcego, pés de bode e nariz ainda mais comprido que o de Pinóquio. Tinha também um olho arregalado nas costas, "para que ninguém o pudesse agarrar de surpresa" – explicou ela cheia de orgulho dessa lembrança que ninguém havia tido.

Por três vezes, Pedrinho botou em votação os desenhos, sem o menor resultado. Cada qual achava o seu o mais bonito e votava em si próprio.

– Com votação não vai – disse ele. – O melhor é tirar a sorte.

Todos concordaram. Pedrinho escreveu o nome de cada concorrente num pedaço de papel, enrolou-os e botou-os no seu chapéu, pedindo a Dona Benta, como mais velha, que tirasse um.

Emília, porém, protestou, erguendo a mão esquerda no ar e escondendo a direita no bolsinho da saia.

– Quem vai tirar a sorte sou eu! Dona Benta não sabe! – Não é você, não! É a vovó!– determinou Pedrinho.

– Sou eu! Sou eu! – insistiu a boneca.

– Já disse que é vovó. Não teime!

– Sou eu! Sou eu! – continuou a boneca, batendo o pé e sempre de mão no bolso.

Narizinho desconfiou da insistência daquela mão no bolso.

– Deixe ver a mão, Emília.

– Não deixo! – respondeu a boneca, corando até à raiz dos cabelos. Narizinho agarrou-a e, tirando-lhe a mão do bolso à força, viu que havia nela um papelzinho do mesmo tamanho e enrolado do mesmo jeito dos que estavam no chapéu.

Foi um escândalo. Todos a criticaram, achando muito feio aquele procedimento; depois caíram na gargalhada ao lerem o que estava no papelzinho. Emília, em vez de escrever o seu nome, havia escrito, na sua letrinha torta de boneca de pano – "o meu". Por isso, insistia tanto em tirar a sorte. Já estava com o nome do vencedor na mão.

– Que fiasco! – exclamou tia Nastácia. – Nunca vi ação mais feia. Eu, se fosse Dona Benta, não deixava que essa malandragem fosse passando assim sem mais nem menos. Dava umas palmadinhas nela, ah, isso dava mesmo! Onde se viu querer tapear a gente dessa maneira? Credo!

Emília, cada vez mais furiosa, botou-lhe um palmo de língua – *ahn!*

– Tia Nastácia tem razão, Emília – observou Dona Benta. – O ato que você praticou é dos mais feios e só perdoo, porque você é uma bobinha que não distingue o bem do mal. Fosse algum dos meus netos, e eu castigaria.

Era a primeira represensão que Emília levava de Dona Benta.

Sua vontade foi de também lhe botar um palmo de língua ainda mais comprido. Mas compreendeu que não devia fazer semelhante coisa e limitou-se a sair da sala, resmungando e batendo o pezinho com toda a força.

– Como está ficando! – comentou a cozinheira. – Parece uma cascavelzinha. Credo!

Terminado o incidente, prosseguiram na tirada da sorte. Dona Benta meteu a mão no chapéu e pescou um dos papéis. Abriu-o e leu – "Tia Nastácia".

Foi um desapontamento geral. Ninguém esperou que a sorte fosse tão burra de escolher justamente a autora do desenho mais feio. Mas a sorte é a sorte; o que ela decide está decidido e ninguém pode reclamar. Em vista disso, a tia Nastácia ficou encarregada de dar forma humana ao pedaço de pau vivente, colocando assim no mundo o irmão de Pinóquio.

EMÍLIA ZANGADA

Narizinho foi espiar o que Emília estava fazendo. Encontrou-a no cantinho da sala onde era o seu "quarto", muito atarefada em colocar os seus vestidos e brinquedos nas caixas de papelão que lhe serviam de mala. Mas notou que Emília só colocava os vestidos e brinquedos que ela, Narizinho, lhe havia dado. Os outros, dados pela cozinheira, ficavam no chão amarrotados. Emília estava seriamente ofendida e, sem dúvida nenhuma, preparava-se para alguma viagem. Ia arrumando as malas, ao mesmo tempo que dialogava com o cavalinho.

– Não é à toa que ela é ignorante.

– ?

– Mentira de Narizinho! Essa tia Nastácia não é fada nenhuma, nem nunca foi branca.

– Boa? Está muito enganado. Mais malvada que ela só o Barba Azul. Você é porque é novo nesta casa e não a conhece. Tia Nastácia não tem dó de nada. Pega aqueles frangos tão lindos e – *zás!* – torce-lhes o pescoço. Mata patos, perus, camundongos – não há o que não mate. Outro dia, no Natal, a diaba assassinou um irmão de Rabicó, tão bonitinho! Pegou naquela faca de ponta que mora na cozinha e – *fugt!* – enfiou dentro dele, até no fundo. E pensa que foi só isso? Está enganado! Depois pelou o coitadinho numa água fervendo e assou o coitadinho num forno tão quente que nem se podia chegar perto.

– ?

– Como não? Você não é melhor do que os frangos, perus e leitões. Essa é uma das razões porque quero ir embora: para tirá-lo daqui antes que a malvada o mate e asse no forno. Que pena não ser você grande como o cavalo de Troia!...

– ?

– Para quê? É boa. Para dar um coice de Troia no nariz dela.

Nesse ponto Narizinho, que estava escondida escutando o diálogo, apareceu. – Que é isso, Emília? Parece louca!...

– É que estou arrumando minhas malas para me mudar desta casa. Não gosto de velhinhas, nem brancas e nem pretas.

– Ir para onde, boba? Pensa que é só ir saindo?

– Vou para a casa do Pequeno Polegar. Quando lhe dei de presente a pituca de barro, ele me disse: "Muito obrigado. Dona Emília. Tenho lá uma casa às suas ordens. Apareça." Chegou o dia. Vou aparecer e ficar morando lá.

– E você pensa que cabe na casinha do Pequeno Polegar? Já se esqueceu, boba, de que ele é deste tamanhinho?

Emília colocou o dedo na testa, refletindo. Afinal, caiu em si e viu que realmente seria uma grande asneira. Se mudasse para a casa do Pequeno Polegar, teria, sem dúvida, de ficar no terreiro e dormir ao relento, com perigo de ser atacada por coruja e morcego. E como tinha medo horrível de morcegos e corujas, resolveu ficar.

– Nesse caso fico, mas você há de me dar um vestido novo, de seda, com um laço de fita aqui e um babado. Dá?

– Dou, diabinha, dou. Mas com uma condição!...

– Qual é?

– Fazer as pazes com tia Nastácia. A coitada está lá na cozinha chorando de arrependimento de haver ameaçado você com palmadas.

A raiva de Emília já havia passado, cedendo lugar a um sentimento muito mais rendoso. Por isso, tratou imediatamente de tirar vantagem da situação, pedindo uma coisa que era o seu encanto.

– Só se ela me der aquele alfinete de pombinha que você sabe.

– Dá, sim. Eu digo à ela que dê e ela dá.

– Neste caso, fico de bem com ela outra vez. Aquele alfinete andava deixando Emilia doente. Era um alfinete dos tempos antigos, que já não se encontra em loja nenhuma de hoje. De aço azul, tendo em vez de cabeça uma pombinha de vidro colorido. Tia Nastácia possuía três, um de pombinha azul, outro de pombinha verde e outro de pombinha carijó. Era este o que Emília queria –, mas queria desesperadamente, como nunca neste mundo, uma boneca quis qualquer coisa.

JOÃO FAZ-DE-CONTA

Tia Nastácia fechara-se na cozinha para fazer o boneco sossegadamente. Uma hora depois reapareceu com a obra-prima na mão.

– Pronto! Não ficou bonito, mas está muito simpático – disse ela, mostrando o produto do seu engenho e arte.

Houve um "Oh!" geral de decepção, porque realmente não se poderia imaginar coisa mais feia, nem mais desajeitada. Os braços saíam do meio do corpo, quase; os pés não tinham jeito de pés; o nariz era um fósforo cabeçudo espetado no meio da cara; e a cabeça, em forma de castanha de caju, estava pregada nos ombros por meio de um prego torto, cuja ponta aparecia nas costas. Pedrinho chegou a ficar chateado.

– Que vergonha, tia Nastácia! Você fez um monstro que não pode ser mostrado a ninguém. Desmoraliza a família!

– E o pau vivente gemeu muito quando você o cortou? – quis saber Narizinho.

– Nada, nada! Não deu o menor sinal de vida. Mesmo que um pau de lenha à toa.

– É extraordinário! – observou Pedrinho. – Não posso compreender tal fenômeno. O tronco gemeu de cortar o coração da gente, e, no entanto, este pedaço do tronco não dá sinal de vida. Anda aqui um grande mistério!

O Visconde, que estava lendo a sua Álgebra, piscou mais de dez vezes ao ouvir aquilo. Depois pediu a palavra e lembrou:

– Deus deu vida ao primeiro homem fazendo um boneco de barro e assoprando. Por que não experimenta o assopro, Pedrinho?

– Boa ideia! – exclamou Emília, que vinha entrando para reclamar o alfinete. – Também acho que se você assoprar o João Faz-de-conta, bem assoprado, ele vive, bem vivinho.

Todos se voltaram para ela com caras de espanto.

– Que João Faz-de-conta é esse, Emília? Você tem cada uma...

– João Faz-de-conta é o melhor nome que acho para este boneco.

– Por quê?

– João, porque ele tem cara de João. Todo sujeito desajeitado é mais ou menos João. E Faz-de-conta, porque só mesmo fazendo de conta se pode admitir uma feiura desta. Faz de conta que não é feio! Faz de conta que não tem ponta de prego nas costas. Faz de conta que...

– Chega, Emília. Já está muito bem explicado – disse Narizinho com os olhos postos no boneco. – Você tem razão. Não pode haver nome melhor.

Todos acharam a mesma coisa e classificaram a boneca como a melhor "botadeira de nome" do sítio.

– Nesse caso... – começou ela a dizer.

– Já sei! – interrompeu Narizinho. – Nesse caso, você quer aquele alfinete de pombinha carijó de tia Nastácia, não é?

A tia Nastácia arregalou os olhos.

Narizinho contou então o que havia acontecido e de como por um triz Emília escapou de cometer a maior imprudência de sua vida.

Tia Nastácia não queria dar o alfinete, mas tanto a menina insistiu que afinal deu.

– Tome lá, ciganinha! – disse ela tirando o alfinete do peito.

– Não sei por quem você puxou esse espírito interesseiro. Estou vendo o dia em que acaba pedindo os óculos e a dentadura de dona Benta. Credo!...

Emília bateu palmas de alegria e foi correndo mostrar o alfinete ao cavalinho, que era agora o seu grande amigo e confidente. Tinha-lhe posto um lindo rabo de pena de galo e com ele passava horas, brincando de chicote queimado, esconde--esconde e Bento-que-Bento-frade. Mas Emília não tinha sossego de espírito.

Como houvesse enganado Pedrinho, receava que de um momento para outro ele descobrisse a trolagem e lhe tomasse o querido brinquedo.

O meio de evitar isso era faz-de-conta viver. Mas o boneco teimava em conservar-se morto como um defunto. Pedrinho – que havia achado certo fundamento na ideia do Visconde (a ideia do assopro) – passara três dias experimentando o remédio, às escondidas, para que não caçoassem dele. Chegou a ficar com as bochechas doloridas de tanto assoprar. Nada adiantou.

Chegou-se a ele, num momento em que não estava ninguém perto, e disse:

– Viva, bobo! Viva, se não Pedrinho coloca você para fora. Viva, que te dou aquele meu aventalzinho vermelho que tem bolso.

Faz-de-conta, porém, continuou impassível. Nem sacudidas, nem ameaças, nem assopros, nem promessas da boneca – nada o fazia sair do seu estúpido estado de embezerramento.

Um dia Pedrinho desesperou.

– Basta! Basta! Basta! Já estou ficando bochechudo de tanto te assoprar e "tu não vive" nunca, sua feiúra! Vai-te prós quintos! E, agarrando-o por uma perna, jogou-o para cima do armário da sala de jantar.

Emília assistiu à cena e percebeu que ia haver um questionamento. Pedrinho lhe dera o cavalo em troca da ideia, "se fosse boa". Quer dizer que se a ideia não se revelasse boa, o negócio poderia ser desmanchado.

Não que Pedrinho fizesse conta daquele cavalo (que nem rabo tinha, na ocasião), mas só de implicância. A boneca pensou assim e pensou muito bem, pois, naquele mesmo dia à tarde, Pedrinho chegou-se à ela e foi dizendo:

– Onde está o cavalo?

Emília sentiu chegada a hora da briga. Preparou-se toda, pronta para a luta. – Não é da sua conta! – respondeu em tom de desafio.

– Passe para cá o meu cavalo! – continuou o menino, fechando uma terrível carranca de Barba Azul.

– Não sei do "seu" cavalo; só sei do "meu".

– Eu disse que dava o cavalo se a ideia fosse boa, mas a ideia saiu como o seu nariz e quero o "seu" cavalo.

– Pois vá querendo!

Pedrinho perdeu a paciência. Xingou-a de cara de coruja seca (o pior insulto que havia para a boneca) e deu-lhe um beliscão.

Ah, o mundo veio abaixo! Emília gritou como se houvesse sete pulmões dentro dela: "Socorrem! Barba Azul está querendo me matar!" e foi tal a gritaria que todos socorreram assustados, certos de que algum grande desastre havia acontecido.

– É este Barba Azulzinho que me chamou de cara de coruja seca e me deu um beliscão – disse Emília soluçando.

Todos tomaram o partido dela, inclusive Dona Benta.

– Tamanho homem a brigar com uma pobre bonequinha de pano! Onde já se viu semelhante coisa? Se o senhor continua assim, eu o ponho no Caraça, ouviu?

Pedrinho ficou emburrado, mas calou-se, e Emília, vitoriosa, foi falar com o cavalinho, ao qual cochichou uma porção de coisas.

Dali a pouco os dois brigados se encontraram de novo e o menino disse:

– Deixe estar que você me paga, fedor!

– Antropófago!

– Cara de...

– Não diga outra vez que eu grito e Dona Benta põe você no Caraça!

O Caraça era um velho colégio de terrível fama.

Vendo que ela gritava mesmo, Pedrinho saiu para o terreiro, muito aborrecido. Lembrou-se de ir pescar ao ribeirão; depois mudou de ideia e, tomando o machadinho, partiu para a floresta. O melhor meio de curar-se em tais ocasiões era ir para a floresta derrubar pés de embaúva. A raiva recolhida saía do corpo e ele voltava para casa perfeitamente bom. Andou por lá ao acaso por meia hora, e, por fim, foi parar junto ao tronco gemedor. Lembrou-se de fazer nova experiência. Pregou-lhe um golpe e escutou. O tronco não deu um pio. Outro golpe, outro, e mais de dez. O tronco, quieto, quieto!

– Como pode ser isto? – pensou o menino. – Se o tronco gemeu daquela vez, devia gemer agora. Se não geme agora, como gemeu daquela vez? Aqui há trollagem...

Começou a rodear o tronco e a tudo examinar cuidadosamente. Deu logo com o oco onde o Visconde se escondera. Olhou e viu lá dentro uma coisa esquisita, com forma de chapéu duro. Pescou-a com um gancho de pau e, com grande assombro, viu que era a cartolinha do Visconde.

– Ué! – exclamou franzindo a testa. – A cartola do Visconde por aqui? Eu bem estava vendo que havia trollagem...

Examinando o chão, descobriu novos sinais de que o Visconde andara por lá.

– Não resta dúvida! – murmurou consigo depois de refletir uns momentos. – O Visconde esteve escondido neste oco. Mas para quê? Com que fim? Aqui há trollagem... Vai ver que foi ele quem gemeu e não o tronco. Eu bem que achei a voz parecida com a do Visconde. Mas por que havia de fazer isso? Que interesse tinha em me enganar? Hum, já sei! Ele fez isso por orientação da Emília... A diaba estava com medo de que eu lhe tomasse o cavalinho e me armou esta peça, de combinação com o tal sábio de uma figa. É isso mesmo! E eles desta vez me enganaram. Caí como um pato...

Pedrinho estava mais desapontado do que danado. Era o cúmulo dos cúmulos, aquilo! Ser enganado por uma boneca de pano e um Visconde de sabugo, ele, o menino mais esperto e sabido daquelas redondezas...

– Mas não fica assim! – exclamou em voz alta. – Qualquer dia tiro a limpo essa história e quero ver a cara dos dois...

MIRAGENS

Enquanto lá na floresta Pedrinho pensava no melhor meio de vingar-se da boneca, Narizinho resolvia dar um passeio pelo pomar. Costumava fazer isso nas tardes agradáveis, sempre em companhia da sua companheira. Naquele dia, porém, Emília fez luxo.

– Não posso hoje – disse mostrando o cavalinho. – Estou ensinando o ABC a este analfabeto, que anda com vontade de ler a história do Pégaso, do Bucéfalo, do cavalo de Troia e outras "cavalências" célebres.

Narizinho não gostava de passear só, por isso olhou toda a sala à procura de algum outro companheiro. Só viu o triste irmão de Pinóquio, que Pedrinho havia jogado para cima do armário.

– Coitado! – exclamou. – Porque é feio como o Diogo e morto como um defunto, ninguém faz conta dele. Vou levá-lo comigo.

Talvez que os ares do ribeirão lhe façam bem.

Pescou-o de cima do armário com o cabo da vassoura e lá se foi com ele ao pomar, rumo ao ribeirão, onde havia aquele velho pé de ingá de enormes raízes de fora. Sentou-se na "sua raiz" (havia outra de Pedrinho e outra do Visconde), recostou a cabeça no tronco e fechou os olhos, porque o mundo ficava três vezes mais bonito quando fechava os olhos. De todos os lugares que ela conhecia era aquele que mais gostava. Fora ali que vira pela primeira vez, o príncipe das Águas Claras, e era ali que costumava pensar na vida, resolver seus problemazinhos e sonhar com castelos.

O sol ia descambando no horizonte ("horizonte" era o nome do morro atrás do qual o sol costumava se esconder) e seus últimos raios vinham brincar de "acende-e-apaga" com brilhinhos na correnteza. Volta e meia um lambari prateava o ar com um pulo.

De repente, Narizinho ouviu um bocejo – ahhh! – Olhou... Era Faz-de-conta que se espreguiçava, como quem sai de um longo sono.

Achando aquilo a coisa mais natural do mundo, a menina apenas disse:

– Ora graças! Eu tinha certeza de que os ares do ribeirão fariam você mudar.

– Eu sou sempre o mesmo – respondeu o boneco. – Não mudei. Não mudo nunca. Quem muda são vocês, criaturas humanas. Você mudou, Narizinho.

– Como isso? – exclamou a menina franzindo a testa. – Estou no que sempre fui...

– Até parece... Tanto mudou que está entendendo a minha linguagem e vai ver coisa que sempre existiu neste sítio e no entanto você nunca viu. Olhe lá!

A menina olhou para onde ele apontava e realmente viu um bando de lindas criaturas, envoltas em véus de finíssima tule, dançando por entre as árvores do pomar. No meio delas estava um ente estranho, de orelhas bicudas como as de Mefistófeles, dois chifrinhos na testa e cauda de bode. Soprava músicas numa flauta de Pã, isto é, numa flauta feita de canudos, tal qual a casa de barro que umas vespas chamadas "Nhá Inacinhas" haviam feito na parede do fundo da casa de Dona Benta.

– Oh! – exclamou a menina, recordando-se. – Ainda ontem vi num dos livros de vovó uma gravura com uma cena igualzinha a esta. São as ninfas do bosque e o homem é um fauno.

Apesar de ter falado baixo, as dançarinas ouviram aquelas palavras e, não se sabe por que, fugiram numa corrida louca em todas as direções. O fauno até deixou cair a sua flauta.

– É minha agora! – gritou Narizinho correndo a apanhá-la.

– Ganhei uma flauta de Pã!...

Mas, ai! Agarrou a flauta com tanta força que a moeu, porque era de barro e estava cheia de vespas, que voaram numa grande aflição atrás das ninfas. Só ficou uma, presa entre o polegar e o fura-bolos da menina.

– Que vespa esquisita! – exclamou ela, examinando atentamente a prisioneira. – Parece uma velhinha coroca.

– Hein? – murmurou Faz-de-conta chegando e olhando. – Estou reconhecendo esta vespa. Quando o tronco de pau de que fiz parte era árvore viva, cheia de flores, em cada mês de setembro, muitas vezes a vi lá em nossos galhos. Desconfio que é uma fadazinha disfarçada em vespa.

– Se é fada – disse a menina duvidando – por que não fugiu com as outras e deixou que eu a pegasse?

– Porque queria conversar com você – respondeu a vespa.

A menina arregalou os olhos tomada de grande alegria.

– É fada mesmo, Faz-de-conta! E das que falam, porque há umas que só fazem *tlim,*

tlim, tlim, como aquela fada Sininho que gostava de Peter Pan. Que pena Pedrinho e Emília não estarem aqui. Vão ficar chateados de eu ter visto fadas antes deles!

A vespa-fada contou-lhe sua vida desde que nasceu e disse que já de muitos anos andava a correr mundo atrás de um alfinete mágico sem o qual não poderia ser, bem, bem, bem, fada das que podem tudo e viram uma coisa noutra. Esse alfinete era uma varinha de condão das mais poderosas, que andava perdida entre os mortais. Ao ouvir aquilo o coração da menina pulou dentro do peito. Lembrou-se logo do alfinete que tia Nastácia havia dado à boneca e imaginou que talvez fosse o tal alfinete mágico. Para certificar-se perguntou...

– Não era um alfinete de pombinha carijó?

– Isso mesmo! Como sabe? – exclamou a fada, admiradíssima.

Narizinho viu que havia feito asneira dizendo aquilo, pois a vespa poderia tomar o alfinete da boneca, impedindo-a de vir a ser uma famosa fada de pano – coisa que nunca existiu. Quis remendar a imprudência e disse:

– Sonhei. Sonhei a noite passada com um alfinete assim, isto é, mais ou menos assim. Não era de pombinha, não, agora me lembro. Era de galo ou bicho parecido. Como a senhora sabe, os sonhos são sempre atrapalhados.

– Mais atrapalhadas são as mentiras de nariz arrebitado! – disse a vespa, fugindo da mão da menina e indo pousar num galho de árvore. – Estou vendo que você sabe onde está o alfinete e não quer me contar.

Faz-de-conta chegou-se ao ouvido da menina e cochichou:

– Não caia nessa! Não conte! Você lá sabe se ela merece? Com fadas é preciso muita cautela, porque se algumas são anjos de bondade, outras são más como bruxas.

– Estou ouvindo tudo! – disse a vespa lá do galho. – E para castigo vou dar uma ferroada bem venenosa na ponta do nariz dessa menina má. Esperem aí!...

E começou a inchar, a inchar, até ficar do tamanho de uma enorme aranha caranguejeira. E arreganhou os terríveis ferrões e lançou-se contra a menina.

– Socorre, Faz-de-conta! – berrou Narizinho, fechando os olhos.

Ela sabia que o melhor meio de escapar dos grandes perigos era fechar os olhos, bem fechados, como a gente faz nos sonhos, quando sonha que está caindo num precipício.

De um pulo Faz-de-conta colocou-se entre a vespa e a menina, pronto para sacrificar a vida em sua defesa. O boneco era feio, mas tinha a alma heroica. E como estivesse desarmado, puxou do prego que prendia sua cabeça ao corpo, como quem puxa de uma espada e investiu contra a vespa. Ao fazer isso, porém, sua cabeça caiu por terra, rolou morro abaixo e foi mergulhar – *tchibum!* – no ribeirão.

A vespa assustou-se ao ver tão estranha criatura avançar para ela de prego em punho e sem cabeça. Assustou-se e – *zunn!* – desapareceu no ar...

– Pronto? – perguntou a menina sempre de olhos fechados. Ninguém respondeu.

– Ela ainda está aí? – perguntou de novo.

Ninguém respondeu.

Narizinho foi então entreabrindo os olhos, com muito medo, e afinal abriu-os todos. Mas deu um grito de horror, ao ver o boneco na sua frente, de prego na mão e sem cabeça.

– Que é isso, Faz-de-conta? Que fim levou sua cabeça?

O boneco está claro que nada respondeu. Só tinha boca e ouvidos na cabeça e, como a cabeça rolara morro abaixo, não podia ouvi-la nem responder.

– E agora? – disse consigo a menina. – Este lugar me parece muito perigoso, e sem a ajuda de Faz-de-conta podem me acontecer grandes desgraças. Se ao menos houvesse aqui por perto alguma casinha...

Olhou ao redor e viu não muito longe uma fumaça. "Deve ser casa", pensou, e correu para lá. Era casa, sim, a mais linda casa que ela viu em toda a sua vida, com trepadeiras na frente e duas janelas de venezianas verdinhas.

A menina bateu – *toc, toc, toc...*

– Entre quem é! – gritou de lá dentro uma voz. Narizinho abriu, entrou e deu um grito de alegria.

– Chapeuzinho! Que felicidade lhe encontrar aqui!

– E a minha felicidade de receber sua visita ainda é maior, Narizinho! Há quanto tempo te espero!...

Abraçaram-se e beijaram-se e ficaram de mãos dadas e os olhos postos uma na outra. Era ali a casa de Chapeuzinho Vermelho, cuja avó havia sido devorada pelo lobo. Chapeuzinho já tinha estado no sítio de Dona Benta no dia da recepção dos príncipes encantados e gostou muito de Narizinho e Emília, tendo-as convidado para virem passar uns dias com ela.

– Mas por que não me avisou de sua visita, Narizinho ?

– É que cheguei aqui por acaso. Estava só na floresta, depois que meu guia perdeu a cabeça, e não sei o que seria de mim se não fosse a fumacinha de sua casa, que vi de longe. E vim correndo, mas sem saber quem morava aqui.

Narizinho contou então tudo o que lhe havia acontecido e a terrível desgraça que sucedera a Faz-de-conta.

– Que coincidência! – exclamou Chapeuzinho. – Não faz minutos eu estava tomando banho no ribeirão e um objeto feito castanha de caju veio rolando pela água abaixo até esbarrar em mim. Peguei-o, olhei e vi que era uma cabeça, com boca, nariz e tudo. Quem sabe não é a cabeça de Faz-de-conta? Está guardada no bolso do meu avental.

Foi lá dentro e trouxe a cabeça.

– É essa mesma! – exclamou Narizinho satisfeitíssima daquele inesperado e feliz desenlace. – Vou consertar o meu João, já, já.

Foi um instante. Em meio minuto, a cabeça do boneco estava outra vez no lugar e ele em condições de falar e contar tudo o que acontecera enquanto a menina estivera de olhos fechados. Quando Faz-de-conta concluiu a narrativa, Chapeuzinho suspirou e disse:

– Quem me dera ter um companheiro leal e valente como este! Vivo tão sozinha nestas solidões...

Narizinho prometeu que viria visitá-la sempre que pudesse.

– E não deixe de trazer a Emília. Gostei muito dela.

Narizinho contou-lhe, então, em grande segredo para que alguma vespa escondida por ali não pudesse ouvir, que a boneca estava na posse do alfinete de pombinha, que era uma vara de condão e poderia, portanto, de um momento para outro, virar uma poderosa fada – e uma fada que nunca existiu no mundo: a Fada de Pano.

– Pois ela que se transforme e apareça por aqui para brincarmos de transformação.

Nesse momento, surgiu João Faz-de-conta, que tinha saído para o terreiro a fim de refrescar a cabeça. Vinha muito alegre, dizendo:

– Adivinhem quem passou por aqui! Peter Pan. Conversou comigo meio minuto e lá se foi, voando, para a Terra do Nunca, onde mora. Disse que qualquer dia aparece no sítio de Dona Benta para brincar com Pedrinho.

– Que pena não ter portado um minuto para tomar café conosco! – exclamou Chapeuzinho. – Ele sempre me visita e gosto muito dele.

Narizinho, que já conhecia Peter Pan, fez várias perguntas a respeito desse extraordinário "menino que jamais quis ser gente grande" e de sua inseparável companheira, a fada Sininho. E ainda estava ouvindo histórias dele, quando Faz-de-conta deu um berro de desespero, apontando para a estranha figura que acabava de pular a cerca do quintal com uma enorme faca de matar mulher na mão.

– Feche os olhos, Narizinho! – gritou ele. – Barba Azul vem vindo!... A menina, para se salvar, fechou os olhos com toda a sua força!

O ALFINETE

E salvou-se! Quando Narizinho reabriu os olhos, viu que estava outra vez no pomar, à beira do ribeirão, sentada na "sua raiz" com Faz-de-conta ao colo, mudo e morto como antes. Sacudiu-o, como se fosse um relógio que houvesse parado, mas o boneco não andou. Parece que havia quebrado a corda.

– Que pena! – murmurou Narizinho. – "Mudei de estado" outra vez. Estou agora no estado de todos os dias – um estado tão sem graça...

E voltou correndo para casa porque era quase noite.

– Vovó! – gritou ela ao entrar. – Faz-de-conta viveu mais de uma hora e conversou comigo, e me acompanhou ao País das Maravilhas, lá onde mora a Chapeuzinho Vermelho. E vi as ninfas dançando, um fauno tocando flauta e quebrei a flauta dele... E saiu de dentro uma nuvem de vespas, e uma delas era fada e...

– Pare, pare, menina! – exclamou Dona Benta tapando os ouvidos. – Você me deixa tonta! Não estou entendendo coisa nenhuma.

– E a fada quis me morder e fechei os olhos bem fechados, e João Faz-de- -conta puxou o prego e bateu nela, e a malvada fugiu e a cabeça de Faz-de-conta rolou pelo morro abaixo...

– Pare, pare! – gritou outra vez a velha. – Vá contar essa história a Pedrinho e deixe-me em paz.

Pedrinho naquele momento já tinha ido para a floresta. Vinha carrancudo e desapontado, pensando no melhor meio para se vingar da boneca e do Visconde.

Quando chegou, a menina foi ao seu encontro, gritando:

– Três grandes novidades, Pedrinho! Faz-de-conta viveu por mais de uma hora e revelou-se um nobre caráter. Tem Gênio muito diferente do de Pinóquio. Muito mais sensato e, além disso, valente e leal. Pedrinho ficou inteiramente desnorteado com aquelas palavras. Não podia admitir que fosse possível coisa semelhante. Se Faz-de-conta não era feito de nenhum "verdadeiro pau vivente", como poderia ter vivido?

– Viveu, sim! – insistiu a menina. – Mas só vive quando a gente "muda de estado".

– Que história é essa?

– Não sei explicar. Só sei que, em certos momentos, a gente muda de estado e começa a ver as maravilhosas coisas que estão a redor de nós. Vi ninfas, e um fauno, e uma vespa que era fada, e Faz-de-conta lutou com ela e me salvou, e vi uma fumacinha lá longe e fui correndo e encontrei a casa – sabe de quem? – Da Chapeuzinho Vermelho!

– Não diga!...

– E estive conversando com ela uma porção de tempo, e soube que se dá muito com Peter Pan. E Peter Pan apareceu para Faz-de-conta e prometeu chegar até aqui.

Pedrinho deu pulos de alegria, porque era aquilo o que mais desejava no mundo.

– E a terceira novidade é ainda mais importante – continuou a menina. – Imagine que descobri que aquele alfinete de pombinha que tia Nastácia deu à Emília é uma poderosa vara de condão – e, portanto, Emília, se quiser, pode virar fada!

Pedrinho deu novos pulos de alegria, tal barulho fazendo que a boneca lá da sala ouviu e veio ver o que era. E o mesmo Pedrinho que minutos antes vinha formando planos para se vingar da trollagem que levara, mudou completamente de ideia. Tratou mas foi de adular a futura fadinha.

– Emília – disse ele com a voz mais amável do mundo – vou fazer três cavalinhos novos para você, cada qual de uma cor, e uma casinha linda para você morar, e um fogãozinho para você cozinhar, e um trapézio para você balançar, e umas asinhas para você voar e uma...

A boneca espantou-se tanto com aqueles nunca vistos excessos de gentilezas, que foi arregalando os olhos, arregalando, arregalando, até que – *pluf!* – arrebentaram.

– Malvado! – berrou ela com cara de choro. – Está aí o que você me fez...

Os olhos de Emília eram de retrós e sempre que se arregalavam demais acontecia aquilo – arrebentavam...

O CIRCO DE CAVALINHOS

A OPERAÇÃO CIRÚRGICA

Depois do concurso para a fabricação do irmão de Pinóquio, houve no sítio de Dona Benta outro concurso muito engraçado – o concurso de "quem tem a melhor ideia". Quem venceu foi a Emília, com a sua estupenda ideia de um "círculo de escavalinho". Dona Benta, que era o juiz do concurso, achou muito boa a lembrança, mas deu risada do título.

– Não é "círculo", Emília, nem "escavalinho". É circo de cavalinhos.

– Mas toda gente diz assim – respondeu a teimosa criaturinha.

– Está muito enganada. Eu também sou gente e não digo assim.

O Visconde, que está quase virando gente, também não diz assim.

Emília teimou, teimou e, por fim, acabou aceitando só metade da emenda.

– Já que a senhora "faz tanta questão", fica sendo circo de escavalinho.

Dona Benta ainda insistia, dizendo que o diminutivo de cavalo é cavalinho e que, portanto, escavalinho era errado. Mas a boneca não se deu por vencida!

– É que a senhora não está compreendendo a minha ideia – explicou. – Escavalinho é o nome do diretor do circo, o célebre Senhor Pedro Malasarte Escavalinho da Silva, está entendendo?

Dona Benta sorriu da esperteza, mas Pedrinho gostou da ideia e aceitou que o circo teria o nome inventado pela boneca. Em vista disso, começaram os três a formular planos e a distribuir papéis.

Emília seria a dama que corre no cavalo e pula os arcos. João Faz-de-conta seria o homem que engole espada e come fogo. E palhaço?

Estava faltando justamente o principal, que era o palhaço.

– O Visconde daria um bom palhaço, se não fosse a sua mania de ciência; mas creio que podemos curá-lo. Vou chamar o doutor Caramujo.

– Acho boa a ideia – concordou Narizinho. – Além disso...

Mas não pôde concluir. Começou um bate-boca na cozinha, no qual se ouvia a voz de tia Nastácia gritando:

"Saia daqui pra fora"! Os meninos correram a ver do que se tratava e encontraram-na tocando o Visconde com o cabo da vassoura.

– O que é? O que foi?

– Pois é este senhor Visconde que está me bobeando – explicou a cozinheira. – Eu aqui bem quieta escamando estes lambaris para o almoço, e o "estrupício" aparece de livrinho na mão e começa a mangar comigo, com uma história de "seno" e "cosseno" e não sei que história de "mangaritmos". Eu estou cansada de dizer que não sei inglês, mas o diabo parece que não acredita...

– "Mangaritmos!" – exclamou o Visconde erguendo os braços para o céu – e *plaf!* – caiu por terra com o ataque.

Narizinho correu para socorrê-lo e levou-o para a casinha dele, onde o acomodou dentro da lata que lhe servia de cama. Depois gritou:

– Depressa, Pedrinho. Mande Rabicó chamar o doutor Caramujo. O nosso Visconde está muito mal.

A casa do Visconde era um vão de armário na sala de jantar. Dois grossos volumes do Dicionário de Morais formavam as paredes. Servia de mesa um livro de capa de couro chamado *O Banquete*, escrito por um tal Platão que viveu antigamente na Grécia e devia ter sido um grande guloso. A cama era formada por um exemplar da Enciclopédia do Riso e da Galhofa, livro muito antigo e danado para dar sono. Mas desde que o Visconde ficou uma semana inteira atrás da estante e criou bolor pelo corpo inteiro, não era ali que ele dormia, para não sujar o chão com o seu pozinho verde; dormia na lata. Outros "móveis" – armarinhos, cadeiras, estantes, também eram formados dos livros de capa de couro, que Dona Benta havia herdado de um seu tio, o Cônego Agapito Encerrabodes de Oliveira. Era naquela casinha que o Visconde passava a maior parte do tempo, lendo, lendo que não acabava mais. E tanto leu que empanturrou.

Rabicó tinha ido chamar o médico. Meia hora depois chegava o célebre doutor Caramujo, afobadíssimo, de malinha debaixo do braço.

– Quem é o doente? – foi logo indagando.

– É o senhor Visconde de Sabugosa, que teve hoje um ataque. Venha vê-lo, doutor.

O médico dirigiu-se para a lata do Visconde, examinou-o e franziu a testa.

– Hum! O caso é dos mais graves. Tenho de operá-lo imediatamente. Sua Excelência está empanturrado de Álgebra e outras ciências empanturrantes. Tragam-me uma bacia d'água, toalha e também uma pedra de amolar.

Pedrinho trouxe as coisas pedidas; o médico amolou na pedra a sua faquinha e abriu de alto a baixo a barriga do Visconde.

– Xi! – exclamou fazendo uma careta. Vejam como está este pobre ventre. Completamente entupido de corpos estranhos.

Pedrinho e Narizinho espiaram aquela barriga aberta e viram que em vez de tripas o Visconde só tinha uma maçaroca de letras e sinais algébricos, misturados com "senos" e "cossenos" e "logaritmos" – ou "mangaritmos", como dizia a tia Nastácia.

– Coitado! – exclamaram ambos, chateados. Está mesmo muito mal.

O doutor Caramujo tomou uma colherzinha e começou a tirar toda aquela tranqueira científica, depositando-a num pequeno balde que Pedrinho segurava.

– Não tire todas as letras – advertiu o menino. Se não ele fica bobo demais. Deixe algumas para semente.

– É o que estou fazendo. Estou tirando só o que é Álgebra. Álgebra é pior que jabuticaba com caroço para entupir um freguês.

Terminada a operação, o doutor colou a barriga do doente com um pouco de cola-tudo.

– Temos agora de deixá-lo em repouso durante três dias – recomendou. Depois desse prazo poder dar seus passeios pelo campo, a fim de tomar sol e respirar as brisas da manhã. Também é preciso esconder quanto livro de Álgebra exista por aqui, para evitar recaída.

Pedrinho pediu a conta, pagou-a e despediu-se do doutor, recomendando-lhe que desse muitas lembranças ao príncipe Escamado, a dona Aranha e outros personagens do reino.

– Que bom médico! – exclamou a menina logo que o doutor Caramujo partiu. Com um doutor assim até dá gosto ficar doente. Mas estou notando que esquecemos de uma coisa, Pedrinho.

– Que foi?

– Esquecemos de botar casos engraçados dentro da barriga do Visconde. Como vai ser palhaço de circo, ficaria ótimo se nós o recheássemos como tia Nastácia faz com os perus.

– Recheio de quê? – perguntou o menino.

– De anedotas, por exemplo.

– Bem pensado! Mas ainda está em tempo, porque a cola não secou.

E abrindo de novo o Visconde, puseram dentro três páginas bem dobradinhas de um livro do Cornélio Pires. Depois colocaram-no outra vez e deixaram-no a secar em paz.

– Venha ver, Emília, quanta letra saiu de dentro do coitado – disse a menina, indo ao quintal despejar o balde. – Eu bem digo que é muito perigoso ler certos livros. Os únicos que não fazem mal são os que têm diálogos e figuras engraçadas.

Passados os três dias de repouso, o Visconde pulou da sua lata e foi passear pelo terreiro, conduzido pela Emília, ainda muito fraco, mas perfeitamente curado das suas manias.

– Agora sim – disse Pedrinho – nosso circo vai ter um palhaço ainda melhor que o tal Eduardo das Neves que tia Nastácia tanto admira. Você, Narizinho, precisa fazer uma roupa bem estrondosa.

– Estou pensando em fazer uma roupa de palhaço de verdade, com um grande sol amarelo atrás.

– Pois vá cuidar do sol que eu vou organizar o programa da festa.

Dali a pouco, o programa estava pronto – e que lindo!

– Está muito bom – aprovou a menina. – Só falta a música.

– Já pensei nisso e está difícil de resolver. Vovó não pode ser música, porque precisa ficar recebendo os convidados. Tia Nastácia também não pode, porque precisa ficar tomando conta das cocadas. Não sei como iremos fazer...

– Rabicó! – sugeriu a menina. – Rabicó pode ser música. Não é muito afinado, mas passa.

– Esse não; preciso dele para outra coisa. – e Pedrinho cochichou-lhe ao ouvido um segredo.

– Ótimo! – exclamou a menina batendo palmas. – Vai ser uma sensação! Acho que é a melhor ideia que você já teve, Pedrinho!

– Mas olhe lá! Não diga nada a ninguém – nem à Emília, senão a coisa perde a graça.

E ainda cochicharam por vários minutos, dando grandes risadas contidas.

O PLANO DE EMÍLIA

Pedrinho tirou várias cópias do programa e as colocou dentro das cartas de convite que ia enviar aos seus amigos e às amigas de Narizinho.

Grande circo de escavalinho equestre e pedestre dirigido por
Pedro Malasarte Escavalinho da Silvano Sítio do Picapau Amarelo
A famosa Emília correrá no seu cavalo de rabo de pena
O incrível homem que come fogo e engole espadas
O célebre palhaço Sabugueira (rir, rir, rir. . .)
A monumental pantomima o Phantasma da Ópera
O espetáculo terminará com uma sensacionalíssima surpresa
Os espectadores terão direito a uma cocada ou um pé-de-moleque da célebre doceira Anastazimova
Hoje ver para crer
Preços: cadeiras: 1 real; arquibancadas: 10 centavos
Observação: é expressamente proibido entrar por baixo do pano

Quem levou as cartas? Quem mais se não esses preciosos portadores chamados Envelopes? Mas como os senhores Envelopes não sabem chegar ao destino se não forem acompanhados dos senhores Sobrescritos e de diversos senhores Selos, Pedrinho arranjou diversos senhores Sobrescritos e diversos senhores Selos para acompanharem os senhores Envelopes na longa viagem que tinham de fazer. E esses portadores se comportaram muito bem.

Nenhum deles se distraiu pelo caminho com brincadeiras, de modo que as cartas foram parar direitinhas nas mãos de cada um dos convidados.

– Muito bem! – disse a menina depois que os portadores partiram. – Só resta agora convidarmos os nossos amigos do País das Maravilhas. Eles nunca viram um circo e hão de gostar.

– É no que estou pensando – disse Pedrinho. – Acho melhor fazer um convite geral e incumbir o senhor Vento de ser o portador.

E o menino assim o fez. Escreveu um lindo convite numa folha de papel de seda, picou o papel em mil pedaços e subiu à mais alta pitangueira do pomar para jogá-los ao vento lá de cima. E jogou em verso, porque o Vento, o Ar, o Fogo e outras forças da natureza só devem ser faladas em verso.

"Vento que vento frade. Estas cartas levade, Norte, Sul, Leste e Oeste. E direitinho, se não... Teremos complicação!"

Narizinho, de nariz para o ar embaixo da árvore, riu daqueles versos. Depois lembrou-se de uma coisa.

– Você fez bobagem, Pedrinho. Mandou convites para todos, o que não é prudente. Podem aparecer o Barba Azul, o capitão Gancho e outras pestes.

– Não tenha medo. Se algum deles cair na tolice de aparecer, atiço-lhe o cachorro em cima.

– Que cachorro? Não temos nenhum aqui.

– Mas vamos ter. Pedirei ao tio Barnabé que nos empreste o Maroto por uma semana. Preciso dele para não deixar que ninguém entre por baixo do pano – e também para ser atiçado contra Barba Azul, capitão Gancho ou qualquer outro pirata que apareça. O que acha da ideia?

– Serve.

– Neste caso, apare no avental estas lindas pitangas.

E começou a colher lindas pitangas, vermelhas e graúdas. Depois desceu, com os bolsos cheios e sentou-se na raiz da árvore ao lado da menina. Ia comendo e falando.

– Tenho agora de levantar um empréstimo – disse ele. – Sem comprar uma peça de algodãozinho não poderei fazer o circo. Mas custa R$ 10,00 e no meu cofre só há R$ 5,30.

A menina fez a conta na areia com um pauzinho.

– Estão faltando R$ 4,70, se a minha conta estiver certa.

– Menos – advertiu Pedrinho. – Podemos contar com a renda do circo.

– Grande renda! Você bem sabe que todos vão pagar de mentira e, com dinheiro de mentira, não se compra nada nas lojas.

– Sim, mas há duas cadeiras de um cruzeiro cada uma, reservadas para vovó e tia Nastácia. Elas têm que pagar dinheiro de verdade. E vou fazer já os bilhetes, porque precisamos vender essas cadeiras hoje mesmo e receber o dinheiro adiantado.

Pedrinho engoliu apressadamente as últimas pitangas e foi fazer os dois bilhetes especiais.

C. de E.

Cadeira Reservada .... R$ 1,00

Narizinho, como era muito jeitosa para negócios, encarregou-se de vendê-los. Dona Benta não teve dúvida; comprou e pagou com uma nota muito velha, mas que ainda valia.

Tia Nastácia, porém, era a mulher mais esperta deste mundo, de tanto pechinchar com os mascates sírios que passavam por lá. Fez a choradeira do costume e tanto barateou que obteve a sua entrada por 80 centavos.

– Com uma condição! – disse a menina. – Você tem que arranjar um tabuleiro de cocadas e pés-de-moleque. Circo sem cocadas não tem graça.

A tia Nastácia resmungou, mas acabou prometendo. Obtidos assim mais R$ 1,80, ainda ficavam faltando R$ 2,90. Como fazer para consegui-los? Estavam os dois meninos atrapalhados com aquele difícil problema, quando a boneca apareceu com a sua colherzinha torta.

– Eu sou capaz de arranjar esse dinheiro! – disse ela depois de refletir um momento. – Mas só o arranjarei se Pedrinho me der aquele carro de rodas de carretel que ele fez outro dia.

Pedrinho soltou uma gargalhada.

– Você está pensando que dinheiro é biscoito, Emília? Por mais ativa que seja uma boneca não é capaz de arranjar nem um tostão.

– Não duvide de mim, Pedrinho. Bem sabe que sou uma boneca diferente das outras. Se me promete o carrinho, juro que arranjo o dinheiro.

– Pois vá lá, prometo!

A boneca deu uma risadinha manhosa e foi correndo para dentro.

– Grande boba! – exclamou Pedrinho. – Pensa que dinheiro é cisco.

– Não duvide de Emília – advertiu a menina. – Ela tem lábia e não me admirarei se aparecer com o dinheiro.

– Como?

– Sei lá. Isso é com ela.

– Muito bem – disse Pedrinho mudando de assunto. – Tenho agora de ir ao mato cortar paus e cipós para a armação do circo. Enquanto isso, trate de fazer a roupa dos artistas.

– E a roupa da "surpresa"?

– Essa fica para o fim – concluiu o menino, pondo o machadinho no ombro e partindo para a floresta.

Na tarde daquele dia, Dona Benta caiu numa grande aflição. Imaginem que tinha perdido os óculos e não podia costurar, nem fazer coisa nenhuma. "Sem óculos não sou gente" – costumava dizer. Nastácia e Narizinho já haviam procurado pela casa inteira, mas nem rastro encontraram dos "olhos de Dona Benta". Nesse momento, a boneca aproximou-se da pobre senhora, dizendo com o seu arzinho de santa:

– Todos já procuraram os seus óculos, menos eu. Quer que os procure?

– Que bobagem, Emília! Pois se Nastácia e Narizinho, que são gente, não acharam meus óculos, você, que é uma simples boneca de pano, os há de achar?

– Tudo é possível neste mundo de Cristo, como a senhora mesma costuma dizer. Se quer experimentar a minha habilidade de achar coisas...

– Pois procure. Quem a impede disso?

– Quanto me paga?

– Interesseira! Pago o que você quiser. Um tostão, por exemplo.

Emília deu uma risada gostosa.

– Tinha graça! Era só o que faltava eu procurar óculos para ganhar um tostão! Meu preço é R$ 3,00.

– Você está louca? Não sabe que R$ 3,00 é quase o preço de um par de óculos novos?

– Não sei, nem quero saber. Só sei que meu preço para procurar óculos de senhora é R$ 3,00 – e em notas novas. Se quer, bem; se não quer...

– Quero, quero – respondeu Dona Benta já meio chateada. – E quero também que vá brincar e não me atormente mais!

Emília saiu procurando os óculos por todos os cantos e, dali a cinco minutos, gritava:

– Achei, achei o fujão! – e veio correndo, sacudindo os óculos no ar. Dona Benta abriu a boca, de espanto.

– Onde estavam, Emília?

– Dentro do bolso de sua saia de gorgorão amarelo. Dona Benta abriu ainda mais a boca. Não podia compreender aquilo. Havia muito tempo que não punha aquela saia; como, pois, os óculos tinham ido parar lá, e logo no bolso? Mistério...

– Agora passe-me para cá os três cruzeiros em notas novas. Promessa é dívida – como diz tia Nastácia.

Dona Benta não teve remédio. Foi ao baú, escolheu três notas novas e deu-as à boneca. Emília dobrou-as, bem dobradinhas, e foi correndo procurar o menino que já havia voltado da floresta.

– Pronto! Aqui está o dinheiro! Passe-me um tostão de troco.

Pedrinho arregalou os olhos, assombrado, e apalpou as notas para ver se eram verdadeiras. Depois tirou um tostão do bolso e deu-o à boneca.

– Não aceito tostão velho e feio – disse Emília torcendo o nariz. – Quero um novo!

Pedrinho teve de procurar pela casa inteira um tostão novo e teve também de consertar uma das rodas do carro de carretel, que estava solta. Só depois disso é que Emília entregou o dinheiro.

– Para que quer tostão, Emília? Dinheiro de nada vale para quem é boneca.

– Quero para rodar – respondeu ela – e saiu, muito contente da vida, rodando o tostão pela sala.

Enquanto isso, Dona Benta e tia Nastácia cochichavam na cozinha a respeito do estranho acontecimento.

– Foi malandragem dela, sinhá! – dizia a cozinheira. – Emília está ficando sabida demais. Juro que foi ela quem escondeu os seus óculos para apanhar os cobres. A gente vê cada coisa neste mundo! Uma bonequinha que eu mesma fiz, e de um pano tão ordinário, tapeando a gente desta maneira! Credo!

O CIRCO

A construção do circo deu muito trabalho. Pedrinho tinha de fazer tudo, mas o pior era abrir buracos para fincar os esteios e o mastro. E quantos buracos. Mais de trinta. Suou que não foi brincadeira; chegou a criar calos d'água nas mãos. Emília, que de vez em quando vinha olhar as obras, deu uma ideia.

– Eu, se fosse você, arranjava um tatu para fazer esses buracos. Os tatus são melhores do que cavadeira para buracos redondinhos.

– E eu, se fosse você – respondeu o menino de mau humor – ia pentear macacos!

Emília lhe mostrou a língua e começou a brincar com o carro de carretel. Atrelou nele o cavalo de rabo de pena, colocou o tostão dentro e disse de brincadeira: "Agora, senhor cavalo, vá correndo ao palácio do rei e entregue-lhe este queijo de prata, que eu mando. Ao palácio do rei, não; ao palácio do príncipe. Ao palácio do príncipe, não; ao palácio do duque. Ao palácio do duque, não; ao palácio do marquês.

Ao palácio do... Abaixo de marquês o que é, Pedrinho? Perguntou ela, já esquecida da resposta anterior de Pedrinho.

Mas o menino não estava para prosa, porque justamente naquele instante havia dado uma martelada no dedo.

– É martelo! – respondeu assoprando o machucado.

– Martelo, martelo! Como é bonito! Por que você não vira o marquês de Rabicó em martelo?

– E por que você não vai lamber sabão, Emília?

A boneca lhe mostrou a língua outra vez e foi se queixar para a Narizinho lá dentro. A menina estava justamente acabando o sol da roupa do palhaço; ia começar o saiote da dama que corre no cavalo.

– Aquele bobo! – disse a boneca fazendo bico.– Dei uma ideia tão boa e o bobo me mandou lamber sabão. Bobão!

– Pedrinho, quando está trabalhando, não gosta que ninguém o atrapalhe, você sabe.

– Mas eu...

– Cale a boca e venha me ajudar na costura. Estou acabando este sol para começar o saiote com que você vai correr no cavalo.

– Que bom! Mas eu também quero um sol atrás.

Narizinho deu uma risada.

– Isso é um despropósito, Emília! Só os palhaços usam sol. Você, quando muito, poderá ter uma lua.

– Lua cheia ou minguante?

– Acho que lua nova fica melhor.

Emília bateu o pé.

– Lua nova não quero. Quero-a crescente! A menina riu de novo e abraçou-a, dizendo:

– Assim, é assim que gosto de você, Emília. Bem "burrinha" – e não sabichona como tem andado ultimamente. Asneira de boneca é a única coisa interessante que há neste mundo.

– E no outro mundo?

– No outro há muitas. Há fadas, ninfas, sacis, sereias e há o famoso Peter Pan que Faz-de-conta ficou de convidar.

– E ele vem?

– Não sei, mas acho que vem. Peter Pan me parece um grande moleque – e os moleques gostam muito de circo.

A conversa das duas continuou naquela ritmo por longo tempo.

Enquanto isso, Pedrinho fez os últimos buracos e começou a fincar os paus. Finca que finca, bate que bate, soca que soca – três dias levou na luta suando que nem vidraça em manhã de frio lá fora. O circo foi tomando cara de circo de verdade e, quando Pedrinho armou o pano, ficou tal qual o Circo Spinelli.

A alegria do menino foi imensa. Colocou as mãos no bolso e impressionou-se diante de sua obra, cheio de orgulho. Depois gritou:

– Gente, venham ver!

Todos se reuniram no terreiro e admiraram a obra e bateram palmas.

– É extraordinário! – disse Dona Benta à cozinheira. – Este meu neto vai virar um grande homem quando crescer, não restam dúvidas!

– É o que eu sempre digo, sinhá – confirmou tia Nastácia.

– Pedrinho é um menino que promete. Na minha opinião, ainda acaba delegado.

Ser delegado de polícia era para tia Nastácia a coisa mais importante que um homem podia ser, "porque prendia gente" – explicava ela.

Depois de construído o circo, começaram os ensaios. Pedrinho e a menina lá se trancaram com os artistas, não permitindo que ninguém os fosse espiar. Maroto havia chegado e já estava no serviço de montar guarda à porta, para que nem Dona Benta ou a tia Nastácia pudessem se aproximar. Maroto tinha ordem de latir, de morder não.

Terminados os ensaios da primeira parte, Pedrinho cuidou da pantomima, como um teatro gestual. Foi um custo! Essa pantomima tinha sido imaginada por Pedrinho de um certo jeito, mas, como todos meteram o bedelho, saiu uma mistura completa. Emília fez questão de dar o título – e deu um título muito sem pé nem cabeça: *O Pantasma da ópera*.

– Fantasma, Emília, corrigiu Narizinho. – Ph é igual a F, como você pode ver.

– Pantasma, se não saio da companhia e não empresto o meu cavalinho, nem o meu carro, nem o meu tostão novo.

– Como é birrenta! A gente quando quer uma coisa precisa dar as razões e não ir dizendo quero porque quero. Isso só rei é que faz.

– Mas eu tenho minhas razões – tornou Emília. – Pantasma nada tem que ver com fantasma. Pantasma é uma ideia que tenho na cabeça há muito tempo, de um bicho que até agora ainda não existiu no mundo. Tem olhos nos pés, tem pés no nariz, tem nariz no umbigo, tem umbigo no calcanhar, tem calcanhar no cotovelo, tem cotovelos nas costelas, tem costelas no...

– Chega! – berrou a menina tapando os ouvidos. – Não precisa contar o bicho inteiro. Fica Pantasma, como você quer. Mas esse ópera, que é?

– Não sei. Acho ópera um nome bonito e por isso o escolhi. Se você faz muita questão, eu tiro o *er* e fica o *Pantasma da Opa*. É o mais que posso fazer.

Os dois primos se entreolharam.

– Acho que ela está ficando louca – cochichou Pedrinho ao ouvido da menina.

– Isso foi no tempo da velha ortografia. Chegam os convidados nesta caixa de "phosphoros". Ninguém lê posporo!

– Sei disso muito bem – replicou a boneca. – Mas quero que seja assim!

Bum! Bum! Bum! Chegou, afinal, o grande dia. O terreiro estava enfeitado de bandeirolas e arcos de bambu. Às sete e meia ia começar o espetáculo. O diretor sentou-se à porta do circo para esperar os convidados. Dali a pouco, a porteira do terreiro rangeu e apareceu o doutor Caramujo, muito sério, de casca nova, carregando a sua maleta debaixo do braço. Contou que vinha muita gente do reino das Águas Claras, menos o príncipe Escamado.

– Por que não vem o príncipe? – perguntou Narizinho.

– Porque o príncipe já não existe mais – murmurou o médico baixando os olhos.

– Como não existe mais? O que aconteceu? Fale!

– Não sei o que aconteceu. Mas depois daquela viagem ao sítio de Dona Benta, o nosso amado príncipe nunca mais voltou ao reino.

Narizinho recordou-se da cena. Lembrou-se de que o falso Gato Félix havia aparecido para avisá-la de que o príncipe estava se afogando por ter desaprendido a arte de nadar. Lembrou-se de que correra ao rio para salvá-lo, mas nada encontrou. Será que teria mesmo se afogado?

– Acha que ele morreu afogado, doutor?

– Isso é absurdo, menina. Um peixe nunca desaprende a arte de nadar. O que aconteceu, sabe o que foi?

– Diga...

– Foi comido pelo falso gato Félix, aposto! O sexto sentido da menina foi enorme, e não caiu de tristeza, porque os convidados estavam chegando e isso estragaria a festa.

Mesmo assim puxou do lenço para enxugar três lágrimas bem sentidinhas. Nesse momento, a porteira rangeu novamente. Era dona Aranha com as suas seis filhas.

Narizinho lhes fez uma grande festa, e contou que tinha estado com Branca de Neve e mais outras princesas para as quais dona Aranha havia costurado.

– Branca de Neve ainda é muito branca? – perguntou a famosa costureira.

– Cada vez mais – respondeu a menina. – Até dói na vista olhar para ela.

Em seguida, chegaram os dois Bernardos-Eremitas – o que havia casado Narizinho e o que conduzira a salva com a coroa do príncipe. E chegaram os siris couraceiros e o Major Agarra. De repente, soou um miado ao longe.

– Será o falso gato Félix? – disse Pedrinho. Se for aquele patife, meu estilingue vai ter trabalho!

Mas não era, e sim o Gato Félix verdadeiro. Pedrinho ia fazendo as apresentações e acomodando os convidados nos seus lugares. Não houve nenhum que não pedisse notícias de Rabicó, do Visconde e do João Faz-de-conta. A resposta do menino era sempre a mesma:

– Eles são agora artistas do circo e estão se vestindo para a função.

– E há cocadas? – quis saber o Gato Félix.

– Cocadas só no intervalo – respondeu Emília. – São de três qualidades.

Umas brancas como a neve, outras cor-de-rosa como a rosa, outras queimadinhas como rapadura! Tia Nastácia é uma sábia para fazer toda sorte de doces e quitutes. Só não sabe fazer bonecos de pau! Faz-de-conta saiu tão feio que não tem coragem de aparecer para ninguém!

Chegada a hora de se acenderem os lampiões, entrou no picadeiro um "casaca-de-ferro". Era o pobre Faz-de-conta, com a sua ponta de prego, furando as costas da casaca verde que a menina lhe havia feito. Foi uma vaia.

– Olha a arara! – gritou o capitão dos couraceiros.

– Arranca o prego! – disse o sapo major. O pobre boneco, que tinha muito bom Gênio, não fez caso. Arrumou os lampiões muito bem, deixando o circo tão claro como o dia. Nisso um dos Bernardos berrou:

– Palhaço! Que venha o palhaço!

Todos o imitaram – e foi um berreiro de deixar a gente surda! Pedrinho teve de aparecer para explicar que ainda não tinham chegado os convidados do País das Maravilhas. A explicação causou muita alegria, porque nenhum dos presentes esperava que o pessoal do reino das fadas também viesse. E essa alegria se transformou em surpresa, quando o primeiro deles apareceu.

Era o Aladim com sua lâmpada maravilhosa na mão. Chegou e foi subindo para a arquibancada, como se fosse um velho frequentador de circos.

Depois chegou o Gato de Botas junto com o Pequeno Polegar – e todos bateram palmas. Depois veio Chapeuzinho Vermelho. E vieram Rosa Branca e sua irmã Rosa Vermelha. Rosa Vermelha apresentou-se de cabelo cortado, moda que as princesas do reino das fadas nunca usaram. Foi reparadíssimo aquilo; não houve quem não comentasse.

Depois veio Ali Babá sem os quarenta ladrões, e vieram Alice de Wonderland, e Raggedy Ann e quase todos que existem.

– Que coisa! – murmurou Pedrinho. – Justamente o que eu mais queria que viesse, não veio – Peter Pan...

– Talvez ainda venha – disse Narizinho. – Ele gosta de fazer tudo diferente dos outros.

Era hora de começar o espetáculo; o respeitável público já estava dando sinais de impaciência.

– Palhaço! – gritava volta e meia o Pequeno Polegar.

Nesse momento, um cachorro começou a latir furiosamente lá fora, como se estivesse dando um pega em alguém. Os espectadores fizeram silêncio, com as orelhas em pé, à escuta. Ali Babá subiu no último banco para espiar por uma fresta do pano.

– O que é, Ali? – perguntou Aladim, que estava embaixo arrumando a sua lâmpada.

– É Pedrinho que atiçou o cachorro com um sujeito muito feio, de barba azul como um céu.

– Barba Azul! – exclamaram as princesas assustadas. – Cada vez que colocamos o pé no sítio de Dona Benta esse malvado aparece. Não o deixem entrar!

Houve uma confusão! Aladim pegou na lâmpada para chamar o Gênio. Não foi preciso. Pedrinho surgiu em cena, já vestido de diretor de circo, e disse:

– Calma! Calma! Não se assustem! O monstro já está longe. O cachorro já lhe deu uma dentada na barba, que até arrancou um chumaço – e mostrou um punhado de barba de Barba Azul.

Todos vieram ver e cada qual levou um fio como lembrança.

– Palhaço! – gritou de novo o Pequeno Polegar.

– Cocada! – miou o Gato Félix.

Pedrinho resolveu começar o espetáculo e deu sinal, batendo com um martelo numa enxada velha, pendurada por um barbante – *blem, blem, blem...*

O ESPETÁCULO

A alegria no circo era imensa. Ainda que o espetáculo não valesse nada, todos se dariam por bem pagos da viagem pelo simples prazer do encontro. Os convidados do reino das Águas Claras estavam radiantes de se verem com os famosos personagens que até ali só conheciam através dos livros de histórias. E estes, como fazia muito tempo que não vinham à terra, estavam satisfeitíssimos de se verem em companhia de crianças de carne e osso.

Já soara o terceiro sinal e nada do espetáculo começar! O "respeitável público" ia ficando irritado. Narizinho achou que o melhor era começar imediatamente.

– Não posso antes de vovó chegar – alegou Pedrinho. – Está se arrumando ainda. Como as princesas vieram, vovó teve de mudar de vestido e está passando a ferro aquele de gorgorão do tempo do Imperador. Tia Nastácia não sei se vem. Está com vergonha, coitada, por ser empregada.

– Que não seja boba e venha! – disse Narizinho. – Eu dou uma explicação ao respeitável público.

Afinal, as duas senhorinhas apareceram – Dona Benta com o vestido de gorgorão, e Nastácia num que Dona Benta lhe havia emprestado.

Narizinho achou conveniente fazer a apresentação de ambas por haver ali muita gente que as desconhecia. Subiu em uma cadeira e disse:

– Respeitável público, tenho a honra de apresentar vovó, Dona Benta de Oliveira, sobrinha do famoso cônego Agapito Encerrabodes de Oliveira, que já morreu. Também apresento a princesa Nastácia.

Todos bateram palmas, enquanto as duas queridas se acomodavam nas suas cadeiras especiais.

– Palhaço! – gritou o Pequeno Polegar.

– Podemos começar – disse Pedrinho à menina. – Vá preparar a Emília que eu vou cuidar do palhaço.

Como o primeiro número do programa era uma corrida a cavalo da Emília, Narizinho deu-lhe os últimos retoques e fez-lhe as últimas recomendações. Pela primeira vez na vida, a boneca mostrava-se um tanto nervosa.

Blem, blem, blem – soou a enxada. Era a hora!

Uma cortina se abriu e a boneca entrou em cena montada no seu cavalinho de rabo de galo. Foi recebida com uma chuva de palmas. Emília fez uma graciosa saudação de cabeça, atirou uns beijinhos e começou a correr.

Correu várias voltas, umas sentada de banda, outras de pé num pé só.

– Que danada! – exclamou Dona Benta. – Nunca pensei que Emília se saísse tão bem; até parece o Tom Mix...

Tia Nastácia apenas murmurou: "Credo"! – e continou assistindo feliz.

Quando chegou o momento de pular os arcos, surgiu lá de dentro Faz-de- -conta com dois deles na mão. Coitado! Estava mais feio do que nunca na roupa de cowboy que Narizinho lhe arranjara. Aladim virou-se para o Gato de Botas e disse: "Este é que é o verdadeiro Cavaleiro da Triste Figura", e o Pequeno Polegar berrou: "Arranca o prego, bicho careta!"

Aquele prego de Faz-de-conta, cuja cabeça aparecia quando ele estava sem chapéu e cuja ponta furava as costas de todos os seus casacos, era um eterno assunto de discussão no sítio. Pedrinho achava que deviam chamar o doutor Caramujo para operá-lo, cortando com a sua serrinha o extravagante apêndice. Mas a menina era de opinião que tal ponta de prego constituía a única arma do coitado. Além disso, era um bom cabide que ela costumava utilizar nos seus passeios com a boneca. Para pendurar coisas leves, como chapéu ou o guarda--chuvinha da Emília, nada melhor! E em vista dessa utilidade, a ponta de prego ia ficando nas costas do coitado.

Faz-de-conta não deu importância às brincadeiras que o público fez à custa dele. Subiu em um banquinho e segurou com toda a convicção o arco de papel vermelho que Emília ia pular. A boneca colocou o cavalo no galope, correu duas voltas e na terceira – *zupt!* – deu um salto. Os espectadores romperam em palmas delirantes. O segundo arco era de papel azul e o terceiro, de papel verde. Emília pulou com a mesma habilidade o azul; mas, ao pular o verde, houve desastre.

Imaginem que o cavalinho entendeu de pular também! Pulou, não há dúvida, mas o seu rabo de pena enganchou no prego de Faz-de-conta, onde ficou dependurado. Quando o público viu que o rabo de pena havia passado do cavalinho para o cabide do boneco, foi uma tempestade de gargalhadas. Não percebendo o que havia acontecido, Faz-de-conta recolheu-se aos bastidores, balançando ao vento aquele penacho.

Emília também não percebeu o desastre, e julgando que as risadas e vaias eram para ela, parou, vermelhinha como um camarão, e mostrou uma língua de dois palmos para o público. E saiu furiosa!

– Não brinco mais! – disse lá nos bastidores, arrancando e espatifando o saiote de gaze. – Não sou palhaço de ninguém.

Foi um custo para Narizinho explicar o que havia acontecido e provar que a vaia tinha sido no cavalo e no boneco, não nela. A raivosa Emília voltou-se então contra o pobre Faz-de-conta.

– Estúpido! Onde se viu tamanho homem andar de fisga nas costas, feito anzol?

– Que culpa tenho? – gemeu o feiura tristemente. – Nasci assim...

– Pois não nascesse! – respondeu a boneca – e por força do hábito, pendurou-lhe na ponta do prego o esfrangalhado saiote de gaze.

O DESASTRE

Pedrinho estava numa terrível aflição. O Visconde havia desaparecido misteriosamente e o público não parava de reclamar para ver o palhaço. O menino não podia explicar a si próprio o estranho acontecimento. Deixara o Visconde, já vestido, num canto dos bastidores, prontinho para entrar em cena logo que Emília acabasse de correr – e não havia meio de descobrir o Visconde. Isso o obrigou a alterar a ordem do espetáculo.

– Ande, Faz-de-conta – disse ele ao boneco – vá engolindo espadas, enquanto eu procuro pelo Visconde – e empurrou-o para dentro do picadeiro.

Faz-de-conta entrou com um feixe de espadas debaixo de um braço e uma lata de brasa debaixo do outro. Colocou-se bem no meio do picadeiro, num tapetinho que havia.

E começou a engolir espadas! Fez o serviço tão bonito que o público esqueceu a feiúra dele e explodiu em palmas! Depois de engolida a última espada, começou a comer fogo e – *glut, glut, glut* – deu conta de todas as brasas da lata. Ao comer a última, porém, esbarrou nela com a ponta do nariz (que, como todos sabem, era formado por um pau de fósforo) e pegou fogo!

Foi uma sensação! O público desandou numa gritaria.

– Incêndio de nariz! – gritava o Polegar. – Chamem o corpo de bombeiros!

Aladim, Ali Babá, o Gato-de-Botas e outros pularam no picadeiro para socorrer o incendiado. Mas foi inútil. O nariz de Faz-de-conta já estava totalmente destruído, só restando um toquinho de carvão... O curioso é que o boneco melhorou bastante de aspecto.

Ficou bem menos feio, porque sua feiúra era causada principalmente por aquele horrível nariz de fósforo que tia Nastácia lhe havia espetado na cara. Faz-de- conta foi levado para dentro e o público, chefiado pelo Pequeno Polegar, continuou a pedir o palhaço. E como Pedrinho não conseguiu encontrar o Visconde, teve de aparecer com explicações.

– Respeitável público! – disse ele. – Uma grande desgraça aconteceu. O nosso famoso palhaço Sabugueira acaba de desaparecer misteriosamente. Com certeza, algum malvado o raptou, de modo que não há mais palhaço. Também não há mais pantomima. A grande estrela Emília, que desempenhava o papel principal, está emburrada e recusa-se a representar. Em vista desses contratempos, vou terminar o espetáculo com a *surpresa*!

Uns espectadores bateram palmas; outros assobiaram e o Gato Félix gritou:

– Cocadas, ao menos!

Nesse momento, entrou a surpresa. Era – adivinhem se são capazes! – um elefante, o menor elefante do mundo, como Pedrinho foi dizendo enquanto arrumava no picadeiro as garrafas sobre as quais o elefantinho ia caminhar. Um verdadeiro sucesso foi a surpresa! Era um elefante tão perfeito que até parecia natural – com tromba, presas de marfim e grandes orelhas caídas. Deu umas voltas pelo picadeiro, naquele andar sossegado dos elefantes grandes e depois começou a caminhar, com muito medo, sobre as garrafas que Pedrinho colocara de jeito.

– Berra, elefante! – gritou Polegar.

O elefante obedeceu e berrou três vezes com toda a força. Mas berrou numa voz muito parecida com voz de porco. Maroto, que estava lá fora tomando conta do circo, ouviu o berro e ficou de orelha em pé. Depois entrou por baixo do pano para ver o que era. Ao dar com aquele bicho nunca visto, começou a latir furiosamente e avançou contra ele de dentes arreganhados. Tamanho susto levou o elefante, que tremeu em cima das garrafas e veio ao chão. Maroto agarrou-o e sacudiu-o, e tanto o sacudiu que a pele do elefante se rasgou pelo meio deixando escapar de dentro – *coin, coin, coin* – um animal que ninguém esperava: o senhor marquês de Rabicó!

O circo quase veio abaixo de tanta vaia e gritaria. Pedrinho coçou a cabeça; depois caiu de pontapés no Maroto, enquanto Rabicó fugia para o terreiro. Para salvar a situação, Narizinho entrou no picadeiro com um cabo de vassoura com uma faixa na ponta, onde se lia em enormes letras vermelhas: *intervalo*.

Todos cuidaram de descer o mais depressa possível, de medo que as cocadas não chegassem. Tia Nastácia, no seu vestido do tempo da Sinhá Moça, ergueu a toalha que cobria o tabuleiro e começou a distribuição.

– Quero uma branca, duas cores-de-rosa e três queimadas! – foi dizendo o Gato Félix.

Enquanto isso, o Gato de Botas argumentava com Pedrinho a respeito do misterioso desaparecimento do Visconde.

– Juro que foi Peter Pan quem o raptou – dizia o gato. – Peter Pan é muito amigo de pregar peças. Veio aqui às ocultas e "pegou" o palhaço. Garanto que não foi outra coisa.

Mas não era nada disso. Era apenas o seguinte. O Visconde havia encontrado uma Trigonometria velha que pertencera ao cônego Encerrabodes e Pedrinho pusera como calço em um dos esteios do circo. Tamanha foi a sua satisfação, que arrancou o livro dali e saiu de braço dado com ele para um passeio pelos arredores. E por lá ficaram até o dia seguinte, conversando sobre "senos" e "cossenos".

– Como isso, se o doutor Caramujo havia curado o Visconde da sua mania científica?

Muito simples. Havia curado, mas não completamente. Deixara em sua barriga algumas letras para semente e foi o bastante para que a festa de Pedrinho acabasse naquele fiasco.

Não há nada mais perigoso do que semente de ciência...

PENA DE PAPAGAIO

A VOZ

A história de Peter Pan, que Dona Benta contara aos meninos certo dia, tinha os deixado de cabeça virada. Narizinho só pensava em Wendy; e Pedrinho só pensava em Peter Pan, "o menino que nunca quis crescer".

Pedrinho também não queria crescer, mas estava crescendo. Cada vez que apareciam visitas era certo lhe dizerem, como se fosse um grande cumprimento: "Como está crescido!" e isso o mortificava.

Um dia, em que estava no pomar em cima de numa goiabeira, comendo as goiabas boas e jogando as bichadas para Rabicó, entrou pela centésima vez a pensar naquilo.

– Que coisa! – murmurou consigo mesmo. -Tenho de crescer, ficar do tamanho do tio Antônio, com aquele mesmo bigode, feito um bicho cabeludo, embaixo do nariz e, quem sabe, aquela mesma verruga barbada no queixo. Se houvesse um meio de ficar menino para sempre...

– Há coisa ainda maior! – respondeu atrás dele uma voz desconhecida.

Pedrinho levou um grande susto. Olhou para todos os lados e nada viu. Não havia ninguém por ali.

– Quem está falando? – murmurou com voz trêmula. A mesma voz respondeu:

– Eu!

– Eu, quem? *Eu* nunca foi nome de gente.

Pedrinho, que andava com Peter Pan na cabeça, pensou imediatamente nele. Só Peter Pan, no mundo inteiro, teria a ideia de vir pregar-lhe aquela peça. Para certificar-se, perguntou:

– Que altura você tem?

– A sua, mais ou menos.

– E que idade tem?

– Mais ou menos a sua.

Se tinha a altura e a idade dele, era um menino como ele. E se era um menino como ele, quem mais se não Peter Pan? Pedrinho sentiu uma grande alegria. O endiabrado Peter Pan ia aparecer outra vez.

Para certificar-se ainda mais, perguntou:

– Que veio fazer aqui?

– Ensinar a todos daqui um grande segredo.

Não podia haver dúvida. Era Peter que tinha vindo mesmo ensinar o segredo de não crescer. A alegria de Pedrinho aumentou ainda mais.

– Você não me engana! – gritou, piscando o olho. – Você é Peter Pan que está escondido não sei onde.

A voz fez cara de desentendida.

– Peter Pan? Quem é? Nunca o vi mais gordo e nem de nome conheço tal figura.

Pedrinho chateou-se. Aquela resposta veio atrapalhar todos os seus cálculos.

Mesmo assim, não se deu por vencido.

– É, sim – afirmou de novo – porque só Peter Pan sabe o segredo de não crescer, e o segredo que você veio ensinar não pode ser outro. A voz deu uma risada.

– Você quer ser esperto demais, mas não passa de um bobo. O segredo que vim ensinar é muito mais importante. Sei o jeito de tornar uma pessoa invisível como eu.

Tal impressão causaram no menino aquelas palavras que ele perdeu o pé, escorregou da árvore e veio de ponta-cabeça ao chão.

Felizmente era goiabeira baixa e não se machucou. Pedrinho ergueu-se, deu uns tapas nas folhas secas que lhe pegaram na roupa e disse:

– Voz de uma figa! Onde é que você está?

– Aqui, ali e acolá – respondeu a voz.

A pior coisa do mundo é falar com criaturas invisíveis. A gente não sabe para onde se virar. Assim estava Pedrinho e, para atrapalhá-lo ainda mais, a voz ora vinha da direita, ora da esquerda.

– Deve ser muito bom ser invisível – disse Pedrinho. – Quantas vezes conversamos sobre isso eu e Narizinho!...

– Quem é ela?

– Minha prima Lúcia, a menina do nariz arrebitado. Narizinho também quer ficar invisível. Você lhe ensina o jeito?

– Ensino aos dois, se merecerem.

– E que temos de fazer para merecer?

– Viajar comigo pelo mundo das maravilhas. É lá que se tira a prova de quem merece ou não merece receber este dom das fadas. O primeiro menino invisível que apareceu no mundo fui eu, mas me sinto muito só. Preciso de companheiros. Por isso vim.

– Obrigado pela lembrança. Mas onde é esse mundo das maravilhas?

– Em toda parte. Olhe, tenho aqui o mapa – disse a voz tirando do bolso um papel dobrado.

Pedrinho achou muita graça de ver o mapa dobrado abrir-se no ar. Esticou a mão, pegou-o e examinou-o.

– Que bonito! – exclamou depois de ler os nomes de todas as terras e mares. – Até o sítio de vovó está marcado, com o chiqueirinho de Rabicó bem visível. Como obteve este mapa?

– Viajando de lápis na mão. O mundo das maravilhas é velhíssimo. Começou a existir, quando nasceu a primeira criança, e há de existir enquanto houver um velho sobre a terra.

– É fácil ir lá?

– Facílimo ou impossível. Depende. Para quem possui imaginação, é facílimo.

Pedrinho não entendeu muito bem. A voz dizia às vezes coisas sem propósitos – talvez para atrapalhar.

– Muitos viajantes têm visitado esse mundo – continuou a voz. – Entre eles, os dois irmãos Grimm e um tal Andersen, os quais estiveram lá muito tempo, viram tudo e contaram tudo direitinho como viram. Foram os Grimm os que primeiro contaram a história de Cinderela certinha como foi. Antes deles já essa história corria mundo, mas de um jeito errado, cheia de mentiras.

– Bem me estava parecendo – murmurou Pedrinho. – Tenho um livro de capa muito feia que conta o caso de Cinderela diferente do de Grimm.

– Jogue fora esse livro! Grimm é que está certo.

– Mas e o mapa? – interrogou Pedrinho. – Pode ficar comigo?

– Pode. Sei de cor todas as terras. Mas não o perca, que é o único que existe. – Fique descansado – disse o menino guardando o mapa no bolso. – Resta agora saber qual o meio de lá ir.

– Não se preocupe com isso. Tenho jeito para tudo. Guiarei você.

– E quando?

– Quando quiser. Amanhã, por exemplo.

– Pois muito bem – concluiu Pedrinho. –Partiremos amanhã. Pela madrugada estarei neste ponto com a minha prima Lúcia. Está combinado?

– Coocoricocó! – foi a resposta da misteriosa voz, que, dali por diante, emudeceu – sinal de que o dono dela se retirara.

Pedrinho ficou no mesmo lugar ainda algum tempo, pensando, pensando.

Lembrou-se de que Peter Pan tinha aquela mesma mania de cantar como galo. Suas dúvidas voltaram. Seria Peter Pan?

PREPARATIVOS

Depois voltou para casa a correr, aflito por contar a Narizinho o estranho acontecimento. E contou tudo, num atropelo.

A menina abriu a boca.

– Mas que jeito tinha ele? – indagou ela, ardendo em curiosidade.

– Como posso saber, se era invisível? A voz parecia de menino. Disse que tem minha altura e minha idade. Gosta de cantar como galo, tal qual Peter Pan. Desconfiei que fosse Peter Pan, mas a voz declarou que não, que nem de nome o conhece.

– É extraordinário! – murmurava Narizinho, olhando para o mapa aberto no chão. – Venha ver, Emília.

A boneca, que estava brincando de esconder com o Visconde, veio depressa. Olhou para o mapa, fez suas críticas e, dando com o chiqueirinho de Rabicó, berrou:

– Ande, Visconde, venha ver uma coisa! E como o Visconde não vinha logo, correu a buscá-lo e fincou-o no mapa com tanta empolgação que furou o Mar dos Piratas.

Depois de olhado, reolhado e decorado aquele mapa, Pedrinho pensou nos preparativos.

– Temos de resolver tudo já, porque amanhã de madrugada é a partida. Antes de mais nada, preciso saber quem vai e quem não vai.

– Acho que devemos ir todos, menos Rabicó – opinou a menina. – Rabicó está muito malcriado. Vai Emília, Faz-de-conta e o Visconde...

– Faz-de-conta não! – berrou a boneca. – Tenho vergonha de andar com uma feiúra daquelas. O Visconde, sim, porque preciso dele.

Venceu a opinião da boneca. Faz-de-conta ficava e o Visconde ia.

– E a bagagem? – lembrou a menina. – Valerá a pena levar alguma?

– Acho que não – disse Pedrinho. – O menino invisível é como o Peter Pan, dos tais que sabem dar jeito a tudo e fazem surgir o que é preciso. Foi essa a minha impressão.

Ficou resolvido não levarem nada.

– Muito bem – disse Pedrinho. – Nesse caso, tratemos de dormir mais cedo, porque temos de sair de madrugadinha.

Dona Benta estranhou aquela ida para a cama tão antes da hora e disse para tia Nastácia: "Teremos novidades amanhã!..."

Só Emília não foi dormir. A boneca tinha ideias especiais sobre tudo, e tudo fazia diferente dos outros. Por isso, resolveu levar bagagem e passou parte da noite arrumando uma célebre bolsinha de couro que Dona Benta lhe dera. Colocou dentro uma pena de papagaio, uma perna de tesoura de unha encontrada no lixo, o famoso alfinete de pombinha que filara da tia Nastácia e mais quitandas.

– A gente precisa se precaver – dizia ela no meio do quarto, de mãos na cintura, repetindo uma frase que tia Nastácia usava muito. Vendo que não havia esquecido de coisa nenhuma, tratou de fechar a bolsinha. Não conseguiu. Estava cheia demais.

– Visconde! – berrou. – Venha me ajudar a "espremer" esta malvada.

O pobre Visconde de sabugo – cada vez mais verde de bolor e todo duro de reumatismo – foi lá do seu canto até ela, gemendo.

– Sente-se em cima e esprema a tampa até arrebentar.

Felizmente para o Visconde não foi preciso tanto. A bolsinha teve dó dele e deixou-se fechar antes que o pobre sábio sentasse em cima dela.

A PARTIDA

Alta madrugada os meninos pularam da cama, vestiram-se e, passo a passo, dirigiram-se ao pomar sem que Dona Benta percebesse coisa alguma. Emília foi atrás, muito sutil, também na ponta dos pés. Já Visconde fechava o cortejo. Assim que abriram a porteira, ouviram um canto de galo do lado do pé de goiaba.

– Cocóricó!

Pedrinho reconheceu a "voz".

– É ele! – exclamou. – Já está à nossa espera no ponto marcado.

Correram todos para lá, mas, como nada podiam ver, pararam desnorteados. Nesse momento, um segundo cocoricó se fez ouvir no alto da goiabeira. O menino invisível, além de guloso, não perdia tempo...

– Você está aí em cima? – perguntou Pedrinho, de nariz para o ar.

– Não está "vendo"? – respondeu a voz. – Acostume-se a saber onde estou sem me ver – e para dar a primeira lição, atirou uma casca de goiaba bem na cara de Pedrinho, dizendo:

– Aprendeu?...

– Aprendi – respondeu Pedrinho rindo.

– Agora desça, pois quero apresentar a minha prima Lúcia e os outros.

– Não é preciso. Sei que Lúcia é essa de narizinho arrebitado.

A outra é a tal Emília, marquesa de Rabicó. Só não conheço o de cartolinha e canastra às costas.

– Este é o ilustre senhor Visconde de Sabugosa, um sábio.

– Que é que ele sabe ? – perguntou a voz, jogando outra casca de goiaba na cartola do Visconde.

Todos no sítio consideravam o Visconde um grande sábio, mas na realidade ninguém sabia o que ele sabia. Por isso, atrapalharam-se com a pergunta. Mas Emília, que não se atrapalhava com coisa nenhuma, disse logo, toda espevitada:

– Ele sabe embolorar muito bem. Fica todo verdinho por fora, quando quer. É doutor em bolor.

Desta vez quem se atrapalhou foi a voz, que com certeza nunca tinha ouvido falar em bolor.

De repente – *pluf!* –, um barulho de alguém que pula de árvore ao chão. Era a "voz" que havia descido, plantando-se no meio deles.

– Estamos na hora – disse ela. – Temos de partir antes que o sol nasça. Cadê o mapa?

Pedrinho tirou do bolso o mapa e apresentou-o. A voz pegou-o, abriu-o e ficou vendo...

Narizinho arregalava os olhos. Aquele mapa que se abria no ar sozinho, e ficava parado, pareceu-lhe uma coisa extraordinária. O misterioso menino era invisível, mas não tornara invisíveis os objetos que pegava.

Isso deu imediatamente uma ideia a Pedrinho.

– Lembrei-me de uma coisa – disse ele. – Como é muito enjoado lidar com um companheiro de viagem que a gente não pode ver, proponho que você traga uma pena no chapéu. Pela pena saberemos onde você está.

– Seria ótima a ideia – respondeu a voz –, se eu usasse chapéu. Mas não uso coisa nenhuma sobre o corpo, se não todos me perceberiam e de nada valeria ser invisível.

– Ai, que vergonha! – exclamou Emília tapando a cara com as mãos.

– O que não dirá Dona Benta, quando souber que estamos em companhia de um ente que não usa roupas?

– Deixe de ser idiota, Emília – reclamou Narizinho. – Você não entende nada de criaturas invisíveis!

Não podendo usar a pena no chapéu, que não tinha, Pedrinho propôs que a amarrasse à testa com um fio. Foi aprovada a ideia. Mas onde arranjar pena e fio?

– Tenho uma de papagaio na minha bagagem – gritou Emília. – Traga a bolsinha, Visconde, e abra-a.

O Visconde abriu-a e passou à boneca a pena de papagaio e um rolinho de fio de linha. A pena foi atada à testa do menino invisível e, desde esse momento, não houve mais dificuldade em lidar com ele. A pena flutuante no ar indicava a sua presença.

– Viva o Peninha! – gritou Emília – e aquele grito foi um batismo. Dali por diante, só o iriam chamá-lo assim: Peninha.

Resolvido aquele ponto, trataram de partir. Para isso, o menino invisível tirou de um saquinho certo pó de pirlimpimpim. Deu uma pitada a cada um e pediu que o cheirassem. Todos o cheiraram – sem espirrar. Só Emília espirrou. A boneca espirrava com qualquer pó que fosse.

Assim que cheiraram o pó de pirlimpimpim, que é o pó mais mágico que as fadas inventaram, sentiram-se leves como plumas e tontos, com uma zoeira nos ouvidos. As árvores começaram a girar-lhes em torno como dançarinas de saiote de folhas e depois foram se apagando. Parecia sonho. Eles boiavam no espaço como bolhas de sabão levadas por um vento de extraordinária rapidez. Ninguém falava, nem podia falar, a não ser a boneca que em certo ponto gritou:

– Preciso de mais pó, Peninha! Sinto que estou caindo!

– É que estamos chegando – respondeu a voz.

De fato. A tonteira começou a passar e as árvores foram se tornando visíveis outra vez. Segundos depois, sentiram terra firme sob os pés. Tinham chegado. Os meninos abriram uns olhos do tamanho de goiabas.

Olharam em torno. Um rio de águas cristalinas corria por um vale de veludo verde. Na beira do rio, um carneirinho branco preparava-se para beber. Ao fundo, uma alta montanha azul erguia-se majestosa, e entre o rio e a montanha era a floresta.

– Estamos no País das Fábulas, também chamado Terra dos Animais Falantes – explicou Peninha. – Vamos começar aqui a nossa viagem pelo Mundo das Maravilhas.

O SENHOR DE LA FONTAINE

– Que lindo lugar! – exclamou Pedrinho. – Aqui é que devia ser o sítio de vovó.

A menina também se mostrou maravilhada. Mas Emília fez cara de pouco caso. Tinha tido uma decepção. Que pena não terem começado a viagem pelo Mar dos Piratas! Emília andava com a secreta esperança de ser raptada por algum famoso pirata, que comesse Rabicó assado e se casasse com ela. O sonho de Emília era tornar-se mulher de pirata – para "mandar num navio".

– Mas será mesmo que os animais desta terra são falantes ou faz de conta que falam? – perguntou Narizinho.

– Falam pelos cotovelos! – respondeu Peninha.

– Falam para que possa haver fábulas. Vamos andando por este rio acima que logo encontraremos algum.

Nesse momento, viram um homem de cabeleira encaracolada, vestido à moda dos franceses antigos. Usava fivelas nos sapatos, calções curtos e jaqueta de cintura. Na cabeça trazia chapéu de três pontas e renda branca no pescoço e nos punhos. Apoiava-se em comprida bengala e vinha caminhando pausadamente, como quem está pensando.

– Parece uma figura que vi naquele leque de Dona Benta – disse Emília. – Com certeza é o dono do carneirinho.

– Não! – afirmou Peninha. – Aquele homem é o senhor de La Fontaine, um francês muito sábio, que passa a vida nesta terra a observar a vida dos animais.

– Conheço-o muito – disse Pedrinho. – Tenho em casa um livro dele.

O senhor de La Fontaine aproximou-se do rio e, escondendo-se atrás de uma moita, ficou por ali a espiar. O carneirinho estava com sede. Foi se chegando ao rio, espichou o pescoço e – *glut, glut, glut* – começou a beber. Nesse momento, outro animal, de cara feroz e muito antipático, saiu da floresta, farejou o ar e dirigiu-se para o lado do carneirinho. Vinha lambendo os beiços.

– É o lobo! – cochichou Peninha. – Vai devorar o cordeirinho da fábula.

– Que judiação! – exclamou a menina com dó. – Não deixe, Pedrinho. Jogue uma pedra nele.

– Psiu! – fez Peninha. – Não atrapalhem a fábula. O senhor de La Fontaine lá está, de lápis na mão, tomando notas.

O lobo chegou-se para junto do carneirinho e disse, com a insolência própria dos lobos:

– Que desaforo é esse de estar sujando a água que vou beber? Não vê que não posso servir-me dos restos de um miserável carneiro?

O pobrezinho colocou-se a tremer. Conhecia de fama o lobo, de cujas garras nenhum carneiro escapava. E com a voz atrapalhada pelo medo respondeu:

– Desculpe-me, senhor lobo, mas Vossa Lobência está do lado de cima do rio e eu estou do lado de baixo. Assim, com perdão de Vossa Lobência, creio que não posso turvar a água que Vossa Lobência vai beber.

– E falam mesmo! – exclamou Emília. – Falam tal qual uma gente...

O lobo parece que não esperava aquela resposta, porque engasgou e tossiu três vezes. Depois disse:

– E não é só isso. Temos contas antigas para ajustar. No ano passado, o senhor andou dizendo por aí que eu tinha cara de cachorro ladrão. Lembra-se?

– Não é verdade, Lobência, porque só tenho três meses; o ano passado eu ainda estava no calcanhar de minha avó.

– Toma! – exclamou Narizinho em voz baixa. Por esta o lobo não esperava. Quero só ver agora o que ele diz.

O senhor de La Fontaine, lá na moita, escrevia, escrevia...

Aquela resposta atrapalhara o lobo, que, além de mau, era curto de inteligência, ou, para ser franco, burro! Tossiu mais umas tossidas e, por fim, achou a resposta.

– Sim – rosnou ele –, mas se não foi você, foi seu irmão mais velho, o que dá na mesma.

– Como pode ser isso, Lobência, se sou filho único?

Vendo que com razões não conseguia vencer o carneirinho, o lobo resolveu empregar a força.

– Pois se não foi seu irmão, foi seu pai, está ouvindo? – e avançou para ele de dentes arreganhados. E já ia fazendo – *nhoc!* – quando o senhor de La Fontaine pulou da moita e lhe pregou uma bengalada no focinho.

Mestre lobo não esperava por aquilo. Meteu o rabo entre as pernas e sumiu pela floresta a dentro.

Grande alegria para a meninada. Emília correu para brincar com o carneirinho, enquanto os outros se dirigiam para o lado do senhor de La Fontaine.

EMÍLIA E LA FONTAINE

Narizinho sabia duas palavras em francês – *bon jour* e *au revoir*. Os outros não sabiam nenhuma. Em vista disso, os outros a empurraram para falar com o fabulista. A menina atrapalhou-se já no começo, porque, em vez de *bon jour*, disse:

– *Au revoir*, senhor de La Fontaine! Acabamos de chegar do sítio de vovó e vimos a bengalada que o senhor pregou no focinho daquele lobo antipático. Muito bem feito. Queria aceitar os nossos parabéns. *Bon jour.*

O fabulista achou muita graça em tanta inocência e, erguendo-a do chão, deu-lhe um beijo na testa. Depois disse:

– Não precisa falar francês comigo, menina. Entendo todas as línguas, tanto a dos animais como a dos humanos.

Os outros já o haviam rodeado – inclusive Emília, que deixou para brincar com o carneirinho depois. Estava ela muito admirada das roupas do fabulista. Homem de gola e punhos de renda, onde já se viu isso? E aquela cabeleira de cachos, feito mulher! Quem sabe se o coitado não tinha tesoura? – pensou a boneca.

O senhor de La Fontaine conversou com todos amavelmente, dizendo que era aquele o lugar do mundo de que mais gostava. Ouvia os animais falarem, aprendia muita coisa e depois colocava em verso as histórias.

– Eu já li algumas das suas fábulas – disse Pedrinho. – O senhor escreve muito bem.

– Acha? – disse o modesto sábio, sorrindo. – Fico bastante contente com a sua opinião, Pedrinho, porque muitos inimigos na França me atacam, dizendo justamente o contrário.

– Não faça caso! – gritou Emília. – Eles não sabem o que dizem. Pedrinho quando diz uma coisa é porque é. Pode acreditar nele.

– Obrigado pelo consolo, bonequinha. Sua opinião e a de Pedrinho valem muito para mim, porque em ambas vejo grande sinceridade.

Emília não tirava os olhos da cabeleira do fabulista. O coitado morava sozinho naqueles lugares e com certeza nem tesoura tinha, pensava ela. De repente teve uma lembrança. Abriu a bolsinha e, tirando de dentro a perna de tesoura, ofereceu-a ao sábio, dizendo:

– Queira aceitar este presente, senhor de La Fontaine.

O fabulista arregalou os olhos, sem alcançar as intenções da boneca.

– Para que quero isso, bonequinha?

– Para cortar o cabelo...

– Oh! – exclamou o fabulista, compreendendo-lhe afinal a ideia e sorrindo.

– Mas não vês que a sua tesoura tem uma perna só?

Emília, que não se atrapalhava nunca, respondeu prontamente:

– Pois corte o cabelo de um lado só.

Narizinho interveio. Puxou-a dali e disse ao fabulista que não fizesse caso visto como a boneca sofria das ideias.

Nesse momento, o menino invisível, que tinha estado longe, aproximou-se. Ao ver aquela pena flutuante no ar, o senhor de La Fontaine ficou intrigado. Colocou-se a olhar, com rugas na testa, sem poder descobrir o mistério.

Emília deu uma risada.

– O senhor, que é um sábio da Grécia, adivinhe, se for capaz, que pena de papagaio é aquela, sem papagaio atrás...

O fabulista olhava, olhava e cada vez compreendia menos.

– Não posso – disse afinal. – É um perfeito mistério para mim.

– Pois eu sei – berrou Emília. – É a marca do menino invisível, o Peninha. O fabulista ficou na mesma. Foi preciso que Pedrinho contasse tudo desde o começo para que o enigma fosse entendido. Mesmo assim o senhor de La Fontaine ficou de boca aberta e olhos arregalados, porque nunca em sua vida tinha encontrado uma criatura invisível.

Pedrinho chamou-o de parte e disse-lhe ao ouvido:

– Ando desconfiado que esse menino é o mesmo Peter Pan.

Tem igual modo de falar e igual mania de cantar de galo. O que é que o senhor pensa disto?

O pobre fabulista, que não tinha a menor ideia de quem fosse Peter Pan, menino descoberto na Inglaterra muito recentemente, não pôde dar opinião a respeito.

– Não sei, Pedrinho. Vocês estão falando sobre coisas muito novas para um homem tão antigo como eu.

Depois, vendo o sol já alto, propôs:

– Aproveitemos o tempo para mais uma fábula.

Disse e dirigiu os passos para o ponto onde havia uma árvore com cigarra cantando. Todos o acompanharam. Pedrinho era detalhista.

Prestava a maior atenção aos menores movimentos do fabulista, porque desejava aprender a escrever fábulas lindas como as dele. Até da marca e número do lápis que o senhor de La Fontaine usava, Pedrinho tomou nota para comprar um igual. Em certo momento, Emília criou coragem e, colocando-se longe de Narizinho para evitar algum beliscão, disse para o sábio:

– Em troca da tesoura, quero uma coisa, senhor de La Fontaine.

– Diga lá o que é, bonequinha.

– Quero uma fábula.

– Uma fábula de uma perna só? – caçoou ele.

– Uma fábula onde apareça um carneirinho, uma boneca de pano e um tatu-canastra.

Narizinho agarrou-a e enfiou-a no bolso, dizendo:

– Já é demais. Parece que os ares deste campo lhe desarranjaram a cabeça de uma vez!

A FORMIGA COROCA

A cigarra estava cantando num galho seco, perto de um formigueiro. Ao aproximar-se da árvore o senhor de La Fontaine parou.

– Gosto do canto das cigarras – disse ele. – Dá-me a ideia de bom tempo, sol quente, verão. Este inseto é um pouco boêmio como em geral todos os cantores. – Há muitas cigarras e enormes no sítio de vovó – disse Pedrinho.

– Morrem cantando, como os cisnes – confirmou o sábio. – Já escrevi uma fábula sobre a cigarra e a formiga, que é outro inseto muito curioso, símbolo do trabalho incessante. Aqui temos um formigueiro onde vocês podem observá-las.

Todos se abaixaram ao redor do formigueiro.

– Não param nunca, sempre ocupadas nos trabalhos caseiros – prosseguiu. – Cortam folhas, picam-nas em pedacinhos e guardam-nas em perfeitos celeiros para que fermentem. Nessas folhas, um cogumelozinho se desenvolve, com o qual se alimentam. São insetos de alta inteligência. A muitos estudos que dizem que a formiga está mais adiantada que nós, homens. Há mais ordem e governo na sociedade delas. São mais felizes.

– Felizes? – exclamou Emília com carinha incrédula. – Bem se vê que o senhor nunca sentiu o horrível cheiro de bebida que Dona Benta costuma dar a elas lá no sítio, um tal formicida...

O fabulista riu com vontade e, voltando-se para Narizinho, disse que a boneca tinha uma "estranha e viva personalidade". A menina não entendeu muito bem, mas começou dali por diante a olhar para Emília com mais respeito. Se a boneca tinha uma "estranha personalidade", então tinha alguma coisa, não sendo simplesmente a boba, como lhe costumava chamar.

Nesse momento, a fábula da cigarra e da formiga começou novamente.

– *Psiu.* – fez o fabulista. – Silêncio, agora. Vamos ver se é mesmo como eu escrevi.

Todos se calaram, imóveis em roda do formigueiro. A célebre cigarra tuberculosa, que tossia, tossia, tossia, vinha chegando, embrulhada no seu xalinho esfarrapado. Vinha se rastejando, como quem está nas últimas, para a morrer de fome e frio. Parando à porta do formigueiro, bateu: "*toc, toc, toc*".

– Como ela bate direitinho! – murmurou Emília. – Bate tal qual uma gente.

A cigarra bateu e ficou esperando, toda encolhida. Instantes depois, apareceu uma formiga coroca, sem dentes, com ares de ter mais de mil anos. Era a porteira da casa e rabugenta como ela só.

Abriu a porta e disse, na sua voz rouca dos séculos:

– O que é que a senhora deseja?

Vendo tanta cara feia, a pobre cigarra quase desmaiou de medo e foi tomada de outro acesso de tosse. Nem podia falar. Em vez de sentir piedade, a formiga fechou ainda mais a cara e disse:

– Errou de porta, minha cara. Isto aqui não é asilo de inválidos. Se está doente, vá para a casa do seu sogro.

– Perdão – disse a triste mendiga. – É que não tenho casa, nem sogro, e estou morrendo de fome e frio. Se a senhora não me der uma folhinha para comer e um cantinho para me abrigar, certo que morrerei à míngua.

– É o melhor que tem a fazer – respondeu a formiga. – Que fazia no bom tempo?

– Eu? Eu cantava, senhora formiga. Sou cantora de nascença.

– Hum, já sei! Era a senhora quem cantava em cima dessa árvore o dia inteiro. Bem me lembro disso!

A cigarra sorriu, certa de que a lembrança das suas passadas cantorias tinha amolecido o coração da formiga. Ah, ela não imaginava o que era o coração de uma formiga coroca de mais de mil anos!

– Bem me lembro – continuou a formiga. – Cantava de nos colocar doidas aqui dentro. Muita dor de cabeça tive por causa da sua cantoria, sabe? Agora está fraca e não canta mais, não é isso? Pois dance! Cantou enquanto era moça e saudável? Pois dance agora que está velhinha e doente!

E – *plaf!* – deu-lhe com a porta no nariz. A triste cigarra, com o nariz esborrachado, ia pendendo para trás para morrer, quando Emília disse:

– Não morra, boba! Não dê esse gosto para aquela malvada. Está com fome? Vou já trazer um montinho de folhas. Está com frio? Vou já acender uma fogueirinha. Em vez de morrer, feito uma idiota, ajude-me a preparar uma boa vingança contra a formiga.

A cigarra comeu as folhinhas que a boneca lhe trouxe, aqueceu o corpo na fogueirinha que a boneca lhe acendeu. Sarou da fraqueza imediatamente e quis começar a cantar.

– Não ainda – disse Emília. – Primeiro temos de ajustar contas com a formiga. Depois você canta até rebentar.

O senhor de La Fontaine, curioso de ver qual seria a vingança da boneca, colocou-se de lado, observando disfarçadamente. Vendo isso, Narizinho não teve coragem de brigar com Emília e deixou-a em paz. Emília mandou que a cigarra batesse na porta outra vez. A cigarra obedeceu, batendo três *toc-tocs*.

Logo, a formiga foi espiar quem era. Dando com a mesma cigarra, disse-lhe um grande desaforo e já lhe ia batendo com a porta no nariz outra vez, quando Emília a agarrou pela perna e a puxou para fora.

– Chegou sua vez, malvada! Há mil anos que a senhora dá com essa porcaria de porta no focinho das cigarras, mas chegou o dia da vingança! Quem vai levar porta no nariz és tu, sua cara de coruja seca!

E voltando-se para a cigarra:

– Amor com amor se paga. Eu seguro a bruxa e você malha com a porta no nariz dela. Vamos!

A cigarra cumpriu a ordem! Com tantas portadas no nariz da formiga, a pobre acabou pedindo socorro ao senhor de La Fontaine, seu conhecido de longo tempo.

O fabulista interveio.

– Basta, bonequinha! – disse ele. – A formiga já sofreu a sova merecida. Pare, se não ela morre e estraga-me a fábula.

Emília soltou a formiga surrada, que lá se foi para o fundo do formigueiro com o nariz enorme e mais tonta do que se tivesse bebido um cálice de formicida.

ESOPO

Durante todo aquele tempo, o menino invisível estivera afastado do grupo, vendo uns macacos que haviam aparecido na orla da floresta. Ao voltar anunciou sua chegada, já de longe, com o tradicional *cócóricócó*. O senhor de La Fontaine, que ignorava aquela mania do Peninha, iludiu-se, julgando tratar-se de um galo de verdade.

– Lá está um galo cantando – disse ele ingenuamente. – Gosto dessa ave, que simboliza a bravura e a vitória.

Todos sentiram vontade de rir ao perceberem o engano de um homem tão sábio. Mas contiveram-se, lembrando o respeito que Dona Benta lhes ensinara para com os mais idosos. Todos, menos Emília. A burrinha espremeu uma das suas risadas e disse antes que a menina pudesse atrapalhar:

– O senhor está fazendo papel de bobo, senhor de La Fontaine! Aquilo nunca foi canto de galo, nem aqui nem na casa de sua sogra. É o Peninha que vem vindo.

Narizinho, envergonhada, tapou-lhe a boca com a mão e queixou:

– Como chama de bobo um homem tão importante, Emília? Vovó, quando souber, vai ficar danada!

Nesse momento, a pena de papagaio apareceu flutuando no ar, vinda da floresta, em companhia de um homem esquisito. Todos se voltaram para ver.

– Quem será o bicho careta? Com certeza algum homem que estava tomando banho e perdeu as roupas – disse Emília. – Vem enrolado na toalha.

O senhor de La Fontaine explicou quem era.

– Estás enganada, bonequinha. Aquele homem é um famoso fabulista grego. Não vem enrolado em nenhuma toalha, mas sim em um vestido à moda dos antigos gregos. Chama-se Esopo. Foi o primeiro que teve a ideia de escrever fábulas!

Esopo chegou e saudou o fabulista francês. Depois fez graça para as crianças. Vendo Emília, admirou-se.

– Oh, uma bonequinha também! Era o único ente que faltava nestas terras. É falante?

– É sim. Emília fala pelos cotovelos – respondeu Narizinho.

A admiração de Esopo foi grande, porque, apesar de velho, nunca tinha sabido de nenhuma boneca que falasse.

– É extraordinário! – disse ele. – Bonecas vi muitas em Atenas, mas mudas. O mundo tem progredido, não resta dúvida. Como te chamas, bonequinha?

– Emília de Rabicó, sua criada.

– Lindo nome. E quem te ensinou a falar?

– Ninguém – respondeu Emília com todo o espevitamento.

– Nasci sabendo. Quando o doutor Caramujo me deu uma pílula tirada da barriga de um sapo, comecei a falar imediatamente.

– Emília fala muito bem – explicou Narizinho. – Pena é que fala tanta tolice. O grego sorriu com malícia.

– Nós, sábios, também não fazemos outra coisa – disse ele. – Mas como falamos nossas tolices com arte, o mundo se ilude e as julga de alta sabedoria. Vamos, bonequinha, diga uma tolice para o velho Esopo ver.

Emília desapontou e, torcendo a ponta do seu lencinho de chita, respondeu com muito propósito:

– Assim rapidamente, não sei...

Os dois fabulistas trocaram um olhar de inteligência, como quem diz: "Vê?". Em seguida, entraram em uma discussão a respeito da origem das fábulas – e, afastando-se dali, foram sentar-se numa pedra à beira do ribeirão.

Como estavam sozinhos, os meninos começaram a planejar grandes aventuras.

– Eu quero ver um leão! Quero conhecer o leão da fábula! – disse Pedrinho.

– Eu quero ver aqueles dois pombinhos do apólogo tão bonito que vovó contou – disse a menina.

– E eu quero pegar um tatu-canastra – disse Emília.

Era a terceira vez que Emília falava em tatu-canastra. Narizinho ficou intrigada.

– Que tatu-canastra é esse em que você tanto fala, Emília?

A boneca respondeu sem demora.

– É que a bolsinha que trago sempre comigo me dá muita canseira. Tenho de carregá-la no lombo do Visconde o tempo todo. Ora, se pego um tatu-canastra, fico dona de uma canastra que anda por si mesma nos seus quatro pés, levando a minha bolsa. Não acham que é boa ideia?

– É a maior ideia que a senhora teve até hoje, marquesa! – exclamou o Visconde.

O pobre sábio andava que mal podia consigo, de tanto carregar às costas a tal bolsa. Por isso não falou nem se meteu em coisa nenhuma durante todo o passeio. Não pôde nem sequer debater ciência com os dois fabulistas, seus colegas em sabedoria. Se de fato houvesse um tatu-canastra, que bom!

Peninha contou que na floresta havia muito mais bichos do que ali – leões, tigres, macacos, ursos – todos os animais importantes. Em vista disso, para lá se encaminhou o bando, guiado pela pena de papagaio flutuante. Assim que entraram na floresta, viram no topo de uma árvore seca um corvo de queijo no bico. Pedrinho, muito sabido em fábulas, disse logo:

– Aposto que embaixo da árvore está uma raposa. Ela vai elogiar a voz do corvo, dizendo que nenhum sabiá canta mais bonito que ele. O vaidoso acredita, fica todo orgulhoso, abre o bico para cantar e o queijo cai e a raposa pega o queijo e foge com ele, na risada. Já sei tudo. Não vale a pena pararmos para ver isso.

– Vale, sim! – contrariou Emília. – Podemos enganar a raposa e comer o queijo.

Narizinho fez cara de nojo.

– Que coragem, Emília! Comer um queijo que já andou em bico de corvo... – Comer de mentira, boba. Só para ver o desapontamento da raposa.

Mas não pararam. Pedrinho achava que o corvo e a raposa eram bichos sem importância, dos que não valem a pena. Queria feras de verdade.

– Onde mora o leão, Peninha? – perguntou ele.

– Na montanha. Vai-se pelo caminho da casa da Menina do Leite.

– Bravos! – exclamou Narizinho.

– Vovó nos contou a história dessa coitadinha que foi ao mercado vender o primeiro leite da sua vaca mocha, fazendo castelos do que havia de comprar com o dinheiro. De repente, tropeçou. O pote veio ao chão, e a coitada viu irem-se água abaixo, com o leite, todos os seus lindos sonhos. Desejo muito conhecê-la pessoalmente.

A floresta formava ali uma clareira, de modo que puderam avistar ao longe a fumacinha, depois a chaminé, depois o telhado e, por fim, a casa inteira de Laura, a Menina do Leite.

– Lá vem ela! – gritou Emília.

De fato, num vestido de pintinhas vermelhas, Laura vinha vindo na direção deles, com o pote de leite à cabeça.

– Bom dia, Laura! – disse Narizinho ao defrontar a moça. – Aonde vai tão faceira?

– Ao mercado da vila próxima, vender este leite da minha vaca mocha. Vendo o leite e compro duas dúzias de ovos. Pretendo chocar os ovos e tirar duas dúzias de pintos. Cuido dos pintinhos até crescerem e obtenho doze galos e doze galinhas. Vendo os galos e conservo as galinhas para botarem ovos. A duzentos ovos cada uma por ano, terei, deixe ver... – e começou a fazer a conta de cabeça.

– Não estrague a sua cabecinha, dona Laura – disse Emília.

– Temos aqui o Visconde que é um danado para contas. Visconde, deixe a bolsinha e faça a conta desta menina.

O embolorado sábio obedeceu. Deixou de carregar a bolsa, enxugou o suor da testa e fez a conta na areia, com um pauzinho.

– Dois mil e quatrocentos ovos – declarou ele por fim.

– É isso mesmo – disse a Menina do Leite, que já tinha feito a conta de cabeça.

– Dois mil e quatrocentos ovos! Coloco tudo a chocar e consigo outras tantas aves. Vendo-as no mercado e compro dez porcos. Faço uma criação de porcos. Vendo os porcos e compro cinquenta vacas.

A boneca, que conhecia a fábula, estava de olho no pote para vê-lo cair. Era naquele ponto que o leite se derramava. Mas o pote não caiu e Laura continuou:

– Faço uma grande criação de vacas. Depois vendo as vacas e compro uma casa e um automóvel. Fico morando na casa e vou passear na vila de automóvel. Lá encontro um lindo moço que se apaixona por mim. Caso-me com ele e vou morar na cidade.

Emília estava na maior aflição. A Menina do Leite já passara todos os pontos em que o pote cai. Já estava casada e morando na cidade. Continuando assim, a fábula ia ficar completamente sem jeito. A boneca não pôde conter-se por mais tempo.

– Pare, senhorita, e derrube o pote de leite, se não a fábula fica sem pé e nem cabeça! Laura deu uma gargalhada.

– Já se foi esse tempo, bonequinha! Isso me aconteceu uma vez, mas não acontece outra. Arranjei esta lata de metal, que fecha hermeticamente, para substituir o pote quebrado. Agora, posso sonhar com quantos castelos quiser, sem receio de que o leite se derrame e meus sonhos acabem em desilusões. Adeus, meninada, adeus!

Foi um desapontamento geral.

– Não valeu a pena pararmos para ver só isso – disse Pedrinho. – Vamos depressa à montanha. Talvez lá as fábulas sejam sempre as mesmas. Quero ver o leão.

Nesse momento, avistaram a montanha onde estava a caverna do rei dos animais. Dali por diante, tinham de ir com todas as cautelas, na ponta dos pés, para não despertar a atenção de alguma fera. Chegaram ao terreiro que havia em frente à caverna. Ossos de animais devorados e um cheiro de carniça mostravam que não houvera engano, era ali mesmo a caverna procurada.

– Sei de uma fresta na rocha – disse Peninha – de onde podemos ver o leão sem que ele nos veja. Sigam-me, sem fazer o menor barulhinho.

Todos o seguiram, passo a passo, como gatos. Subiram pela rocha e, por fim, alcançaram a tal fresta, que ficava bem no topo da caverna, em ponto que os bichos não podiam alcançar nem que pulassem. Dali os meninos veriam tudo sem o menor perigo.

Cada qual se ajeitou como melhor pôde, com um olho na fresta.

– Lá está ele! – disse Pedrinho, que foi o primeiro a ver.

– Lá está o Leão da Fábula no seu trono de ossos, rodeado de toda a corte.

OS ANIMAIS E A PESTE

O leão havia reunido toda a bicharada, a fim de resolver sobre a terrível peste que estava devastando o reino. Antes de decidirem qualquer coisa, os reis costumam consultar os sábios, os astrólogos, os bobos da corte e outras notabilidades do reino. Assim também fazia o Leão da Fábula. O primeiro consultado foi um macaco de barbas brancas, sabido como ele só!

– Qual a sua opinião, senhor mono, sobre a peste que nos desgraça?

O macaco alisou a barbaça, tossiu três vezes e disse:

– Saiba Vossa Majestade que esta peste é um castigo do céu. Ofendemos as majestades celestes, foi isso. Agora, o remédio é aplacarmos a raiva dos deuses com o sacrifício de um de nós.

– Muito bem – disse o leão. – Mas sacrifício do qual?

– Do mais carregado de crimes – respondeu o macaco.

O leão fechou os olhos e colocou-se a meditar. Recordou sua vida passada, suas injustiças, a crueldade com que matara tantas zebras, gazelas, veados, carneiros e até homens. E resolveu fazer bonito: oferecer-se para o sacrifício como o mais carregado de crimes.

Nenhum animal teria a coragem de concordar com ele, de modo que ele fazia o bonito sem correr o menor perigo. Assim procedem os reis que desejam ficar famosos na história.

– Amigos – disse o leão com cara de remorso. – Nenhuma dúvida me resta: quem deve ser sacrificado sou eu. Ninguém cometeu mais crimes do que o vosso rei, ninguém matou maior número de veados, carneiros, zebras e homens do que eu. Devo ser o escolhido para o sacrifício. O que acham?

Disse e correu os olhos pela corte, com ar de quem está pensando lá por dentro: "Quero só ver quem tem o topete de achar que sim". Todos estavam convencidos de que de fato era o leão o maior criminoso da floresta, mas nenhum tinha a coragem de o dizer em voz alta. A raposa, então, adiantou-se e fez um discursinho.

– Bobagens, Majestade! – disse ela. – Se há no mundo um ente limpo de crimes, certo que é o nosso bondoso rei leão. Matou veados e carneiros e zebras e homens? Oh, isso em vez de crime constitui ato de nobre piedade. Para que servem tais bichos? Que é um veado, uma zebra ou um carneiro ou um homem na ordem das coisas? Perfeitas imundícies, de modo que o que Vossa Majestade fez foi apenas uma obra de limpeza. Ninguém tome minhas palavras como lisonja, tenho horror a isso, mas Vossa Majestade, na minha opinião, em vez de ser um criminoso, é um santo!

Uma chuva de palmas cobriu o discurso da raposa. O leão lambeu a bigodeira, de gosto, e agradeceu à raposa com um gesto cordial. Em seguida, levantou-se o tigre e disse o mesmo que havia dito o leão. Acusou-se de grandes crimes e declarou que o merecedor do castigo só podia ser ele, não outro. A raposa fez novo discurso, ainda mais bonito que o primeiro, provando que o santo número dois da floresta era justamente o tigre. A cena repetiu-se com todos os animais de músculos fortes e dentes afiados. Todos viraram santos.

Por fim, chegou a vez do burro.

– Pondo a mão na consciência, não me sinto culpado de coisa nenhuma – declarou a burríssima criatura. Só como capim e outras ervas. Nunca matei um mosquito. Se mutuca me morde, o mais que faço é espantá-la com o espanador da cauda. Nunca roubei e nunca tomei a mulher do próximo. Nem coices dou, porque sofro de uma inchação nos pés, muito dolorosa. A consciência de nada me acusa.

Assim que o burro concluiu, todos os animais entreolharam-se.

Era muito grave aquela sua confissão! A raposa adiantou-se e falou, como intérprete do pensamento geral.

– Eis o grande criminoso, Majestade! – disse ela, apontando para o pobre burro. – É por causa dele que o céu nos mandou esta epidemia. Ele tem que ser sacrificado. Não dá coices, confessou, "porque tem os pés inchados". Quer dizer que, se não tivesse os pés inchados, andaria pelo mundo distribuindo coices como quem distribui cocadas?! Morra o miserável burro coiceiro!

– Morra! Morra! – gritaram mil vozes. Vendo aquilo, o rei leão também indignou-se.

– Miserável burro de carroça! – berrou. – É por tua causa, então, que o meu reino está acabando? Pois te condeno a ser imediatamente estraçalhado pelo carrasco da corte. Vamos, tigre, cumpre a sentença do teu rei!...

Os olhos do tigre-carrasco brilharam. Estraçalhar animais era o seu grande prazer. Lambeu os beiços e armou o bote para lançar-se contra o trêmulo burro. Mas ficou no bote. Uma enorme pedra lhe caiu do teto da caverna bem no alto da cabeça – *plaf!* – Grande berreiro!

Correria! Desmaios das damas. Quem é? Quem foi? Fora obra do Peninha.

– Bravos! – exclamaram os meninos. – Isso é que se chama boa pontaria. – Fujamos enquanto é tempo – gritou Peninha. – O leão já nos farejou aqui e está lambendo os beiços.

Não foi preciso mais. Os meninos correram pela montanha abaixo.

PRISIONEIROS

Na corrida, Peninha cruzou com o burro, que também ia fugindo, e pulou-lhe no lombo. Isso fez que os outros ficassem para trás e se perdessem no mato. Sem o Peninha para guiá-los, andaram, andaram muito e, por fim, entraram sem saber no país dos macacos. Assim que passaram as fronteiras desse reino, vários guardas apareceram e os prenderam com cipós. Em seguida, os levaram à presença de Sua Majestade Simão XIV, que os cortesãos chamavam de Rei Sol, porque, quando Simão aparecia, todas as caras se iluminavam de sorrisos.

– Majestade – disse um dos guardas – aqui trazemos à Vossa Sublime Presença estes quatro viajantes que estavam atravessando as fronteiras sem passaporte.

– É mentira, senhor rei! – gritou Emília. – Eu tenho passaporte, sim. Olhe aqui – e abrindo a bolsinha, sempre nas costas do Visconde, tirou de dentro o célebre alfinete de pombinha. – Este é o meu passaporte.

O Rei-Sol examinou com a maior atenção aquele objeto para ele desconhecido, pois nunca vira nem alfinete simples, quanto mais de pombinha. Depois disse:

– O passaporte adotado no meu reino é uma banana-ouro, mas, como sei que outros povos usam outros passaportes, aceito como válido este que esta senhora apresenta. Podem soltá-la.

Os guardas começaram a desamarrar Emília. Enquanto isso, Pedrinho achou jeito de lhe dizer na linguagem do P, que os macacos não entendem:

– *Apavipisepe Pepenipinhapa quepe espestapamospos naspas upunhaspas despestapa hoporrenpendapa mapaca-pacapadapa!* (Avise Peninha que estamos nas unhas desta horrenda macacada!)

– *Simpim* – respondeu Emília disfarçadamente, e mal ficou livre saiu, muito rapidamente, sem olhar para trás.

Em seguida, Narizinho foi trazida à presença do real come bananas.

– Senhorita – disse ele – embora seja um crime entrar no meu reino sem licença, ouvirei de bom grado as suas explicações. Sou um rei magnânimo, mais amigo de premiar do que de castigar. Diga-me, quais são as suas impressões sobre a minha corte?

A menina olhou por todo o redor e só viu macacos e macacas, cada qual mais peludo e feio. Mas era esperta! Compreendeu que se dissesse a verdade teria de pagar caro. O melhor seria fingir-se encantada e só dizer coisas agradáveis aos ouvidos daquela horrenda bichada. E respondeu:

– Estou maravilhada, Majestade, com a magnificência desta corte! Conheço muitas, tenho visitado muitos reis, como o Rei de Ouros, o Rei de Copas, o Rei de Espadas e outros. Mas nunca vi soberano mais bonito e nobre do que Vossa Majestade! Nem nunca vi damas da corte mais formosas que as presentes aqui! Tão entusiasmada estou com o vosso reino, que nele ficaria morando a vida inteira, se Vossa Majestade o permitisse e vovó concordasse.

Simão XIV lambeu-se de gosto. Apesar de acostumado a só ouvir elogios, nunca tinha saboreado alguns como aqueles. Achou-os ainda mais gostosos do que a melhor banana-ouro!

– Soltem-na imediatamente – ordenou ele – e dêem a essa encantadora visitante a árvore mais alta para morar e o mais gentil macaco para esposo! Ficará residindo aqui, como é seu ardente desejo. Mandarei emissários contar o caso a sua vovó, que certamente vai ficar radiante, quando souber da honra que o Rei-Sol acaba de conceder à sua neta.

Narizinho, que não esperava tanto, fez uma careta. Mas conteve-se na esperança de que Peninha viesse salvá-la. Foi conduzida dali para o alto da sua árvore, enquanto os guardas traziam à presença do rei o Visconde, sempre de canastrinha às costas.

– E você, senhor viajante de cartola e bolsa, qual a sua opinião?

O pobre sábio tirou a bolsa, sentou-se em cima e enxugou o suor da testa com as costas da mão.

– O que acho? – disse ele depois de tomar fôlego. – Acho que esta bolsinha é muito pesada para um velho doente como eu.

– Não me refiro a nenhuma bolsa, seu palerma! Que acha do meu reino? – berrou Simão furioso.

Sempre atrapalhado e esmagado sob o peso da carga, o Visconde não havia podido prestar atenção a coisa nenhuma e, portanto, não podia achar coisa nenhuma.

– Vossa Majestade, me perdoe – disse ele –, mas ainda não vi nada, de tão cansado que estou. Deixe-me primeiro tomar fôlego e dormir um pouco. Amanhã darei minha opinião mais sossegado.

O rei não gostou nada de semelhante resposta, mas deixou-a passar. Mandou que deixassem o Visconde dormir e trouxessem o último prisioneiro.

Os guardas trouxeram Pedrinho. O menino estava furioso com o que havia acontecido. Se tivesse ali o estilingue, era a estilingada que responderia às perguntas do macacão. Mas não tinha. Estava de mãos amarradas. Mesmo assim resolveu dizer o que realmente pensava, porque Pedrinho sempre fora um menino de caráter forte, dos que não mentem em caso nenhum. Assim que o rei lhe repetiu aquela pergunta, o menos que pôde dizer foi o seguinte:

– O que acho deste reino? Não acho coisa nenhuma. Não é reino nenhum. Não vejo rei nenhum. Vejo um macacão, como todos os outros, trepado num galho que ele supõe ser um trono. As damas da corte? Macacas. Simples macacas, como todas as macacas do mundo. Tudo macaco! Isto não passa de um grande macacal como os que há em todas as florestas...

– Fora da minha presença, miserável caluniador! – berrou Simão no auge da raiva. – Levem-no, guardas! Amarrem-no a um tronco para ser devorado pelas formigas antropófagas.

O pobre Pedrinho viu-se arrastado dali como se fosse um cacho de bananas!

PENINHA NÃO FALHA

Narizinho fora levada para o alto da árvore onde tinha de morar toda a vida com o seu esposo macaco. Pedrinho fora amarrado ao tronco onde ia ser comido pelas formigas. O

Visconde, por sua vez, foi dormir num galho de pau.

Era o único feliz. Teve lindos sonhos. Sonhou com um país sossegado, onde não havia nem Emílias e nem bolsas.

Veio a noite. A macacada começou a cair num tal sono que, em pouco tempo, só se ouviam roncos naquele trecho da floresta. Da árvore onde estava, Narizinho pôde ver Pedrinho amarrado ao tronco.

– *Tepenhapa papacipienpenciapia quepe Pepenipi-nhapa nãopão tarpardapa* – gritou-lhe ela.

Nem bem acabara e já ouviu um galo cantar longe: "Cócóricócó!".

– *Épé epelepe* – gritou de novo a menina, batendo palmas.

E era mesmo. A pena de papagaio vinha flutuando em cima do burro em disparada. Peninha saltou em terra e correu para descer Narizinho da árvore. Os macacos, que lá estavam de sentinelas, não perceberam nada, tamanho era o sono.

– Estou estranhando o sono desta bicharada – disse a menina.

– Por mais barulho que se faça, nenhum acorda.

– Pudera! – exclamou Peninha. – Coloquei uma dose de uma planta dormideira no poço onde eles bebem, que só amanhã lá pelo meio-dia poderão despertar. Cadê o Pedrinho?

– Ali naquele tronco!

Peninha correu a desamarrá-lo. Depois foi acordar o Visconde, que chateou-se de ter que cortar a gostosa soneca para novamente colocar às costas a bolsinha.

– Agora é montar no burro e tocar no galope!

– Não ainda! – disse Pedrinho. – Tenho contas a ajustar com o macacão rei.

Foi à procura de Simão XIV, que estava roncando no meio de toda a corte, igualmente adormecida.

– Que fazer para me vingar? Ah, já sei!

Tomou uma tesoura que andava por ali e cortou-lhe as barbas, a ponta da cauda e meia orelha, dizendo:

– Quando a macacada despertar amanhã, nenhum poderá reconhecer o grande rei Simão Banana, e todos correrão daqui!

Em seguida, reuniu-se aos outros e pronto!

– Vamos! – gritou Peninha para o burro.

O animal saiu no galope e, em menos de meia hora, os levou para onde estavam os fabulistas. De longe, já os meninos os viram, sentados na mesma pedra, debatendo a mesma discussão.

– Vivam! – exclamou o senhor de La Fontaine. – Por onde andaram os meus meninos?

Cansada das aventuras do dia e ansiosa por voltar para casa, Narizinho contou as principais peripécias do passeio rapidamente.

– Quando estivermos juntos outra vez, contarei tudo mais direitinho. Agora não posso. Adeus, senhor de La Fontaine! Adeus, senhor Esopo! Até um dia!

– Para onde vão com tanta pressa?

– Jantar! – gritou Pedrinho.

– Senhor de La Fontaine – disse Emília –, fique sabendo que gostamos muito da sua pessoa. Apareça lá no sítio para tomar um cafezinho coado na hora. O senhor também, seu Esopo. Mas vá de paletó e calça, se não tia Nastácia se assusta. Não façam cerimônias! Dona Benta não se importa. Ela é muito boa...

Os fabulistas prometeram aparecer.

– *Au revoir!* – gritou de longe a menina.

– *Au revoir!* – repetiu o senhor de La Fontaine com um aceno de mão – e ficou por um tempo a segui-los com os olhos.

Quando o burro desapareceu numa nuvem de pó, lá bem ao longe, o fabulista suspirou:

– Felicidade, teu nome é juventude! Em seguida, voltou a sentar-se na pedra, à beira do ribeirão, e retomou a conversa com Esopo no ponto em que os meninos a haviam interrompido.

O PÓ DE PIRLIMPIMPIM

O BURRO FALANTE

Dona Benta estava na cozinha conversando com tia Nastácia.

– Que terá havido? – dizia ela. – Os meninos ontem foram para a cama cedo demais. Percebi logo que era sinal de grande travessura para hoje. De manhã, quando me levantei, já não vi nenhum. Tinham sumido sem ao menos tomarem café. Por onde andarão essas crianças?

A cozinheira, que estava fritando uns lambaris, apenas disse:

– Essas crianças fazem coisas da gente se benzer com as duas mãos, sinhá. Com certeza foram visitar algum rei lá na terra das fadas. Mas não se incomode, sinhá. Quando a fome bater, largam todos os reis do mundo para virem correndo atrás destes lambarizinhos fritos.

– Inda é o que vale – concordou Dona Benta. – A fome é a única coisa que faz Pedrinho e Narizinho não se separarem de nós...

Isso foi daquela vez em que partiram com o Peninha para a primeira viagem maravilhosa. Eles ainda não tinham voltado, mas já vinham vindo.

O relógio bateu seis horas.

– Tão tarde já, Nastácia! Estou com medo que lhes tenha acontecido qualquer coisa... – disse Dona Benta apreensiva, indo olhar na varanda para ver a estrada.

Minutos depois, viu lá longe uma nuvem de poeira.

– Vem vindo um cavaleiro! Ande, Nastácia, você que tem melhor vista, venha ver se descobre quem é.

A cozinheira veio da cozinha, com a colher de pau na mão, e olhou.

– São eles, sinhá! Vêm tudo em cima de num burro. Credo! Até parece bruxaria...

O burro vinha na galopada e logo parou no terreiro com sua penca de gente no lombo. Peninha montava no meio, trazendo o Visconde na mão; Narizinho montava à garupa, com a Emília no bolso; Pedrinho ocupava a frente.

Pularam do animal e dirigiram-se para a varanda.

– Que coisa esquisita! – murmurou tia Nastácia – Repare, sinhá, que o Visconde vem pendurado no ar, com uma pena de papagaio voando em cima dele...

– Boa tarde, vovó! – gritou Narizinho ao pisar o primeiro degrau da escada. – Aqui estamos de novo, depois de um dia inteiro de aventuras espantosas...

– Estou vendo – respondeu Dona Benta – e muito contente fico de nada de mau ter acontecido. Mas não posso compreender o que significa essa coisa do Visconde vir pendurado no ar, com aquela pena em cima...

Os meninos deram uma gargalhada!

– Nem que a senhora pense um século é capaz de adivinhar, vovó! Veja se consegue...

Dona Benta olhou, olhou, pensou, pensou e nada. Consultou a tia Nastácia com os olhos. Depois disse:

– Impossível. Diga logo, que já estou ficando aflita.

– É o Peninha! – disse Emília. A velhinha ficou na mesma.

– É o Peninha que vem carregando o Visconde! – berrou a boneca ainda mais alto.

A boa senhora olhou para a cozinheira, fazendo bico. Não entendia nada! Narizinho então teve dó dela e contou a história inteira do menino invisível que os levara ao País das Fábulas.

– Ele vem carregando o Visconde, mas, como é invisível, a gente só vê o Visconde...

As duas velhihas não tiveram palavras para comentar o maravilhoso caso. Limitaram-se a abrir a boca, com os olhos fixos na peninha.

Nesse momento, o burro relinchou no terreiro. Todos voltaram o rosto. Dona Benta perguntou de quem era o animal.

– De ninguém – respondeu o menino. – É nosso. A gente o salvou das unhas do tigre e agora está tão amigo que vem morar conosco para sempre.

– É bom de marcha?

– Mais que isso, vovó. É um burro falante!

Os olhos da tia Nastácia, já tão arregalados, arregalaram-se ainda mais e sua boca abriu, abriu, abriu de caber dentro uma laranja. Burro falante! Era demais...

– Será possível, sinhá? *Mecê* acredita?

– Tudo é possível, Nastácia. Se papagaio fala, por que não há de falar um burro?

– Mas ele não fala como papagaio, vovó – explicou Pedrinho. – Papagaio só repete o que a gente diz. Este burro pensa para falar. Se a senhora ouvisse o discurso dele na assembléia dos animais pesteados, havia de ficar boba de espanto.

– Nesse caso, precisamos recebê-lo com toda a consideração.

Nastácia, leve-lhe umas espigas de milho bem bonitas e água bem fresca. A cozinheira obedeceu. Foi ao paiol escolher as melhores espigas e encheu uma vasilha com água. Porém, quando chegou ao terreiro parou, sem ânimo de aproximar-se do burro.

– Não tenho coragem, sinhá! – disse ela virando os olhos para Dona Benta. – Se ele me diz uma graça, caio para trás, de susto!

– Não seja boba! Ele tem cara de pessoa muito séria.

A tia Nastácia deu mais dois passos e parou de novo. Não tinha coragem!... O mais que fez foi colocar o milho no chão, sobre uma toalha, com a vasilha d'água ao lado, murmurando:

– Ele se quiser que venha até aqui. Eu é que não chego perto – e recuou uns passos para ver.

O burro compreendeu o medo muito natural da tia Nastácia. Foi-se chegando devagarinho e comeu o milho e bebeu a água tão gostosa.

Mas como fosse de muita educação, lambeu discretamente os beiços.

– Muito obrigado, tia. Deus lhe pague – murmurou com toda a clareza.

– Acuda, sinhá! – berrou a pobre tia Nastácia. – Fala mesmo! – e colocou-se a correr para a cozinha, fazendo mais de vinte sinais da cruz.

DONA BENTA DE CABEÇA VIRADA

Não durou muito aquela situação. Tia Nastácia foi perdendo o medo que tinha do burro e acabou grande amiga dele. Era quem o tratava, quem lhe dava milho e água e ainda quem lhe aparava os pelos todas as semanas. Enquanto isso, conversavam. Tinham prosas tão compridas que a boneca chegou a dizer, piscando os olhinhos de retrós:

– Isto ainda acaba em casamento!...

Peninha havia desaparecido na mesma noite da chegada, depois de restituir a Emília, sua pena de papagaio e prometer a Pedrinho voltar mais tarde a fim de levá- los ao Mar dos Piratas.

Dona Benta ouviu a história do passeio ao País das Fábulas com especial interesse para tudo quanto se referia ao senhor de La Fontaine, cujas obras havia lido em francês. Sempre tivera grande admiração por esse fabulista, que considerava um dos maiores escritores do mundo.

– Estou lamentando não ter ido com vocês – disse ela. – Uma prosinha com o senhor de La Fontaine seria um grande encanto para a minha velhice.

Tais palavras fizeram Pedrinho bater na testa...

– Tive uma grande ideia, vovó – berrou ele. – Levar a senhora lá! Já sabemos o caminho e temos o burro falante para nos conduzir. O que acha?

A grande ideia tonteou Dona Benta como se fora uma paulada no crânio.

– Que despropósito, Pedrinho! Não sabe que sou uma velhinha de mais de sessenta anos? Que não diria o mundo, quando soubesse dessa extravagância?

– O mundo não precisa saber de nada, vovó. A senhora vai incógnita, como os reis quando querem divertir-se. Deixe o negócio por minha conta, que sairá tudo direitinho...

A ideia de conhecer pessoalmente o senhor de La Fontaine virou uma vez a cabeça da boa senhora. Por três dias, Dona Benta passou a pensar naquilo: vai, não vai, sem ânimo de se decidir. Pedrinho, porém, tanto insistiu que...

– Vou, menino, vou! – disse ela afinal. – Mas pelo amor de Deus não me atropele mais.

As crianças ficaram num delírio! Levarem sua querida vovó ao País das Fábulas foi coisa que nem em sonhos lhes passara pela cabeça.

– É incrível! – dizia Pedrinho dando pinotes.

A semana passou-se assim, em discussões e preparativos, tudo em segredo para que tia Nastácia não desconfiasse. Era preciso que nem a tia Nastácia soubesse da "caduquice" de Dona Benta. Afinal, chegou o grande dia!

– Nastácia – disse Dona Benta sem ânimo de encará-la de frente –, vou fazer hoje um demorado passeio com os meninos. Se aparecer alguém, diga que estou na casa do compadre Teodorico.

Saíram, a boa velhinha na frente com os netos, Emília e o Visconde atrás. Fingiram ir do lado da fazenda do tal compadre Teodorico, mas, na primeira curva do caminho, esconderam-se numa moita, enquanto Pedrinho voltava para pegar o burro. Tudo para que tia Nastácia não desconfiasse de nada.

Veio o burro e Dona Benta tentou montar. Quem disse! Não houve meio. Sem uma cadeira não ia.

– Já não tenho a agilidade dos bons tempos – suspirou ela.

– Creio que nunca poderei montar neste burro...

– Ali adiante há um toco que poderá servir de cadeira – murmurou o burro na sua voz mansa de animal falante.

Apesar de corajosa, a boa velhinha não deixou de sentir um frio na espinha, ao ouvir tais palavras pronunciadas por tal boca. Dirigiram-se ao toco indicado e, afinal, com a ajuda dos meninos, da Emília e até do Visconde, Dona Benta pôde montar. Narizinho pulou na garupa, com Emília no bolso. Pedrinho ocupou a frente e o Visconde foi amarrado à crina do animal.

– Tudo pronto? – gritou Pedrinho.

– Parece que sim – respondeu Dona Benta.

– Nesse caso, cheire isto, vovó! – disse ele, tirando de um canudo uma pitada do pó mágico e chegando-a ao nariz da velhinha.

– Oh, Pedrinho! – exclamou Dona Benta escandalizada. – Bem sabe que não tomo rapé!

Todos caíram na gargalhada.

– Não é rapé, vovó! É muito bom o pó de pirlimpimpim que Peninha me deu. Sem cheirar este pó nunca chegaremos ao País das Fábulas.

Ao ouvir aquilo, Emília arregalou os olhos.

– País das Fábulas? Então, é para lá que vamos outra vez? Vocês prometeram que a segunda viagem seria para o Mar dos Piratas!

– Ao Mar dos Piratas temos de ir com o Peninha. É coisa para outro dia. Hoje vamos apenas dar um pulinho ao País das Fábulas para apresentar vovó ao senhor de La Fontaine.

– E por que não apresentar Dona Benta a um pirata? Os piratas são muito mais interessantes que os fabulistas.

– Para você. Vovó prefere meia hora de prosa com um fabulista a ver todos os piratas do mundo.

– Então não vou! – disse Emília, emburrando.

– Sua alma, sua palma – respondeu secamente a menina, tirando-a do bolso. – Ninguém a obriga – e fez um gesto de a arremessar ao chão.

Vendo que o negócio era sério, Emília armou cara de riso, muito desconchavada, e disse:

– Estou brincando, boba!...

Todos cheiraram o pó de pirlimpimpim, e imediatamente começaram a sentir a vista turva, a cabeça tonta, com uma zoada de pião nos ouvidos – *fiunn...*

Dona Benta, assustada, disse:

– Parece que vou morrer! – gritou. – Socorram-me!...

– Não tenha medo, vovó! É assim mesmo. Este *fiun* dura enquanto estivermos voando. Depois pára – sinal de chegada.

De fato foi assim. O *fiun* zuniu no ouvido deles por algum tempo e por fim cessou.

– Chegamos – disse Pedrinho descendo do burro. – Pode descer, vovó. Dona Benta estava mais morta que viva.

– Ufa! – exclamou, escorregando do animal abaixo. – Estou muito velha para estas maluquices. O tal *fiun* me deixou tonta, tonta...

AS ÁRVORES GÊMEAS

Não é fácil lidar com o pó de pirlimpimpim. A gente tem de cheirá-lo na quantidade certa, nem mais, nem menos, se não vai parar para lá ou para cá do ponto que pretende alcançar. Pedrinho, sem prática ainda, errou na dose, deu-lhes pó demais, de modo que foram parar numa terra muito diferente do País das Fábulas. Em vez do lindo campo de veludo verde, cortado pelo rio na beira do qual os fabulistas tinham ficado a discutir a origem das fábulas, acharam-se num verdadeiro deserto africano, com enormes rochas negras de um lado e o mar de outro. Nem floresta, nem vegetação nenhuma – além de duas árvores gêmeas, cuja sombra o burro parara. Assim que pulou em terra, Pedrinho correu os olhos em torno.

– Erramos, vovó! – disse ele. – Isto nunca foi o País das Fábulas. Está me cheirando a alguma das terras das Mil e Uma Noites.

– E agora? – perguntou a velhinha, já com medo. – Melhor voltarmos. Estou sentindo uma coisa esquisita no coração...

– Sim, podemos voltar – concordou o menino –, mas primeiro temos de tomar fôlego e esperar que passe a sua tontura.

Dona Benta concordou e, suspirando, sentou-se numa das raízes da árvore, a abanar-se com o lenço, muito queixosa da falta de ar.

Pedrinho amarrou o burro pelo cabresto e colocou-se a admirar a paisagem.

– Que árvores tão esquisitas! – disse erguendo os olhos para cima. – Os troncos sobem em linha reta, mais grosso no alto do que embaixo!

– E repare a copa – disse a menina também de nariz para o ar. – Não parece formada de folhas, como todas as árvores, e sim de penas ou coisa parecida. A casca também, veja, não se parece com casca de nenhum caule conhecido. Toda escamada, como pele de jacaré. Francamente, estou desconfiada destas árvores...

Os troncos tinham as raízes de fora, quatro raízes para cada árvore, terminadas em pontas curvas, como enormes chifres de boi.

De repente, a raiz onde se sentara Dona Benta mexeu-se.

– Socorro! – berrou a pobre senhora dando um pulo. – A raiz se mexeu!... Aquele grito assustou as árvores gêmeas, fazendo-as se destacarem do solo, com raízes e tudo, e erguerem-se no ar, levando o pobre burro pendurado pelo cabresto.

– Misericórdia! – gritou Dona Benta no auge do pavor. – Não eram árvores! Eram as pernas do pássaro Roca que confundimos com árvores! Sentei-me em cima do dedo do pássaro Roca pensando que era raiz...

Tinha sido isso mesmo. Por um desses acasos da vida, os nossos viajantes haviam parado justamente debaixo do gigantesco pássaro das *Mil e Uma Noites* e tomaram as suas monstruosas pernas como troncos de duas árvores gêmeas... Felizmente eles eram pequeninos demais, em comparação com o pássaro Roca. Nem foram percebidos.

Do contrário, teriam sido destruídos como se fossem pulgas. Estavam salvos, com exceção do burro falante, que lá se balançava no espaço, a espernear...

– Que pena! – exclamou Dona Benta chateada. – Um burro tão boa pessoa, tão bem falante!... Tia Nastácia vai ficar inconsolável...

– Podemos salvá-lo, vovó – disse Pedrinho, abrindo o mapa do Mundo das Maravilhas. – O barão de Munchausen tem um castelo aqui perto. Ele é o melhor atirador do mundo. Pode, com uma bala, cortar o cabresto do burro e salvá-lo. Resta que eu ache o barão em casa...

Pedrinho resolveu ir procurar o castelo. Tomou uma pitada do pó de pirlimpimpim e cheirou-o, depois de recomendar:

– Não saiam deste ponto. Dou um pulo ao castelo e já volto.

– Pelo amor de Deus, Pedrinho, não nos abandone neste maldito deserto! – implorou a nervosa velhinha. – Melhor irmos atrás desse barão todos juntos...

Muito tarde. Pedrinho já havia cheirado o pó mágico, cujo efeito era instantâneo. Começou a virar fumaça de gente, breve desaparecendo da vista de todos. Dona Benta abanava-se, abanava-se, cada vez mais aflita. Aquilo lhe parecia o fim do mundo. Narizinho procurou consolá-la.

– Não seja tão boba, vovó! Não tenha medo, que nada adianta. Faça como eu, que estou tranquila da silva. Há tanto tempo que vivo nesta vida de aventuras que já não sei ter medo. Seja lá o que apareça, leão, cuca, saci, onça ou pássaro Roca, a gente dá um jeito e, no final, sai vencendo. Para que tremer assim, justamente agora que o perigo passou?

– Não posso minha filha. Não está em mim. Quando me lembro que uma criatura pacata como eu, de mais de sessenta anos, esteve sentada no dedo do pássaro Roca, meu coração pula dentro do peito como se fosse um cabrito...

Até Emília caçoou da coitada.

– Tamanha mulher! Tremendo porque esteve sentada em um pé de galinha! Pois eu até no bico desse tal pássaro era capaz de dormir um sono sossegado.

– É que você é inconsciente, Emília. Se eu fosse de pano, era provável que também não tivesse medo. Mas sou de carne...

– Isso não, vovó! – protestou a menina. – Eu também sou de carne e não tenho medo de nada.

– Você é outra inconsciente, minha filha. Tem a inconsciência natural da idade. Quando crescer há de ficar medrosa como eu.

Estavam nessa conversa, quando Emília gritou:

– Lá vem vindo Pedrinho com o barão de Munchausen!

Todos voltaram-se e viram o vulto dos dois, lá longe. Estava o barão vestido de caçador, grandes botas, chapéu de três bicos, espingarda a tiracolo. Ao seu lado marchava Pedrinho, muito lampeiro de se ver de tão nobre companhia. Vinha contando histórias das suas caçadas no sítio. Naquele momento, o pássaro Roca reapareceu no céu, a grande altura, descrevendo círculos. Voava tão alto que nem dez tiros emendados poderiam alcançar metade do caminho.

– Temos de esperar que ele baixe – disse o barão.

– Enquanto isso, o senhor dá uma prosinha com vovó, que deve estar morrendo de medo.

– Medo de quê?

– De tudo. Vovó tem medo até de baratas. Hoje foi a primeira vez que a trouxemos ao mundo das aventuras. Mas erramos de terra e viemos parar bem embaixo do pássaro Roca. A coitada sentou-se no dedo dele e agora nem pensar nisso pode. Sente uma pontada no coração.

O senhor de Munchausen contou que construíra ali aquele castelo justamente por causa do pássaro Roca. Já havia caçado muitas feras, desde rinoceronte até condor, menos o pássaro Roca. Por isso, jurara matar aquele. Queria ter entre os troféus da sua sala de armas pelo menos uma unha daquela gigantesca ave, já que o bico, perna ou asa não cabiam lá dentro.

– Mas com essa espingarda o senhor não faz coisa nenhuma – disse o menino. – Bala, do calibre que for, é o mesmo que poeira para tamanho monstro.

– Sei disso e, por isso, não atiro com chumbo ou bala. Atiro com caroço de cereja. Esses caroços germinam na carne do pássaro e vão crescendo até virarem cerejeiras. Vou assim transformando o pássaro Roca em pomar. Um dia o peso das árvores fica demais para as suas forças e ele para de voar. Creio que já plantei uns cem pés de cereja no lombo do pássaro Roca!

– Oh! – exclamou Pedrinho – muito melhor seria atirá-lo com semente de jequitibá.

O barão, que nunca ouvira falar em tal árvore, franziu a testa.

Pedrinho explicou:

– É uma árvore que fica enorme, da grossura da mais grossa pipa. Na minha opinião, com meia dúzia de jequitibás plantados, atiro no pássaro Roca e ele perde a cisma de voar pelo resto da vida!

O senhor de Munchausen muito admirou a esperteza de Pedrinho, que ficou de lhe mandar sementes de jequitibá pelo primeiro portador. Nesse momento, chegaram ao ponto onde Dona Benta morria de medo ao lado de Narizinho e da boneca. O barão saudou-a cortesmente, à moda dos alemães.

– Obrigada por ter vindo em nosso socorro, senhor de Munchausen! – disse Dona Benta, retribuindo a cortesia.

– Estou aqui mais morta do que viva, de medo daquele monstro que lá está voando no céu. Imagine, barão, que estive, muito inocente, sentada, como pata choca, no dedo dele!

– Sossegue, minha senhora, que cá estou para defendê-la. Moro num castelo aqui perto, onde Vossa Excelência poderá repousar e acalmar os seus nervos. Já dei ordem aos meus criados para que a venham buscar na minha carruagem. E esta menina? – disse mostrando Narizinho.

– Minha neta. Uma danada, senhor barão! Não tem medo de coisa nenhuma. Está aqui rindo da pobre vovó medrosa...

– Eu também não tenho medo de nada, senhor barão! – disse Emília com aquele seu célebre espevitamento.

– Oh – exclamou o senhor de Munchausen, pegando-a do chão. – Se não me engano, é esta a tal boneca falante que está tão famosa no reino das fadas. Não há princesa que não conte histórias dela.

Emília ficou toda orgulhosa!

A conversa correu nesse tom por alguns minutos. Por fim, Dona Benta abriu o cesto onde estava o mexido de galinha que trouxera.

– Aceita uma coxinha, senhor barão?

– Obrigado! Só como carne de animais ferozes.

– Um pedacinho só, prove! – insistiu Dona Benta. – Este mexido foi feito com o frango mais valente do terreiro.

Tão cheiroso estava o petisco que o senhor de Munchausen perdeu a cerimônia. Sentou-se com os outros em roda e, quase que sozinho, comeu tudo!

– Parece sonho! – pensava consigo Dona Benta ao ver aquilo.

– Quando me lembro que eu, a pobre Benta Encerrabodes de Oliveira, uma coitada que nunca saiu da sua toca, está aqui, neste deserto misterioso, com o pássaro Roca a lhe voar em cima da cabeça e o mais famoso barão do mundo a comer com tanto gosto o mexido de galinha que ela mesma fez, até fico boba...

UM SOCO HISTÓRICO

Nesse momento, o pássaro Roca começou a descer, sempre descrevendo círculos em espiral. O burro tornava-se cada vez mais visível, e a pontada no coração de Dona Benta cada vez mais forte. O barão preparou-se. Examinou a arma e carregou-a bem carregada. Pedrinho não podia compreender como um caçador daqueles, o mais célebre de todos, ainda usava espingarda de pederneira, em vez das modernas espingardas de fogo central. Explicação muito simples: o senhor de Munchausen era do tempo das espingardas de pederneira e, portanto, não podia conhecer as de fogo central.

– Veja, vovó – disse o menino, mostrando-lhe a espingarda do Barão. – Chama-se espingarda de pederneira, porque tem esta pedra de isqueiro aqui junto ao ouvido. O gatilho dá na pedra e tira uma faísca, e a faísca lá vai incendiar a pólvora. Interessante, não?

Dona Benta nem ouviu. Estava de olho no pássaro Roca.

– Uma vez – disse o senhor de Munchausen – perdi a pederneira desta mesma espingarda numa das minhas excursões, e justamente quando um veado ia passando. Pensam que me atrapalhei?

Fiz pontaria e, há! Dei um formidável soco no olho. Saiu uma faísca ainda melhor que as da pederneira – e matei o veado!

Emília, assim que ouviu aquilo, ficou ansiosa por ver o barão repetir a façanha e, sem que ninguém percebesse, deu jeito pegar a pederneira da espingarda – e escondeu-a. Queria ver se ele tirava mesmo fogo dos olhos ou era lorota.

O pássaro Roca ia continuando a descer.

– Atire, barão! – berrou Emília.

– É cedo, bonequinha! O cabresto ainda não está bem visível. Tenho de cortar o cabresto com uma bala no momento em que o pássaro estiver voando sobre o mar. Se não o burro cai em terra e acontece como o sapo que foi à festa do céu – esborracha-se!

A gigantesca ave desceu mais e mais. O cabresto tornou-se por fim bem visível.

– É hora! – disse o barão erguendo a arma à cara. Fez a pontaria e – *blef!* – o gatilho deu em seco.

– Com seiscentos milhões de trabucos! – praguejou ele. – Onde teria ido parar a pederneira desta arma?

– Soque o olho! – berrou Emília.

– Sim, é o que há a fazer. Mas como a pontaria tem de ser muito bem-feita, vou segurar a espingarda com ambas as mãos e você, Pedrinho, prega o soco. Vamos, não tenha dó!

Todos ficaram em suspense, sentindo que algo de muito importante ia acontecer. Tal qual no circo de cavalinhos, quando a música para. Era um momento notável da vida de Pedrinho. Ia dar um soco histórico no olho do mais célebre caçador do mundo! E tinha de fazer serviço muito caprichado para não estragar o capítulo.

– Soco inglês! – gritou Emília.

O menino tirou o paletó, arregaçou a manga da camisa, girou três vezes no ar o punho fechado e, por fim, – *bam!* – deu tal murro que quase arranca o olho do barão fora da órbita. Mas valeu! Saiu uma faísca linda, que penetrou feito uma faisquinha dentro do ouvido da arma e inflamou a pólvora. *Bum!* Um tiro ressoou, daqueles que levam segundos ecoando por montes e vales. E certíssimo! A bala deu bem no cabresto, cortando-o como se fosse navalha. O burro imediatamente começou a cair com velocidade crescente até que – *tchibum!* – mergulhou no oceano.

– Afundou para sempre, o coitado! – exclamou Narizinho.

– Não tenha medo. Ele boia já – disse o barão.

De fato. Segundos depois, aparecia à tona d'água uma aflitíssima cabeça de burro, berrando:

– Socorro! Acudam-me que não sei nadar!

– E esta agora! – exclamou o menino. – Querem ver que o nosso burro escapa do pássaro Roca para morrer afogado estupidamente, como um carneiro?

– Vamos salvá-lo, Pedrinho! – disse o barão despindo o casaco e sacando as botas. – Será um crime deixarmos morrer um burro que fala.

Entraram os dois pelo mar a dentro, nadando a largas braçadas em direção do náufrago.

– Segurem-no pelo rabo e puxem! – berrava Emília da praia. – Mas não puxem muito que podem arrancar o rabo!

Assim fizeram os salvadores. Um agarrou o burro pelo rabo e o outro pela orelha, e o vieram puxando para terra. Estava salvo o precioso burro falante, único exemplar conhecido, mas em que estado! Ou por medo ou por ter passado tanto tempo no ar quase enforcado pelo cabresto, ou por ter bebido água demais, o caso era que nem falar podia. Apenas suspirava uns suspiros de cortar o coração de todos.

– Água! – gritou Dona Benta. – Dêem-lhe água!

Emília, muito lampeira, pegou logo uma concha marinha das que tinham por ali, encheu-a d'água do mar e despejou-a na boca do burro.

– Que burrice, Emília! – gritou Narizinho, tornando-lhe a concha. – Pois não vê que ele está morrendo de tanta água do mar que bebeu? Água quer dizer água doce, boba...

– Pelo de cão se cura com a mordedura do próprio cão – respondeu a boneca, trocando as bolas de um dito que tia Nastácia usava muito.

E não é que deu certo? Aquela água da concha enjoou de tal maneira o burro que ele começou a vomitar todo o oceano que havia engolido. Melhorou imediatamente e sentou-se na areia com as patas da frente espichadas, tal qual as esfinges do Egito.

– Está melhorzinho? – foi perguntar Dona Benta, passando lhe a mão pelo rosto.

– Um pouco melhor, obrigado! – foi a resposta do delicadíssimo burro, que ainda por cima lhe agradeceu com os olhos – uns olhos muitos brancos, angustiados pelas agonia da morte.

FIM DO VISCONDE DE SABUGOSA

– E o Visconde com a bolsinha? – lembrou Emília. – Estavam os "dois" amarrados à crina do burro, mas não vejo!

Sumira-se o Visconde, ninguém sabia como. Devorado pelo pássaro Roca? Afogado naquele mar imenso? Impossível apurar.

Emília ficou aborrecidíssima, não tanto pelo Visconde, apesar de serem muito camaradas, mas pela bolsinha dela que com ele perdera. Só se consolou quando Dona Benta lhe prometeu outra ainda mais bonita.

De repente, Narizinho, que se afastara do grupo para juntar caramujos da praia, gritou:

– Corram! Achei o Visconde!...

Todos correram para lá, e de fato viram o pobre Visconde semienterrado na areia, morto, completamente morto! Tinha se afogado, e fora trazido pelas ondas. Pobre Visconde! Sem cartola, de língua de fora, olhos cheios de areia, corpo metade comido pelos peixes... Todos se comoveram profundamente, sobretudo ao verem que não largara a bolsinha. Fiel como um cão, cumpridor da palavra como um verdadeiro nobre, perdera a vida, mas não perdera a carga que lhe fora confiada! Até o senhor de Munchausen se comoveu.

Descobriu-se, cruzou os braços e ficou com a mão no queixo, contemplando aquele triste fim. Emília, porém, demonstrou mais uma vez que não tinha coração. Em vez de

derramar uma lágrima, ou dizer algumas palavras tristes, a diabinha limitou-se a abrir a bolsa – para ver se o Visconde não havia roubado alguma coisa!... Depois teve uma ideia muito prática. "Depenou" o cadáver, isto é, arrancou-lhe as pernas e os braços roídos pelos peixes e guardou o tronco na bolsinha, dizendo:

– Tia Nastácia é uma danada! Com este toco, aposto que faz um Visconde novinho e muito mais bonito.

Por fingimento, ou porque realmente sentisse a morte do Visconde, o barão declarou que iria decretar luto por três meses, visto que eles, barões e Viscondes, são parentes entre si – parentes em nobreza. Esse ato do senhor de Munchausen muito sensibilizou Dona Benta, a qual cochichou ao ouvido de Narizinho:

– Bem se diz que santo de casa não faz milagres! Nunca demos grande importância ao Visconde e, no entanto, veja, até luto por ele o senhor de Munchausen vai colocar...

Nesse momento, ouviram o movimento de cavalos. Era a carruagem do barão que vinha chegando para levar Dona Benta ao castelo.

O PINTÃO

Tomaram a carruagem e foram. Pouco antes das muralhas do castelo, havia um desfiladeiro por entre montanhas de pedra onde a carruagem parou rapidamente. O senhor de Munchausen colocou a cabeça para ver o que era.

– Uma enorme pedra rolou da montanha e trancou a passagem – disse o cocheiro.

– Que bucha! – exclamou o barão, aparecendo para estudar o caso. – Pedra nada! – gritou logo depois. – Isto é apenas um ovo do pássaro Roca, rolando de um ninho lá em cima. Bem desconfiado eu andava de que o ninho do monstro era aqui nesta montanha...

Todos correram para ver e foi um abrir de bocas que não tinha fim. Nem por brincadeira haviam sonhado um ovo daquele tamanho. A casca era tão dura que, apesar do ovo ter rolado do alto da montanha, batendo em quanta pedra havia, não se quebrara. Trincara de leve, só...

– Que pena tia Nastácia não estar aqui! – lamentou Dona Benta. – Havia de gostar de ver um ovo daquele tamanho... E agora? Precisavam passar, fosse como fosse. Rolar o ovo era impossível, por estar entalado entre as rochas. O único meio seria despedaçá-lo. Assim resolveu o barão, e mandou que o cocheiro fosse correndo ao castelo buscar uma picareta.

– Uma, não! Duas! Ou três! – gritou depois que o cocheiro partiu.

– Quatro! – berrou Emília. Eu também quero quebrar ovo.

O cocheiro trouxe cinco. Cada qual pegou na sua, e estraçalhou na casca do ovo com quanta força tinham. De repente, o barão gritou:

– Fujam, que vai escorrer clara e gema de virar tudo em omelete...

Todos fugiram para os barrancos, inclusive a pobre Dona Benta, que teve de ser ajudada pelos meninos.

– Viver mais de sessenta anos para acabar subindo em barrancos com medo de virar omelete! Isso nunca foi vida... – lamentava-se a boa vovó.

O ovo partira-se sem derramar clara e nem gema nenhuma, pela simples razão de não ter nada disso dentro. O que havia lá dentro era um formidável pinto, que botou a cabeça para fora, piando alguns pios agudíssimos, capazes de serem escutados a dez léguas dali. O barão ficou apreensivo. Aqueles piados eram capazes de chegar aos ouvidos do pássaro Roca, que não devia andar muito longe – e se a gigantesca ave visse que tinham mexido com o seu ovo, certo que devoraria a todos, como se fossem minhocas.

– Cordas! – gritou ele aflito. – Corram ao castelo e tragam quantas cordas puderem...

Pedrinho e o cocheiro voaram ao castelo atrás de cordas, voltando minutos depois com quantas havia.

– Temos que amarrar o bico deste horrendo pinto sem perder um instante, se não o Roca surge por aí e nos devora.

Não foi nada fácil. O pintão defendia-se como um tigre. Só mesmo a força hercúlea do senhor de Munchausen, ajudado pelo cocheiro, por Pedrinho, pela menina, por Emília e até por Dona Benta, poderia amarrar o bico do pinto – e ainda assim tiveram de lutar muito tempo. Afinal, amordaçaram-no.

– Conheceu, papudo? – gritou Emília de longe, quando viu o serviço feito.

De nada, porém, valeu tanto esforço. O pássaro Roca tinha ouvido os pios do filhote e vinha pelos ares como um ciclone de penas.

– Fujamos! – gritou o senhor de Munchausen ao avistá-lo...

Foi uma debandada geral. Voaram todos atrás do barão, como veados. Até a pobre Dona Benta teve de esquecer os sessenta anos, o reumatismo e a pontada no coração para só pensar na fuga. Arregaçou a saia, botou a dentadura no bolso e virou veado também. Chegou ao castelo mais morta do que viva, colocando a alma pela boca.

– Benza-me Deus! – dizia ela. – Isto nunca foi vida...

O barão e o menino subiram imediatamente à torre para espiar o pássaro Roca por uma luneta. Viram-no pairar sobre o desfiladeiro e descer como flecha sobre o ovo. Ao dar com o filhote já nascido, sentiu grande alegria. Não desconfiou nem sequer daquele bico amarrado, certo de que o pinto nascera assim...

MELHOR DO QUE O PÓ

Dona Benta recolheu-se muito cedo aquela noite, depois de tomar um calmante, aconselhado pelo barão. Já os meninos deitaram-se tarde. Ficaram vendo troféus de caça e ouvindo da própria boca do barão aventuras espantosas que nenhum dos seus livros conta. Na parte mais interessante, porém, foram interrompidos pela chegada de um mensageiro vindo da Alemanha no galope, com carta do imperador. O barão leu-a e disse, muito aborrecido:

– Que coisa! Tenho de partir imediatamente para o meu país, que acaba de declarar guerra aos turcos. O imperador está aflito pela minha volta.

– E nós? – perguntou Pedrinho.

– Vocês podem ficar no castelo quanto tempo quiserem. Darei ordem aos criados para que os tratem como oa donos.

Disse e foi arrumar as malas. Minutos depois reapareceu para se despedir.

– Até a volta, meninada! Quando a senhora Dona Benta acordar, digam-lhe que senti muito por não me despedir dela, mas que estarei sempre às suas ordens, na Alemanha ou na Turquia.

– Adeus, senhor barão! Volte logo...

– Traga um turco para mim! – gritou Emília.

No dia seguinte, quando Dona Benta acordou e soube da inesperada partida do barão, sentiu de novo a pontada no peito.

Voltou a lamentar...

– Que será de mim agora, neste castelo sem dono, entre criados estranhos e com um vizinho feroz como o pássaro Roca? Ah, meu Deus, por que me deixei levar pela cabeça de uma criança como Pedrinho? Estou recebendo o merecido castigo...

Os meninos ficaram inquietos. Naquele andar, Dona Benta acabaria doida. Era melhor levarem-na imediatamente para casa, apesar de tanta coisa que poderiam fazer naquele maravilhoso castelo do barão.

– Que pena! – exclamou Pedrinho aborrecido. – Andar com velhinha é isto. Nunca mais me meto em outra.

E voltando-se para Dona Benta, de mau humor:

– Pare com a lamentação, vovó! Assim como eu a trouxe até aqui, levo-a para o sítio outra vez. Pare de torcer as mãos, que já me está deixando nervoso...

Tirou do canudo uma pitada de pó de pirlimpimpim e, sempre com maus modos, deu-lha para cheirar. Dona Benta cheirou o pó avidamente, como se cheirasse o pó da salvação. Com espanto geral, porém, o pó não fez efeito. Outra dose, e nada. Pirlimpimpim perdera a força... Molhara-se na água do mar, quando Pedrinho entrou por ele adentro para acudir o burro. Pirlimpimpim aguenta tudo, menos sal.

E agora? Ninguém sabia do burro, ficara na praia transformado em esfinge. A carruagem tinha seguido com o barão para a Alemanha. Como voltar para casa? Estava Pedrinho coçando a cabeça, atrapalhado com o terrível problema, quando um rumor de asas se fez ouvir lá fora. Correu à janela e empalideceu. O pássaro Roca vinha vindo, veloz como um avião!

– Lá vem a peste!... – exclamou o menino, mais pálido ainda.

– Socorro! – berrou Dona Benta, feito uma louca. – Socorro!

O momento era dos mais terríveis. Ninguém sabia o que fazer.

Todos corriam de um lado para outro, completamente desorientados. E aquilo acabaria muito mal se Emília não viesse como uma das suas grandes ideias.

– Fechem os olhos com toda a força! – berrou ela dando o exemplo. Instintivamente todos obdeceram. Fecharam os olhos, com toda a força, como a gente faz nos sonhos, quando vai caindo num precipício. Ficaram um minuto assim, quando de novo abriram os olhos... estavam no sítio outra vez, perto da porteira! Dona Benta respirou aliviada e assoprou várias vezes, como quem está ressuscitando, depois disse aos meninos:

– Não contem nada para a tia Nastácia, para que ela não pense que estou caducando. Vamos fingir que estivemos na casa do compadre Teodorico.

Todos fizeram cara de quem vinha chegando da casa do compadre Teodorico, abriram a porteira e entraram. No entanto, deram logo com a cozinheira de mãos na cintura, plantada na varanda, sacudindo a cabeça com ar de quem está ciente de tudo.

– Sim, senhora! – disse Nastácia, assim que Dona Benta começou a subir a escadinha. – Já sei que encontrou o coronel Teodorico muito bem obrigado, não é?

Dona Benta armou a boca para pregar uma mentirinha, com um ar muito desconcertado, porque a pobre nunca havia mentido em toda a sua vida. A tia Nastácia, porém, impediu-a disso.

– Não diga, sinhá – resmungou. – Já sei tudo. O burro veio na frente e me contou a história inteirinha, tintim por tintim...

A pobre Dona Benta, muito passada, baixou os olhos e seguiu para o seu quarto sem dizer coisa nenhuma...

No dia seguinte, chegou da cidade uma carta de dona Antonica chamando Pedrinho.

– Que pena, vovó! – exclamou ele aborrecidíssimo.

– Justamente agora que temos o burro falante, tenho de ir embora!

Mas que remédio? Quem o governava era dona Antonica e, portanto, teve de arrumar a bagagem para ir embora no dia seguinte.

No dia seguinte, o cavalo pangaré foi selado bem cedo. Às seis horas, Pedrinho tomou o seu café com bolinhos e montou.

– Adeus vovó! – exclamou antes de seguir com o cavalo.

– Adeus, Narizinho! Adeus, tia Nastácia! Adeus, Emília. Adeus, Faz--de-conta...

– Adeus! adeus! – exclamaram todos, com os olhos cheios de lágrimas.

Lept!... Um impulso só – de leve, e o cavalinho partiu...

Antes, porém, que chegasse à porteira, Emília gritou que parasse.

– Você esqueceu de se despedir do Visconde, Pedrinho! Ele também é gente... O menino brecou as rédeas.

– Que ideia! Pois o Visconde não morreu, Emília?

– Morreu, mas não acabou ainda! – respondeu a boneca, correndo na direção dele com o resto do Visconde nas mãos. Despeça-se deste toco, que é bem capaz de virar gente outra vez.

Pedrinho deu risada... Para não descontentar a boneca, pegou nas mãos o toco de sabugo e fingiu que lhe dava um beijo. Em seguida, deu outro impulso no cavalinho – desta vez, com bastante força, e partiu no galope. Não queria que a boneca visse suas lágrimas que já iam pingando dos seus olhos...